VENÇA O TIGRE

Jim Lawless

VENÇA O TIGRE

Tradução de
BRUNO CASOTTI

1ª edição

best.
business

RIO DE JANEIRO – 2015

CIP-BRASIL. CATALOGAÇÃO NA FONTE
SINDICATO NACIONAL DOS EDITORES DE LIVROS, RJ

Lawless, Jim

L44v   Vença o Tigre / Jim Lawless; tradução Bruno Moreira Casotti. –
1ª ed. – Rio de Janeiro: Best Business, 2015.
14 × 21 cm.

Tradução de: Taming Tigers
Apêndice
Inclui índice remissivo
ISBN 978-85-68905-04-3

1. Negócios. 2. Administração. 3. Administração pessoal. I. Título.

CDD: 650
15-19066   CDU: 65

Vença o Tigre, de autoria de Jim Lawless.
Texto revisado conforme o Acordo Ortográfico da Língua Portuguesa.
Primeira edição impressa em junho de 2015.
Título original inglês:
TAMING TIGERS

Copyright © Jim Lawless 2012.
Todos os direitos reservados. Proibida a reprodução, no todo ou em parte,
sem autorização prévia por escrito da editora, sejam quais forem os meios
empregados.

Design de capa: Sérgio Campante, inspirado na capa publicada pela Virgin Books.

Direitos exclusivos de publicação em língua portuguesa para o Brasil
adquiridos pela Best Business um selo da Editora Best Seller Ltda. Rua
Argentina 171 – 20921-380 – Rio de Janeiro, RJ – Tel.: 2585-2000 que se
reserva a propriedade literária desta tradução.

Impresso no Brasil

ISBN 978-85-68905-04-3

Sumário

Agradecimentos • 11
Prefácio • 13
Prefácio do autor • 17
Introdução: Ponha para fora seus medos! • 19
As Dez Regras para vencer o Tigre • 37

Parte 1: As regras da integridade • 55

Regra 1: Aja com ousadia hoje: o tempo é limitado • 57
   Estudo de caso: Chris Stevenson • 80

Regra 2: Reescreva seu Livro de Regras: desafie-o a cada hora • 85
   Estudo de caso: Gary Hoffman • 109

Regra 3: Siga na direção aonde você quer chegar, todos os dias • 113
   Estudo de caso: Tenente Dennis Narlock • 146

Intervalo: Entender o Tigre, entender a nós mesmos • 152

Parte 2: As regras da liderança • 167

Regra 4: Tudo está na mente • 169
Estudo de caso: Murray Elliot • 200

Regra 5: As ferramentas para vencer o Tigre estão à sua
volta • 204
Estudo de caso: Peter Winters • 222

Regra 6: Ficar em grupo não é garantia de
segurança • 225
Estudo de caso: Isobel Ryder • 238

Parte 3: As regras da mudança • 243

Regra 7: Faça algo assustador todo dia • 245
Estudo de caso: Chris Pierce • 259

Regra 8: Entenda e controle seu tempo para criar a
mudança • 262
Estudo de caso: Steve Holliday • 291

Regra 9: Crie disciplina: faça o básico de forma
brilhante • 295
Estudo de caso: James Le Brocq • 316

Parte 4: A regra do crescimento • 321

Regra 10: Nunca, nunca desista • 323

Epílogo: Viver livre do Tigre • 351
Apêndice • 355
Leitura complementar e ajuda profissional • 363
Índice remissivo • 367

Ao Cavalo e ao Mar

A Maddie e Gee

Ser livre
como os animais selvagens.
Mergulhar nu como um golfinho.
Ligeiro, silencioso, sereno
nas profundezas do mar.
Voar alto no azul infinito do céu
e planar calmamente sobre o mundo
esfarrapado do homem moderno.
Misturar-se ao ar,
ou derreter na água,
tornando-se um só com a Natureza
e redescobrindo o "Eu"
Este é meu lema.

Jacques Mayol, o primeiro ser humano a mergulhar 100 metros em um único fôlego e a inspiração por trás do filme de Luc Bresson, **Imensidão azul,** *de 1988.*

Agradecimentos

Muitas pessoas inspiradoras me ajudaram a trazer *Vença o Tigre* a este estágio.

Em primeiro lugar, meus agradecimentos vão para Blaire Palmer e minha excelente equipe de *Vença o Tigre*, além de todos os membros das plateias, organizadores de workshops e pessoas envolvidas em programas de mudança em grandes corporações, que contribuíram com comentários e conselhos inestimáveis.

A chegada à pista de corrida em apenas um ano não teria sido possível sem a ajuda de Gee Bradburne (nascida Armytage), Michael Caulfield, Tina Fletcher, Graham Fletcher, Mark Bradburne, Martin e Sarah Bosley, Charlie Morlock, Jason Cook, Roddy Griffiths, Henry Daly, Jamie Osborne, Andrew Balding, Charles e Meregan Norwood, Georgie Browne, Hayley, Gary e Jayne Moore, Theatre of Life, Mr. Music Man, o maravilhoso Airgusta e muitas outras pessoas e cavalos.

Eu não poderia ter me tornado o primeiro britânico a ultrapassar a marca dos 100 metros em mergulho livre sem o apoio e o comprometimento de Debbie Metcalfe, Andrea Zuccari, Marco Nones, Jon Pitts e a equipe do Alchemy, centro de yoga em Londres.

12 | VENÇA O TIGRE

Obrigado a Brian Lawson por sua insistência obstinada para que eu experimentasse fazer um "discurso motivacional", e a Yann Martel por inspirar "o Tigre" em seu livro *As aventuras de Pi*.

Sou extremamente grato às pessoas que me procuraram depois de verem uma apresentação de *Vença o Tigre* e que concordaram em ter suas histórias incluídas neste livro. Agradeço a vocês por sua honestidade, sua generosidade e seu tempo.

Devo um agradecimento especial a Richard Dunwoody por toda a ajuda e apoio ao longo do caminho e por ser gentil o bastante para escrever o prefácio deste livro.

Obrigado a meus editores, Ed Faulkner e Clare Wallis, da Virgin Books, e a Richard Collins e meu agente literário, o inimitável Robert Kirby — seus comentários e conselhos foram inestimáveis.

Imensos agradecimentos a meus amigos e minha família por permitirem que eu me trancasse durante semanas a fio para criar este livro e por tolerarem minhas aventuras.

Por fim, gostaria de agradecer a Gee Bradburne (nascida Armytage) por todo o tempo, energia e trabalho duro dedicados — qualquer que fosse o clima — para me levar ao hipódromo; e obrigado a Gee, a Anita, minha melhor amiga e parceira, e a minha filha Maddie pela fé em mim.

Prefácio

Vença o Tigre é um livro importante. A vida é para ser vivida — e bem. A técnica de *Vença o Tigre* consiste em ficarmos livres para fazer apenas isso — no trabalho ou em casa.

Vença o Tigre é o antídoto da autoajuda. Em primeiro lugar, a abordagem é completamente prática. Se você seguir as Dez Regras, encontrará poucos atalhos, mas muita diversão, desafios e oportunidades para se surpreender. Mas Jim também vive a filosofia. Ele não apenas fala sobre ela.

Montei quase 2 mil vencedores em minha carreira, incluindo o sucesso em duas Grand Nationals e uma Cheltenham Gold Cup. Tenho ainda o recorde de número de quedas em hipódromos: 672! Todos os dias em que eu montava, havia Tigres a ser domados, mas nada se comparou aos que me atacaram quando um cinesiologista norte-americano me informou, inesperadamente, que minha carreira havia acabado. Depois de 17 anos trabalhando em uma pista de corrida, fui de imediato dirigir um negócio — e acabei sentado em um escritório 12 horas por dia. Este foi um desafio pessoal bem maior do que montar Desert Orchid em qualquer hipódromo.

14 | VENÇA O TIGRE

Enfrentar mudanças, sejam as que escolhemos ou aquelas que nos escolhem, é um enorme teste, mas também uma enorme oportunidade. E a batalha é vencida ou perdida em nossas cabeças. Este livro desvenda essa disputa.

Os cavalos de corrida são poucos. E em menor quantidade são pessoas que conseguem montá-los em público, em um hipódromo. Elas geralmente trabalharam muitos anos com animais mais fáceis antes de subirem nos corredores. A natureza muito agitada desses cavalos, somada à sua força e sua velocidade, faz com que sentar no lombo deles, mesmo a galope, seja um gosto adquirido. Não há freio, apenas "negociação", e se eles decidem que estão cansados, você com certeza estará fora!

Quando ouvi falar de um homem de Londres que havia chegado a Lambourn e estava caindo e perdendo o controle de seu cavalo, nas redondezas, achei que ele não tinha muitas chances. Quando Jim entrou em contato e me pediu ajuda, não pude resistir, e foi ótimo ajudá-lo a estabelecer seu próprio recorde — o jóquei novato a percorrer mais rapidamente uma pista — e ajudar a provar o *Vença o Tigre*.

No início de 2008, eu e o guia Doug Stoup, com o intuito de apoiar a Sparks, a Racing Welfare e a Spinal Research, uma instituição de caridade muito querida, concluímos um percurso da costa da Antártica ao Polo Sul geográfico que só havia sido feito em tratores e Sno-cats, cerca de cinquenta anos antes. Nós nos tornamos a septuagésima e a septuagésima primeira pessoas a chegar ao Polo Sul sem serem reabastecidas e sem animal, máquina ou ajuda do vento. Nossa expedição foi, sem dúvida, o desafio mais difícil que já assumi.

Como havia assistido à palestra de Jim algumas semanas antes de sair do Reino Unido, ainda tinha suas palavras e sua regra 10 em mente quando a situação começou a ficar realmente difícil enquanto nos aproximávamos do Polo.

Continuarei tentando vencer meus Tigres e desejo a você todo o sucesso ao vencer os seus. Regra 1 — Aja com ousadia hoje. Quem sabe aonde isso pode levar você?!

Richard Dunwoody MBE,
Jóquei três vezes campeão, explorador polar,
orador e escritor
2011

Prefácio do autor

As Dez Regras para vencer o Tigre são uma reestruturação e reafirmação de verdades que você já sabe. Eu não as inventei, e sim observei, experimentei e testei. E tenho feito meu melhor para prová-las, procurando entrar em algumas situações difíceis tendo apenas as Dez Regras como companhia. Agora eu as listo em um livro que espero que seja útil a você e que dá um nome ao grande adversário em nossas cabeças — "o Tigre".

A maioria dos livros de "autoajuda" promete dizer ao leitor como viver. Muitos sugerem ao leitor que ele "pode fazer qualquer coisa se estiver focado". Não tenho a menor ideia de como você deve viver e tenho certeza de que os humanos não conseguem fazer "qualquer coisa" se estiverem focados. Jamais pularei de um edifício a outro num único salto. Fiquei muito feliz quando Richard Dunwoody descreveu o *Vença o Tigre* como "o antídoto para a autoajuda".

Acredito que o sentido da vida é o que quer que você faça dele. *Vença o Tigre* é um convite a superar seus medos naturais de mudança e crescimento para fazer da vida algo que tenha significado, para que você possa aproveitar, compartilhar e se orgulhar dela. Nem mais, nem menos.

18 | VENÇA O TIGRE

Tive o privilégio de compartilhar as Dez Regras para vencer o Tigre com mais de 200 mil pessoas em discursos e programas de motivação em grandes corporações do mundo inteiro. Agora você pode integrar nossa comunidade on-line, usar as ferramentas de treinamento que vão direto ao ponto e ganhar o incentivo e os conselhos de outras pessoas em nosso site, tamingtigers.com. É inteiramente grátis se cadastrar na página e usá-la.

As histórias de pessoas — no campus on-line e neste livro — que usaram as Dez Regras, domaram seus Tigres e alcançaram grandes feitos para si mesmos e para os outros me convencem de que estamos fazendo algo que vale a pena.

Dominar o Tigre é uma tarefa que nunca acaba. Portanto, desejo a você todo sucesso ao domar e vencer seus Tigres e espero que deseje o mesmo a mim. Por favor, compartilhe suas experiências no site, pois me ajudam a aprimorar as regras e incentivam outros a dar um salto e domar seus Tigres.

Jim Lawless
Berkshire, Inglaterra
2011

Twitter: @jim_lawlers
Web: tamingtigers.com
Facebook: facebook.com/
pages/Taming-Tigers.

Introdução

Ponha para fora seus medos!

Sete e meia de uma manhã de junho, em 1998. Nesta hora exata, Richard, da equipe de finanças, entrou no escritório. Eu estava sentado, invisível para qualquer pessoa, em minha "cápsula" com divisória, no grande andar da multinacional de tecnologia da informação onde estava empregado como assessor jurídico. Richard emitiu um gemido audível e disse para o escritório aparentemente vazio: "Ah, bem, faltam apenas quatro anos, dois meses, três semanas e dois dias para ir embora." Interrompi meu trabalho sobre o contrato mais recente e fiz um cálculo rápido. Restavam 34 anos, cinco meses e alguns dias para eu ir embora — quer dizer, se eu tivesse condições financeiras para me aposentar aos 65.

O complexo de escritórios onde eu trabalhava ficava na antiquada Slough, bairro a oeste de Londres, e era bom por causa das vias expressas e do aeroporto de Heathrow, mas para pouca coisa além disso. Slough me fez, porém, um favor que mudou a minha a vida. Minha mesa ficava junto à janela, no andar térreo, de frente para uma rua lateral. Em algum lugar ali perto havia uma casa funerária. Toda manhã, quando eu começava a trabalhar, os caixões

20 | VENÇA O TIGRE

passavam por mim transportando suas cargas. No horário do almoço, voltavam vazios. Isso, com meu cálculo de que eu tinha ainda quase 35 anos de sentença para cumprir, levou-me a pensar: "E se melhor que isso for impossível?"

O gênio saiu da garrafa. Se aquela era a minha vida, que diabos eu estava fazendo com ela? Quando ela começaria? Aos 30, talvez já tivesse começado. Eu passara seis anos treinando como advogado, e com quatro anos de prática havia trocado a cidade de Londres pela tecnologia de informação internacional. A dura realidade era que eu não apreciava muitos dos meus dias de trabalho naquela época.

A verdade assustadora estava ficando aparente. Eu tinha que mudar. O Tigre começou a rugir para que eu ficasse quieto em meu lugar. A batalha estava prestes a começar.

Um ano depois, nascia a Optimise (hoje Taming Tigers). De início, ensinávamos homens e mulheres de negócios a inspirar suas plateias, em vez de enchê-las de tédio ao fazer uma apresentação. Logo fomos convidados a ajudar líderes de grandes empresas que precisavam motivar seus funcionários a enfrentar mudanças.

Em um dia fatídico, o telefone tocou: estavam me convidando para fazer uma apresentação motivacional. Recusei imediatamente. Eu achava que aqueles discursos exaltados, ao estilo norte-americano, eram uma ideia pavorosa. De qualquer modo, não tinha nada a dizer.

A pessoa insistiu: "Se você não gosta do estilo norte-americano, faça melhor." Comentário justo. Aceitei o desafio.

O dia da palestra chegou. Eu falaria sessenta minutos sobre o gênio motivacional. Depois de trinta minutos, agradeci à plateia e me curvei diante dos aplausos ligeiramente surpresos. Eu estava tão nervoso que deixara de apresentar grande parte do material — tudo cuidadosamente cronometrado em casa para corresponder à hora exigida — e fiquei ali, mudo, com trinta minutos ainda restando. Para meu espanto, quando estava tentando sair do lugar, um dos membros da plateia se aproximou de mim, disse o quanto gostara do que ouvira e perguntou se eu poderia dar um retoque e me apresentar de novo dentro de um mês.

O Tigre rugiu novamente...

A história de sua vida

Você está escrevendo a história de sua vida. Deve estar, não? Quem mais poderia estar segurando a caneta? Você está escrevendo uma frase de sua história agora mesmo, enquanto lê este livro. Eu também estou escrevendo uma frase de minha história, enquanto escrevo estas palavras para você. Nossas vidas estão prestes a colidir por meio de nossas frases, das decisões que tomei e das decisões que você está prestes a tomar. Nós somos muito parecidos quando o assunto é o Tigre, conforme iremos descobrir.

Se você tem a boa sorte de viver no mundo livre, é de sua responsabilidade escrever a história de sua vida. O começo dela foi ditado pela genética e pelo meio ambiente, é claro. Mais tarde, você fez dela o que escolheu fazer. Nada de desculpas. Nós tomamos nossas decisões, agimos de acordo com elas e tivemos nossos resultados. Ainda hoje fazemos isso.

Sua história é a soma de todas as decisões que você tomou até agora. É assim que a escrevemos:

Nós tomamos decisões que levam a ações, que levam a frases da história.

22 | VENÇA O TIGRE

Você decidiu que faria aquele exame, mas não esse. Decidiu tentar esse emprego, mas não aquele. Escolheu pôr essa pequena ideia em ação, mas talvez tenha decidido não se arriscar àquela grande inovação na carreira. Um belo dia, você decidiu dizer olá a essa pessoa bonita, mas não àquela. Agora está casado com essa — *e jamais sequer falou com aquela?*

Pense nisso! Você decidiu participar daquela reunião social — mas não de outra mais intimidante um dia antes. Optou falar com essa pessoa atraente, não com aquela. Decidiu chamá-la para sair ou aceitou o convite dela. Resolveu ir ao encontro. Você acorda trinta anos depois com três filhos adolescentes e um trailer. Isso o faz pensar nas consequências dessas pequenas decisões fundamentais sem as quais as grandes não aconteceriam, certo? Foram decisões suas ou do Tigre?

Como você toma essas decisões e se elas são feitas para escrever sua história de forma significativa ou apenas para evitar o rugido do Tigre é o que este livro o ajudará a explorar.

Então aqui está a pergunta. A única que importa no momento.

Quanto de sua história até agora é sua, aquela que você queria escrever, e quanto de sua história é uma produção de segunda categoria, presa ao medo — ditada pelo Tigre?

SUA HISTÓRIA NO TRABALHO

Este livro tem como foco principal a história que você está escrevendo no trabalho. Seu emprego deve ser a segunda maior aventura de sua vida, depois daquela que envolve a família e os amigos. Concorda? Talvez esta seja a maior aventura para você. Talvez no momento não pareça nem um pouco uma aventura — nós mudaremos isso juntos, se você estiver disposto ao desafio. O emprego está em uma arena onde podemos passar a conhecer a nós mesmos, descobrir quem somos de verdade, nos conectarmos com os outros e ter um impacto sobre os demais, encontrar oportunidades de crescimento e desenvolvimento, fazer a diferença para muitos e criar um legado. É também a arena onde muitas pessoas dormem. *Vença o Tigre* é sobre acordar, viver a aventura.

Você está vivendo um momento unicamente próspero, saudável e repleto de oportunidades na história da humanidade. Seu potencial para se conectar com o planeta é maior do que nunca. Você vive em um tempo em que a assistência médica é melhor do que em qualquer outra época de nossa história. Em um tempo de grandes mudanças na indústria, em que a meritocracia — o desempenho reconhecido e recompensado — está se tornando cada dia mais importante e urgente. Este é um momento em que a criatividade do indivíduo é mais valorizada no trabalho do que nunca, em que você pode criar suas próprias oportunidades — em que "eles" *precisam* de você para criar as oportunidades. Exploraremos isso juntos mais adiante neste capítulo.

Qualquer que seja sua idade, nunca houve uma época melhor para acordar, entrar na Nova Economia e pegar a onda de mudanças a seu favor. Outra vantagem que você tem é que está lendo este livro. Muitos não se importarão em lê-lo. Já sabem "como tudo funciona". O Livro de Regras foi feito para a satisfação deles. Eles o usam como desculpa para continuar dormindo. O Tigre deles está em ação, salvando-os do medo e da recompensa por aproveitar uma chance, salvando-os do medo da humildade e de admitir e assumir a incerteza, salvando-os do medo, do desconforto, do triunfo e da satisfação do crescimento e da conquista. Salvando-os das ferramentas que você e eu estaremos utilizando para viver nossas aventuras.

Não vamos nos juntar a eles, você e eu.

Quem está escrevendo a sua história? Você ou seu Tigre?

O QUE É O TIGRE?

O Tigre é a força invisível dentro de você que o impede de agir. Mas já sabia disso, não? Ele ruge para você quando pensa em fazer ou dizer algo que exigirá entrar em águas desconhecidas, correr um risco pessoal, viver a sua aventura.

Por que eu me refiro a essa força interna universal como o Tigre? Porque muitas vezes ela parece real e externa. Trata-se de uma presença grande e poderosa. Porque ele ruge alto, e mais alto ainda à noite, e parece ter dentes de verdade. Porque parece que a nossa própria sobrevivência pode estar em jogo, quando o encontramos. Porque ele nos faz liberar adrenalina, e isso altera de maneira bastante real nossa fisiologia e nossos processos mentais. Queremos fugir dele, a não ser que estejamos preparados para a batalha.

O Tigre é uma metáfora, claro. Não está ali de verdade. Você mesmo o criou, então tem o poder para domá-lo. Muita gente passou por ele e você também pode. Este livro lhe dará as armas para combatê-lo, mas você terá que ir sozinho para a batalha. Só você pode derrotar seu Tigre. É aí que este livro se distingue dos títulos de autoajuda. Não há consertos rápidos. Você é o guru, não eu. Apenas percorri o caminho antes e gostaria de compartilhar as lições que aprendi. Gostaria também de saber o que você aprendeu.

Entre em contato com a equipe Taming Tigers no site, tamingtigers.com, e poderemos trocar informações.

As pessoas adormecidas não se referem a isso como sendo o Tigre delas. Elas sabem que podem justificar, intelectualmente, por que não superam o impasse. Para elas, não é nada interno — vão procurar e culpar forças externas que as impedem. São apenas vítimas do mundo cruel. Podem listar todos os motivos pelos quais não podem fazer nada. Elas nunca permitem aos outros (ou a si mesmas) ver que na verdade estão justificando uma falta de ação causada pelo medo. O medo do desconhecido. O medo de entender errado. O medo da alegria de entender certo, o medo do esforço envolvido em viver plenamente. Elas também nunca saberão qual é a grande recompensa de estar acordado.

Este livro não é sobre "Sucesso!" no sentido desgastado de autoajuda. Não é sobre ganhar mais dinheiro ou alcançar o relacionamento perfeito, embora o ajude nas duas coisas. Não é sobre afirmações ou mantras. Este livro não inclui um CD que alega mudar sua vida enquanto você dorme — acho isso uma bobagem, feita para explorar os desesperados. Estou levando em conta que você é mais inteligente do que isso. Se é isso que está procurando, devolva este livro à livraria antes de amassar a capa ou quebrar a lombada e receba seu dinheiro de volta.

O Tigre em ação

Deixe-me dar um exemplo do Tigre em ação com base em minhas próprias experiências. Eu queria estabelecer um novo recorde britânico para mergulho livre. Era fascinado (e ainda sou) pelo esporte; adoro ficar na água e

26 | VENÇA O TIGRE

me sinto estranhamente em casa perto do mar, sobre o mar ou dentro dele. Eu tivera algumas aulas como turista quando estava de férias. Achava que poderia avançar mais rápido e pensava que esta seria uma excelente maneira de testar as teorias para vencer o Tigre. Mas fiquei adiando assumir um compromisso — ou seja, o momento de fazer uma promessa inquebrantável a mim mesmo — de tentar bater o recorde. O motivo da hesitação era o medo, mas não o medo que seria esperado. Eu não temia a profundidade ou os riscos. Eu sabia que trabalharia devagar as profundidades, ficando confortável com cada uma delas enquanto treinasse.

Comando um negócio bem-sucedido e tenho uma família. O medo era de riscar uma linha sobre a primeira semana de cada mês em minha agenda, de fevereiro a agosto de 2010. Eu teria que passar a primeira semana no Egito, treinando em águas profundas. Teria que passar um tempo longe da família e do trabalho em meio a uma recessão mundial — oito meses. Ficaríamos bem? Pagaríamos as contas? Meus concorrentes ganhariam o trabalho e a reputação que eu deveria ganhar? Meus clientes tolerariam minha ausência? Momento de decisão. A batalha se intensificou. O Tigre venceria? Intrigante. Tive que cavar fundo e usar as Dez Regras que em breve apresentarei a você para passar pelo Tigre e bater o recorde.

ENCONTRE SEU TIGRE

Aqui está uma pergunta para você: com que frequência você sonha com grandes coisas que gostaria de fazer na sua vida? De verdade. Pense nisso. Diariamente? Semanalmente?

Com que frequência você tem grandes ideias que discretamente confia que poderia implementar? Ideias sobre:

- As pessoas com as quais gostaria de passar mais tempo — desenvolvendo e cultivando o talento e a confiança delas.
- O tempo que gostaria de passar criando visão e estratégia.
- As inovações tecnológicas que pensa que deveriam ser exploradas.
- Os processos que precisam ser reformulados.
- Os clientes que você acha que poderiam se beneficiar da expertise de sua organização.
- As maneiras como poderia ganhar mais dinheiro.
- A equipe que deve inspirar, com a qual é preciso se comunicar e à qual é necessário dar oportunidades para contribuir para o plano maior.
- O trabalho que gostaria de delegar (aquele grande salto de confiança atiçando o Tigre) para ter tempo para fazer isso.

E o que dizer das ideias para reduzir o impacto ambiental, para criar um bem social maior como resultado das atividades do negócio, para interceder junto a governos e criar uma mudança positiva em sua indústria, na sociedade? E o plano para agir sozinho — para provar que você pode fazer melhor, como tantas vezes pensa que pode?

Por que é tão raro você realmente fazer alguma coisa em relação a isso?

Alguma vez já se viu em uma conversa — com si mesmo ou com os outros — sobre seus planos e se pegou dizendo algo como:

28 | VENÇA O TIGRE

- sim, é uma grande ideia, e provavelmente poderia dar certo, mas a esposa/o, parceira/o jamais me deixaria fazer isso.
- sim, mas pode dar errado, e então o que aconteceria?
- alguma chance: as pessoas com a minha formação/experiência não têm oportunidades assim.
- você acha que Fulano [insira o nome de seu superior] me deixaria fazer algo desse tipo?
- não é assim que fazemos aqui — "eles" não fariam isso.
- só depois de terminar de pagar as prestações da casa e de as crianças saírem de casa.
- eu vi Fulano tentar isso x anos atrás — ele/ela nunca recuperou sua carreira.
- homens e mulheres mais inteligentes do que eu tentaram e fracassaram.
- na minha idade? Estou velho demais para isso.

Se você já disse alguma dessas frases sem antes ter uma longa conversa com seu cônjuge, seu chefe, ou aquela pessoa que fracassou; sem preparar o plano de negócio para você inovar e sem apresentá-lo discretamente a colegas confiáveis para ouvir conselhos; sem questionar por que, exatamente, é "assim que fazemos as coisas aqui"; sem calcular o que faria se seu plano desse errado e se o risco é administrável e por aí em diante, então, sim: você *já* encontrou seu Tigre.

Seu Tigre determina sua relutância nessas explorações preparatórias. Ele ruge para você parar. E o motivo pelo qual você para é o medo. O medo de entrar no desconhecido. O medo de que seja possível. O medo de que o esforço seja desconfortável. O medo de que descubramos que não existe obstáculo algum exceto o nosso Tigre. Se admitíssemos essa ideia, então não haveria onde se esconder, haveria? Vamos fazer uma pausa antes de continuar com isso para você aceitar que você não é forte o bastante para tentar. Ai!

Por que eu escrevi *Vença o Tigre?*

As Dez Regras para vencer o Tigre lhe trarão mais sucesso em muitas áreas, certamente. Mas não é por isso que fiquei fascinado por elas, testei-as com rigor e agora me tranquei para escrevê-las. Vou lhe dizer o motivo: todos temos uma ótima história para contar, um caminho a seguir que é único para nós. A maioria nunca o descobre por causa do rugido do Tigre. Isso é uma tragédia, e acredito que *Vença o Tigre* é um meio poderoso para evitar tal desfecho.

Um dia, eu e você talvez estejamos em uma casa de repouso em algum lugar. Vamos até lá juntos, por um instante.

Você tem 90 anos. Sua vida está um pouco menos frenética. Resta-lhe menos papel para escrever sua história. Você tem menos tinta em sua caneta. E, nesses tempos distantes, já não estará escrevendo com o mesmo vigor que tem no momento. Talvez sua maior preocupação quando for tomar o café da manhã seja: "Será que vou ganhar o jogo de cartas hoje?"

Não seria desolador olhar para esse personagem idoso no espelho — você — e dizer, depois de setenta ou oitenta anos de oportunidades incríveis: "Qual foi o problema? Por que eu não acordei? Por que não fiz isso? Por que não me envolvi?" A pergunta na casa de repouso não será: "Eu tive uma ótima história em mim?" Temos uma ótima história em

30 | VENÇA O TIGRE

nós. A pergunta será: "Eu escrevi minha história ou deixei que meu Tigre a ditasse por mim?"

O que você precisa fazer hoje (sim, *fazer* e *hoje* — acorde, está acontecendo agora) para saber que quando enfrentar esse homem idoso ou essa mulher idosa no espelho poderá dar risada? E dizer, depois de oitenta longos anos de oportunidades e possibilidades: "Eu vivi! Fui lá e causei um impacto. Eu fiz diferença. Vivi minha vida plenamente. E escrevi minha ótima história. Eu amei, venci, perdi. Não há nada para lamentar. Eu estava acordado!"

Criei e escrevi as Dez Regras para vencer o Tigre porque acredito firmemente que cada um de nós tem uma história tremenda para escrever e que essas Dez Regras ajudarão você a escrever a sua.

Acredito que cada pessoa que olha para trás com arrependimento e tristeza pelo que poderia ter sido, que morre sem que sua história tenha sido escrita, é uma grande perda para nossa história coletiva, para a humanidade e o planeta. O impacto das pessoas em seus empregos diários é a maior influência sobre a humanidade e o planeta. Você tem um papel a desempenhar. Uma história para escrever. A sua história.

E a sua história afetará milhares de outras.

Acredito que exista uma diferença clara e identificável entre aqueles que olharão para trás e verão uma ótima história e aqueles que olharão para trás cheios de arrependimento, ou talvez ainda fazendo o papel de vítima ressentida e desiludida.

Um grupo domou o Tigre. Outros deixaram que o Tigre ditasse suas histórias para eles.

Acorde! O Tigre não tem dentes. Trata-se de um brilhante e poderoso truque da mente. Sua mente. Você é o responsável por sua existência. E pode mudar isso.

Como posso ter certeza de que *Vença o Tigre* ajudará você a escrever sua história?

As Dez Regras são diferentes das ideias de autoajuda porque, antes de pô-las no papel, eu as testei com rigor. Testei-as em minhas próprias atividades de negócios enquanto dirigia o grupo *Vença o Tigre*: em salas de diretoria de grandes organizações; em escolas; em minha jornada na corrida de cavalos; e em meu objetivo de me tornar o praticante de mergulho livre da Grã-Bretanha que foi mais fundo. Contarei minhas histórias neste livro para ajudar você a ver como as regras podem funcionar. Meus clientes também foram generosos ao contar suas histórias, todos motivados apenas pelo desejo de transmitir a você o que aprenderam e ganharam com as Dez Regras.

Tenho feito apresentações do *Vença o Tigre* no mundo inteiro. A mim tem sido confiada a tarefa de aconselhar centenas de indivíduos, equipes e diretorias de empresas de todos os setores nos doze anos desde que estabeleci o método. Eu e minha equipe aprimoramos as Dez Regras com o resultado de nossas experiências. Aqui estão algumas das percepções que vejo sempre quando as pessoas são apresentadas ao Tigre:

- agora entendo que não é por causa de meu histórico/educação...
- eu tenho tempo para essas coisas, *sim* — o Tigre me impede de confiar e delegar!
- posso me comunicar com eficiência — o Tigre me deixava com medo de tentar — era mais fácil dizer "eu não posso".

32 | VENÇA O TIGRE

- afinal de contas, não é culpa do chefe. Quando me preparei e tive uma conversa "de verdade" com ele, foi construtivo
- na verdade, eles *querem* que eu seja um líder em tempo integral, e não que os microgerencie — isso tornará minha vida muito mais fácil e mais estimulante — mas é um hábito difícil de quebrar
- pensei que tivesse chegado ao topo de minha carreira, mas não — eu havia alcançado a extensão de minha imaginação. Hoje vejo uma fase totalmente nova para minha profissão!

Vença o Tigre é diferente porque não tenta esconder o trabalho duro e os momentos assustadores associados a escrever sua história e criar seus sucessos. Não há atalhos aqui. Tento lidar com a realidade, não com o que é "bom" de ouvir. E essa realidade nos dá uma satisfação profunda e recompensas duradouras que nenhum conserto rápido pode proporcionar.

Eis uma advertência, porém: neste livro, pode-se achar o conhecimento, mas não a sabedoria. A sabedoria não é adquirida com uma leitura. É o resultado de quanto esse conhecimento é incorporado à sua experiência pessoal. Você é o único que pode criar essa fusão e trazer mais sabedoria para si mesmo. Deve-se testar o Tigre, ousar enfrentá-lo e, por fim, domá-lo. Quanto mais cedo iniciarmos, maiores as chances de que seu encontro com este livro leve grandes aventuras a sua vida — e não simplesmente a mais um troféu em sua estante. Aproveite o passeio!

O que cavalgar em uma pista de corrida e mergulho livre têm a ver com você ou seu trabalho?

A primeira coisa a observar é que esses dois desafios foram bem mais mentais do que físicos. O mergulho livre é o único esporte radical em que a adrenalina pode ser letal. Um pânico repentino a 10 metros significa que você usará o oxigênio em seu corpo muito rapidamente — rápido demais para conseguir chegar à superfície antes de o oxigênio acabar. Um cavalo de corrida detecta qualquer outro animal bombeando adrenalina atrás dele antes de o animal saber que o hormônio foi liberado. Basta pensar no "medo", e ele se prende a você. Os dois esportes são maneiras excelentes de sentir como a mente e o corpo funcionam e interagem sob pressão. Mas há outras grandes semelhanças com seu desafio de avançar no emprego que os tornam um excelente teste para as Dez Regras. Eis uma seleção:

1. Telefonar de surpresa para pessoas influentes e pedir ajuda para um projeto inovador e arriscado.
2. Construir aos poucos relações com pessoas que inicialmente não querem lhe receber bem.
3. Lidar com o medo do fracasso público e prejudicial à carreira.
4. Lidar com o medo de uma perda financeira.
5. Comprometer-se com um objetivo sem qualquer certeza do sucesso — mas com um custo pessoal atrelado.
6. Criar um plano, mudando-o quando você encontrar obstáculos.
7. Decidir sobre novos comportamentos e mantê-los com disciplina.

34 | VENÇA O TIGRE

8. Administrar seu tempo (eu ainda tinha que pagar a prestação da casa).
9. Conciliar os compromissos com a família
10. Ser criativo e inovador em relação a como atingir um objetivo que "todos" disseram que era impossível.
11. Inovar (ninguém havia feito nada assim antes, partindo de meu ponto inicial).
12. Formar e motivar uma equipe de pessoas bem mais sábias para me dar apoio.
13. Manter-se motivado até o fim e nos maus momentos.
14. Ser responsável pelo sucesso.
15. Ter um prêmio maravilhoso e inspirador em jogo, que seja significativo para você

Quem está escrevendo sua história — você ou o Tigre?

Enquanto trabalharmos juntos nas próximas horas, dias ou semanas, você começará a entender melhor o Tigre que você e suas experiências criaram. E, enquanto trabalharmos juntos, também começará a ver os danos que o Tigre está causando e, muito possivelmente, ficará com raiva.

Sim, eu disse "raiva". Raiva não é um tabu. Quando entendida e usada apropriadamente, pode ser um tremendo trampolim para um novo capítulo de sua história e uma nova abordagem para seu trabalho e sua vida. Quando começar a ver os efeitos do Tigre sobre os anos que passaram — sobre a história que foi escrita até hoje, por mais fabulosa e bem-sucedida que seja — você verá áreas, talvez pequenas, mas significativas, em que o Tigre ditou e você obedientemente escreveu o que ele ordenou. E isso criará uma emoção. Use-a bem.

Estava tomando um pouco de ar em uma tarde de verão encantadora, depois de fazer uma apresentação para cerca de mil pessoas em Amsterdã. Um membro da plateia estava particularmente disposto a dizer olá e me seguiu até lá fora, no gramado. Depois de dizer algumas coisas gentis sobre a apresentação, ele me disse o quanto me invejava.

"Por quê?", perguntei.

"Porque eu sempre quis ser um orador profissional, inspirar os outros e viver disso."

"Não, você não quis", respondi.

Ele me olhou chocado. "Sim, eu quis! Eu sempre quis."

"Não, não quis", repeti. "Se você sempre tivesse desejado viver com um orador profissional, estaria fazendo isso. Você está fazendo *exatamente* o que quer para viver."

Ele estava começando a ficar com raiva. Estava claro que eu deveria massagear seu ego.

"É fácil para você dizer isso, você tem uma história para contar."

"Sim, mas eu não tinha quando comecei a dar palestras. E muitos oradores não usam sua história pessoal."

"Certo, mas acho que é diferente quando você é um advogado corporativo e ganha bastante dinheiro antes de assumir um risco como orador."

"Bem, lamento decepcioná-lo, mas eu não era um advogado bom o bastante para ter qualquer dinheiro aos 30 anos, quando mudei meu rumo!"

Eu dei a ele meu número e disse para telefonar quando quisesse me perguntar como dar início à carreira que ele sempre quisera seguir.

Ele nunca telefonou, é claro. Pobre rapaz: o Tigre jantou sua história.

Podemos ser sinceros um com o outro enquanto viajarmos juntos?

A sinceridade será importante durante nosso tempo juntos nos próximos dias. Eu serei sincero com você neste livro. Não escreverei nada que eu não possa respaldar com minha experiência pessoal. Se está disposto a ser sincero consigo mesmo, verá uma mudança interna. Será capaz de se conhecer de uma nova maneira. Você acordará.

Então vamos ser sinceros. Se você realmente acredita que raça, criação, qualificações educacionais, gênero, a prestação da casa, a esposa/o marido/o parceiro, as crianças, o chefe, a organização para a qual você trabalha ou o país onde vive são os motivos pelos quais você é "incapaz" de fazer as coisas que quer fazer, então você precisa domar seu Tigre. Talvez hoje, exatamente este dia, seja o primeiro dia de sua vida, aquele em que escolherá ser sincero em relação a isso.

Podemos terminar esta seção juntos com uma sinceridade corajosa e enfrentar outro assunto tabu?

Algum dia você morrerá. Algum dia eu morrerei. Esse é o ponto de partida correto para nossa jornada. Somente desse ponto podemos começar a nos dar verdadeiramente permissão para viver; para escrever nossa própria história. Porque, dessa perspectiva, meu medo de perder o dinheiro de algumas semanas para tentar bater um recorde em mergulho livre, ou seu medo de pôr em prática seu plano inovador no trabalho, caso você fracasse publicamente, tornam-se um tanto risíveis, não? Do que realmente temos medo?

O que estamos esperando?

Vamos viver!

As Dez Regras para vencer o Tigre

O recorde britânico está facilmente
ao meu alcance. Será?

Olhar do alto do penhasco a plataforma de mergulho lá
embaixo me tranquiliza de que estou no lugar certo. Ela
balança no oceano, tendo em cima uma pequena estrutura
semelhante a um guindaste. É para lá que estou indo, nesse
dia claro de fevereiro. Quando chegar lá, farei minha primeira
viagem dentro do oceano, sobre um lastro.

"Jim?"

Eu me viro e vejo dois homens se aproximando.

"Eu sou Marco, mas todo mundo me chama de Rasta.
Este é Andrea."

Marco está de óculos escuros e tem longos *dreadlocks*
pendurados na parte de trás da cabeça. O torso nu de Andrea
tem o formato perfeito de um triângulo invertido, e ele é
mais alto que Marco. Ambos abrem sorrisos italianos para
mim e duas mãos estão estendidas. Então esses são os
caras que dirigem o Only One Apnea Centre, o principal
centro de treinamento de mergulho livre no mar Vermelho.
Muitos recordes mundiais e nacionais foram estabelecidos

38 | VENÇA O TIGRE

ali (o próprio Andrea tem quatro recordes nacionais). Os melhores do mundo mergulharam ali, e o Only One tem a fama de ser uma "fábrica" de recordes. Agora eu estou ali para seguir os passos deles. Hum.

Eu não encontrara Rasta e Andrea antes, mas enviara e-mails a eles sobre o plano de chegar a 101 metros e eles concordaram em me ajudar. Paula, namorada de Rasta e gerente do centro, me encaminha a papelada. Visto a roupa de mergulho e, 15 minutos depois, já desci os degraus até a base do penhasco e à extremidade do pontão que flutua centímetros acima de um recife de corais. O oceano está abaixo de nós, e a plataforma está a 100 metros de distância a nado.

Ponho a máscara, deslizo para a água e, instintivamente, olho para baixo, para checar a vida marinha. Não levo muita fé em prenúncios, mas alguns não podem ser ignorados. De início, parece um pequeno submarino abaixo de mim, mas então percebo que estou olhando para as manchas sarapintadas de um tubarão-baleia de 7 metros de comprimento. Respiro fundo e mergulho até ele.

O animal me deixa nadar em sua companhia até uma profundidade de mais ou menos 15 metros. Fazemos contato visual direto, e o tempo fica mais lento. Agora, parece que tenho que reivindicar o recorde.

Rasta e Andrea se juntam a mim para acompanhar o tubarão enorme e inofensivo, até que ele se afasta e desistimos da perseguição. Os planos para treinamento na água estão sempre sujeitos a mudanças imediatas quando animais selvagens aparecem para uma visita.

O aquecimento para o mergulho livre começa passando um tempo boiando tranquilamente na água, com o rosto para baixo, respirando pelo canudo. Tempo para acalmar a mente e o corpo. Para reduzir o batimento cardíaco de-

JIM LAWLESS | 39

pois de nadar. Quando estamos prontos, descemos, um de cada vez, mais ou menos 7 metros, e ali nos penduramos, segurando a corda e a respiração. É para despertar o reflexo de mergulho mamífero. Todos nós o temos. Ele é tão antigo e fora de nosso controle quanto o próprio reflexo da respiração. Prepara o corpo para o mergulho. Prova de nossos antecedentes aquáticos, ele nos liga aos golfinhos e às baleias. Quando o reflexo de mergulho entra em ação, cada mergulho se torna mais demorado e mais agradável.

"Pronto para experimentar o lastro, Jim?" Pergunta Andrea.

Sim. Prontíssimo.

Estamos usando um lastro para dois. Dois mergulhadores podem descer juntos, e mergulharei com Andrea ao meu lado. Ele estará verificando se estou confortável com a velocidade da descida e operando o lastro até eu aprender a fazer isso sozinho. Rasta ficará na plataforma acima, liberando o lastro na água.

O lastro é uma estrutura de metal com vários tipos de braços saindo de uma espinha central e oca, por onde passa a corda. O lastro é preso a um braço do guindaste que se projeta sobre a plataforma, com peso de chumbo. Quando Rasta tira a corda, solta-o. O lastro então desce no oceano e afunda a uma velocidade média de 1,6 metro por segundo, ao longo da linha fixada. À medida que descemos, nossas roupas e corpos começam a se comprimir. Isso reduz nossa flutuabilidade, e a velocidade começa a aumentar.

Nesse lastro duplo, não descemos com os pés primeiramente, mas sim os joelhos. Posicionados um ao lado do outro, nossos joelhos se engancham sobre uma barra na base da estrutura. Passamos o braço de fora em torno de

40 | VENÇA O TIGRE

uma segunda barra, na altura do ombro, e usamos essa mão para apertar o nariz, de modo a nos equalizarmos com a pressão crescente. O braço de dentro fica em torno do ombro do outro mergulhador. No topo da estrutura há um saco elevador e o tanque de ar que o infla. O saco elevador nos leva de volta à superfície.

Eu e Andrea nos acomodamos no lastro. Andrea me diz que tudo o que terei de fazer será equalizar meus ouvidos enquanto descermos, desenganchar os joelhos da base e me segurar com as mãos à barra na qual meus joelhos estão amarrados. Ele lidará com o saco elevador.

"Se você tiver qualquer problema, toque em meu ombro, eu pararei o lastro e subiremos imediatamente."

"Está bem."

Respiramos juntos durante dois minutos. Meu batimento cardíaco está aumentando, e não diminuindo. Não é um bom começo. Não tenho a menor ideia do que me espera, então estou me sentindo no início de uma montanha-russa: apreensivo e alerta. Minha cabeça está pedindo às minhas suprarrenais uma reação de fuga ou luta — justamente quando não preciso disso.

Rasta faz uma contagem de trinta segundos. Começo a inalar para a última respiração aos quinze segundos. Sinalizo com a cabeça para Andrea, que faz o mesmo para Rasta. *Pluft.*

Meus olhos estão embaixo d'água, ajustando-se. Meus ouvidos começam logo a doer. Eu nunca os equalizei nessa velocidade antes — é um esforço constante. Meu corpo está tremulando sob a força da água que passa, e a pressão sob meus joelhos, enquanto a barra nos puxa para as profundezas, é bem maior do que eu previra.

Eu já havia feito mergulho livre e com cilindro de oxigênio antes, mas nunca amarrado a um peso. Agora, estou sendo arrastado mar adentro e não me sinto preparado para o quanto isso parece estranho e perigoso. Meu estômago e meu peito começam a ter uma espécie de espasmo. São como soluços misturados a um reflexo de vômito — muito desagradável e causando uma sensação de pânico. Luto para me convencer de que não há perigo algum, exceto o risco de minha mente perder a calma. Aprendi essa habilidade falando no palco e montando cavalos de corrida, mas agora estou à beira do pânico.

Clang.

Estamos no fundo da linha. Eu solto meus joelhos e seguro na barra superior, vendo Andrea abrir a válvula e encher o airbag. Começamos a subir, e então, *clang*, estamos de volta à placa do fundo.

O que está acontecendo?

Os espasmos continuam, e posso ouvir um barulho estranho em minha garganta. Andrea solta mais ar e começamos a subir. Os espasmos cessam enquanto a pressão diminui. A superfície está se aproximando rapidamente, então solto o lastro e reduzo a velocidade da subida. O sol e a plataforma surgem acima de repente e vejo a sombra de Rasta. Seu rosto exibe um grande sorriso.

"Bem-vindo de volta, Jim. Como foi?"

"Foi diferente. Preciso me acostumar a isso. A que profundidade fomos?"

"Quinze metros! Parabéns!"

Merda! Quinze metros?

Acho que se fosse fácil todo mundo estaria mergulhando. Mas como posso atingir 100 metros? Senti uma pressão apenas duas vezes e meia maior do que a pressão atmos-

42 | VENÇA O TIGRE

férica que todos sentimos no nível do mar. A 101 metros, essa pressão será 11 vezes maior. Meus pulmões chegaram apenas à metade do tamanho. Ficarão 11 vezes menores que o tamanho normal na tentativa de alcançar o recorde, e haverá outras diferenças grandes também. Mentalmente, estarei a uma longa distância de casa lá embaixo — isso exigirá uma cabeça bem mais estável para evitar a liberação de adrenalina que acabei de sentir. E é preciso lidar também com o efeito da pressão nos ouvidos.

Quem eu acho que sou para sequer pensar nisso?

Esse recorde certamente não está ao meu alcance. Precisarei de mais do que a aparição de um tubarão-baleia para ter sorte. Isso também será um verdadeiro teste para todas as Dez Regras. O medo e o desconforto estão me dizendo para não escrever esse capítulo de minha história.

Por que se importar?

Por que se importar?

Eu quero fazer esse teste. Quero aprender mais sobre as Dez Regras e testá-las outra vez. Quero saber quem eu sou e quero ficar mais perto do mar. Esta é a minha história. Não dormirei nela. Não fugirei dela. Não deixarei o Tigre ditá-la.

As Dez Regras para vencer o Tigre

Agora é hora de apresentar a você as Dez Regras que têm ajudado empresas e indivíduos do mundo inteiro a alcançar resultados extraordinários; as Dez Regras que me levaram ao hipódromo e a 101 metros sob o mar; as Dez Regras que ajudarão você — se ousar se comprometer com a aventura — a fazer o que nunca pensou que poderia:

Regra 1	Aja com ousadia hoje — o tempo é limitado.
Regra 2	Reescreva seu livro de regras — desafie-o a cada hora.
Regra 3	Siga na direção aonde você quer chegar, todos os dias.
Regra 4	Tudo está na mente.
Regra 5	As ferramentas para vencer o Tigre estão à sua volta.
Regra 6	Ficar em grupo não é garantia de segurança.
Regra 7	Faça algo assustador todo dia.
Regra 8	Entenda e controle seu tempo para criar a mudança.
Regra 9	Crie disciplina — faça o básico de forma brilhante.
Regra 10	Nunca, nunca desista.

Simples? Ah, sim. Fácil? Não — se fosse, todos nós as seguiríamos. E não estamos seguindo. Essa é uma de suas grandes vantagens — se você tem a coragem de agir para escrever sua própria história. A maioria das pessoas não seguirá essas regras.

As regras estão dispostas em uma ordem específica e são ordenadas dessa maneira por uma razão. Mas não fazem parte de um processo linear, e é importante entender isso. Não são "passos para o sucesso". Suspeite de qualquer pessoa que afirme oferecer esse santo graal.

Com o tempo, você aprenderá que, em um momento difícil infestado pelo Tigre, é possível recorrer a qualquer uma das regras para ajudá-lo. Por ora, porém, comece a agir tendo-as como base na ordem em que são apresentadas.

44 | VENÇA O TIGRE

Para dar estrutura às regras e ao processo ao qual, com o tempo, elas o levarão, tanto as regras quanto o restante deste livro estão divididos em quatro partes:

Parte 1   As regras da integridade: 1, 2 e 3
Parte 2   As regras da liderança: 4, 5 e 6
Parte 3   As regras da mudança: 7, 8 e 9
Parte 4   A regra do crescimento: 10
Epílogo   Viver livre do Tigre

Vamos dar uma olhada em cada uma dessas partes.

PARTE 1: AS REGRAS DA INTEGRIDADE

Integridade s.f. *inteireza; retidão; firmeza*

As regras da integridade não significam que sugiro que falta integridade a você, no sentido habitual. Estão pedindo para você verificar se age com integridade com seu verdadeiro Eu — seus valores, seu significado, seu propósito, seu desejo de se ligar autenticamente a outros e sua necessidade de crescer e se desenvolver — ou se está agindo de acordo com as instruções do Tigre e evitando o medo e o desconforto, em detrimento de seus verdadeiros desejos.

Você está fazendo o que quer com seu tempo no planeta? Está vivendo ou trabalhando para o tipo de vida que gostaria de ter? Ou o Tigre está ditando sua história? As regras da integridade o ajudarão a decidir e o aproximarão mais da autossoberania.

Regra 1: Aja com ousadia hoje — o tempo é limitado

A regra 1 pede a você para começar. Não planejar. Não procurar no Google. Não comprar um livro ou falar sobre isso com os amigos. Mas *começar*. E começar a sério. Se você não está certo sobre o que começar, ela pede para que aja com ousadia hoje para descobrir.

Quer você seja um CEO ou esteja estudando para fazer seus primeiros testes na escola, quando peço-lhe para começar a sério, você terá que questionar por que não começou até agora, então encontrará o Tigre. É aí que começa o processo de integridade. Quando você atrair o Tigre a sair do mato e ir para uma clareira, ao olhar demoradamente para ele, perceberá o quanto o conhece bem. Notará como vocês têm vivido juntos e há muito tempo em aparente harmonia. Agora você tem autoconsciência. Pode agir da maneira que quer, e não da maneira para evitar o Tigre. Neste momento, não há necessidade alguma de encontrar desculpas para a inação: a integridade é possível.

Ouse perguntar a si mesmo, meu companheiro domador de Tigre, que aventura poderá começar se resolveu iniciar a tarefa de domá-lo. Hoje!

Regra 2: Reescreva seu Livro de Regras — desafie-o a cada hora

A regra 2 o confronta com algumas de suas estratégias favoritas para permanecer fora da integridade. As ficções que parecem racionais e intelectualmente justificáveis que percebemos como reais até sermos inspirados a desafiá-las. As ficções são compartilhadas talvez por milhões, e quase certamente estimuladas tanto por amigos quanto por familiares.

46 | VENÇA O TIGRE

A regra 2 exige sinceridade consigo mesmo em relação ao Tigre e às estratégias que você está usando para evitar encontrá-lo. Todas as regras cuidadosamente construídas que você tem sobre como a vida funciona e que o salvam de experimentar coisas novas, de crescer, de ser autêntico, de ser você mesmo. Começar a observar o problema e aprender estratégias para superá-lo são os objetivos da regra 2.

Regra 3: Siga na direção aonde você quer chegar, todos os dias

Agora fazemos alguns planos e damos alguns passos na estrada para um lugar que só você sabe onde é. Esta é a regra 3. E esta ainda é uma parte do processo de integridade, por dois motivos.

Primeiro, a regra 3 é sobre decidir e se comprometer a chegar a um lugar a que você, e não o Tigre, quer chegar — um lugar que combine com quem você realmente é e o que quer se tornar. Segundo, você será solicitado a se comprometer com uma ação real com datas reais. A ação e os prazos finais o deixarão cara a cara com o Tigre. Também o levarão para mais perto, a cada dia, da história que você quer escrever. Mais próximo da integridade.

A integridade é meramente a largada de nossa jornada juntos. Apenas trouxemos as provisões, planejamos nosso rumo e içamos nossas velas. Como tudo isso é prático e real, precisaremos que nossa pequena embarcação navegue quando o céu escurecer e as ondas estourarem sobre nós com detratores zombando em nosso encalço. Para isso, precisaremos do segundo conjunto de regras.

Parte 2: As regras da liderança

Liderança s.f. *derivado de líder*
Líder s.m. *aquele que lidera*
Liderar v. *estar no comando; influenciar para ação ou crença; conduzir uma pessoa ou um animal*

Você não precisa estar em uma posição de liderança para usar as Dez Regras, embora todas elas o ajudem a se tornar um líder melhor do que os outros, qualquer que seja o seu trabalho. As regras da liderança — regras 4, 5 e 6 — são principalmente sobre se responsabilizar pelo comando de sua própria vida, um pré-requisito para assumir a liderança com sucesso na vida de qualquer outra pessoa. Para isso, é necessário reconhecer e derrotar todo um ataque diferente do Tigre:

O Tigre que nossa interação com os outros vai soltar sobre nós.

Como nos preparamos para a liderança no trabalho? Como asseguramos que somos nós, e não o Tigre, quem está no controle, que é a nossa mão que está no leme, não a pata do Tigre? À medida que recuperamos o controle do leme, começamos a ganhar o direito de liderar os outros. Pense nessa pergunta: "O que o faz pensar que as pessoas iriam querer segui-lo?" Estariam os seguintes aspectos em sua resposta?

- Tenho a capacidade de ser responsável por mim mesmo — de escolher minha própria história e começar a escrevê-la em vez de deixar que o medo, no momento de decisão ou ação, desvie-me do curso (regra 4).
- Tenho confiança e humildade para chamar os outros para me ajudar, para inspirá-los a fazer isso, e a disciplina para tratá-los bem durante o processo (regra 5).

48 | VENÇA O TIGRE

- Tenho a integridade de saber que minhas ações e decisões são guiadas por minha visão cuidadosamente refletida sobre o que é certo, não pelo medo do duro julgamento dos outros (regra 6).
- Tenho a capacidade de ficar separado da multidão, exposto, quando necessário — mas não de fazer isso apenas por interesse próprio (regra 6).

Todos esses atributos podem ser vistos, por exemplo, em uma criança bem adaptada, mas são raramente vistos em comportamentos no trabalho. Na Nova Economia, porém, são comercialmente vitais, e não apenas "moralmente" desejáveis — e em todos os níveis da organização.

A falta das características acima causaria logo problemas na disputa pela credibilidade da liderança. "Comportamentos" de liderança provêm de uma integridade, de um estado de espírito — da capacidade de liderar a si mesmo. Eles não provêm de uma lista em um livro de MBA ou da leitura de um cartaz na cantina com os valores e comportamentos necessários.

Regra 4: Tudo está na mente

A regra 4 o equipa para a batalha contra as "vozes" em sua mente. Essas vozes encorajam cada um de nós a diminuir nossa ambição quando estamos contemplando o rumo correto ou a mudar de direção se estivermos sob pressão no momento do desempenho. Essas duas vozes — que apresentarei a você mais adiante como sendo o Diretor da Escola e o Sabotador — são os artifícios do Tigre.

Se não conseguimos dominar a conversa em nossas cabeças, não seremos capazes de dominar nossas decisões. E escrevemos nossas histórias tomando decisões, realizando ações e tendo resultados.

Regra 5: As ferramentas para vencer o Tigre estão à sua volta

É essencial ser capaz de liderar e trabalhar com outras pessoas para alcançar nossos objetivos. Pouco do que realmente vale a pena pode ser realizado sem a assistência de outros. Na regra 5, vemos essa questão aprofundada, consideramos por que em geral somos desencorajados pelo Tigre de pedir a assistência de outros e procuramos superar esse medo.

Quem quer que seja aquele que mais pode ajudá-lo em sua busca está esperando seu chamado. Pode se permitir evitar esse contato? Você está mesmo liderando a criação de sua história se o Tigre lhe nega acesso a seus aliados e mentores?

Regra 6: Ficar em grupo não é garantia de segurança

Os melhores jóqueis estão na tribuna — não na pista de corrida. Ali encontramos as pessoas que podem falar durante horas sobre como um cavalo deve ser montado. Não que algum dia elas já tenham se sentado em um.

Todos os nossos heróis estavam, porém, na pista. Na regra 6, a qualidade da liderança pessoal de ser capaz de filtrar a opinião dos outros vem à frente. Será que você ficará na tribuna, protegido e seguro, expressando opiniões que nunca colocará em prática ou seguirá para vencer? Ou vai lidar com o rugido do Tigre para dominar essa habilidade complicada e ignorar o burburinho das famosas "conversinhas no bebedouro" no escritório? Você entrará na pista e escreverá sua história?

50 | VENÇA O TIGRE

Temos que transformar o novo caminho em um hábito — criar uma mudança em nós mesmos a longo prazo. As regras 7, 8 e 9 estão aí para nos ajudar a fazer exatamente isso.

PARTE 3: AS REGRAS DA MUDANÇA

Mudar v. tr. *fazer diferente; trocar; renovar*
Mudar v. intr. *passar por uma alteração*

Você quer ter uma única conversa aberta e honesta com seu chefe ou desenvolver uma relação de trabalho aberta? Quer atingir suas metas ou números este mês ou consolidar e constantemente chegar ao objetivo? Almeja inspirar a equipe no encontro do mês que vem ou quer ser uma inspiração constante para sua equipe cada vez mais bem-sucedida?

Quero que você sinta que pode ficar em um lugar estimulante, e até mesmo ir além dele. Quero que sinta confiança de que pode criar uma mudança de longo prazo, e não um brilho momentâneo de ação inspirada. Para isso, você precisará de consolidação, persistência e das próximas três regras, as regras da mudança.

Regra 7: Faça algo assustador todo dia

Lidar com o medo e o desconforto é uma habilidade aprendida. A regra 7 é sobre praticar essa nova habilidade. Pôr-se deliberadamente em situações que criam medo e desconforto em uma escala pequena até o surgimento da emoção — sentida física e mentalmente — tornar-se familiar — assim como a maneira como você lida com ela e age apesar desse desconforto.

Sua reação ao medo provavelmente determinará quem vai encontrar e com quem vai falar na vida. Portanto, influenciará diretamente a constituição genética de seus filhos. Isso é importante!

Lidar com o medo e o desconforto não resolverá o trabalho. Precisaremos de uma relação inteiramente nova com o tempo se quisermos consolidar a mudança, transformar o controle do Tigre em um novo hábito e realmente escrever nossa própria história. O que é o tempo a não ser o papel em que escrevemos essa história?

Regra 8: Entenda e controle seu tempo para criar a mudança

A regra 8 não é sobre "administrar o tempo". Temos uma relação profunda com o tempo, mas raramente a examinamos, já que ela muitas vezes não é saudável. A regra 8 é sobre transformar essa relação. Quando você tem uma relação saudável com o tempo, é possível exercer controle sobre ele. Quando controla seu tempo, pode começar a criar uma maneira de pensar, agir e obter resultados livres do Tigre.

Nós não "gastamos" esse recurso escasso do tempo fazendo coisas. Nós o "investimos" fazendo coisas. Isso sempre tem um retorno. Uma vida passada vendo TV durante o dia, comendo pizza e bebendo uísque é investida — tem um retorno bem definido. Qual é o seu plano de investimento?

Se você está investindo seu tempo em escrever uma ótima história — a história que você escolheu e que o fará saltar da cama amanhã de manhã com um misto de excitação e saudável apreensão — achará a regra 9 bastante útil.

52 | VENÇA O TIGRE

Regra 9: Crie disciplina — faça o básico de forma brilhante

Os atletas olímpicos têm disciplina para si próprios. Eles têm disciplina para o treinamento, para a dieta, para a firmeza do pensamento e, geralmente, para a ordem em que vestirão seus equipamentos. O básico e a disciplina estão ali para permitir a eles enfrentar o nível de desconforto necessário para conquistar o prêmio. Sem a disciplina, eles não sabem o padrão que devem manter para alcançar o prêmio. Ela proporciona clareza. Sem definir a disciplina e o básico de um desempenho de elite, eles não sabem o padrão que devem manter para alcançar o prêmio.

Você já definiu o padrão que deseja manter para si mesmo?

O que teria o maior impacto sobre sua história escolhida dentro de 12 meses se você fizer essa atividade constante e brilhantemente?

Pense nisso. Voltaremos a essa questão.

PARTE 4: A REGRA DO CRESCIMENTO

Crescimento s.m *processo de aumentar de tamanho; processo de desenvolver fisicamente, mentalmente ou espiritualmente; processo de aumentar a quantidade, o valor ou a importância; aumento da atividade econômica ou do valor*

A regra 10 é a regra do crescimento. É sobre manter suas promessas para si mesmo e para os outros. É sobre finalizar; alcançar e obter sucesso; crescer em confiança. Levar isso até o fim exige que passemos pela fase de medo e desconforto. Não podemos fazer isso sem crescer.

Quando você embarca em projetos de longo prazo, tem que continuar em frente para cumprir sua promessa. É difícil. Para alcançar um objetivo, você precisa *fazer* algo e *finalizá-lo*. Ou seja, você tem que continuar fazendo coisas até que seu objetivo esteja completo. Não completar tem uma consequência: "O medo é temporário; o fracasso é para sempre."

Esta é outra área em que *Vença o Tigre* se afasta bastante e com determinação da autoajuda tradicional. É preciso muito mais coragem e suor do que "atalhos" e "afirmação" para domar o Tigre e criar uma mudança permanente, mas o resultado é ainda mais estimulante e compensador. Domadores de Tigres do mundo inteiro descobriram isso e continuam descobrindo.

A regra do crescimento é esta:

Regra 10: Nunca, nunca desista

Epílogo: Viver livre do Tigre

Esforçar-se para viver com autenticidade no trabalho e ter uma carreira livre do Tigre envolve uma abordagem holística. Nesta introdução para viver livre do Tigre exploraremos o que isso pode significar em termos de suas atividades mais amplas. Não se trata de um guia para viver sua vida. Deixarei isso para os gurus da autoajuda. É sobre identificar áreas que têm impacto sobre sua capacidade de domar seus Tigres no trabalho — e das recompensas e conquistas obtidas por viver livre do Tigre.

Parte 1

As regras da integridade

Regra 1
Aja com ousadia hoje: o tempo é limitado

"O que você já fez para domar o seu Tigre, Jim?"

A segunda apresentação de minha palestra motivacional estava indo bem até eu ouvir essa pergunta. O problema era que quem estava perguntando era o "gerente geral" — o chefão das quinhentas pessoas que olhavam com expectativa.

Eu falei sobre deixar a advocacia, montar meu próprio negócio e os resultados que havíamos alcançado com os clientes. Ele achou que não era suficiente.

"Bem, o que você tem em mente?", perguntei. Esta é uma pergunta que eu provavelmente não faria a alguém que interrompesse minha palestra com uma pergunta, agora que tenho um pouco mais de experiência no palco.

"Se você não entende o que eu digo, você é bem limitado." Pensei, mas meu Tigre rugiu alto, então fiquei quieto.

58 | VENÇA O TIGRE

"E, se você não se importa, gostaria de acrescentar que você está um pouco acima do peso." Eu realmente me importei com aquilo. Achei que aquela era uma reação mais adequada para uma conversa entre duas pessoas.

"Então aposto uma libra que em 12 meses você não consegue se tornar um jóquei e participar de uma corrida televisionada, sob as regras oficiais do Jockey Club."

A essa altura eu estava segurando o púlpito com força para permanecer ereto diante dessa argumentação.

"Isso é ridículo."

"Por quê?"

"Porque não sei andar a cavalo."

O rosto dele abriu aquele tipo de sorriso malvado que os bandidos exibem em filmes quando percebem que encurralaram o herói.

"Nesse caso, será um Tigre bem interessante para domar, não?"

Uma estranha corrente elétrica atravessou minha mente. Ele está certo. Será extremamente interessante. Ao meu ver, será uma lição sobre as Dez Regras, uma lição sobre mim mesmo. Ou provará que as regras estão absolutamente certas e dará a elas uma credibilidade real, ou mostrará que estou errado e devo aboli-las.

Se eu não conseguisse alcançar algo extraordinário com as Dez Regras, como poderia esperar que outra pessoa pelo menos tentasse?

Seria possível fazer isso? Poderia alguém que era um desastre total em esportes na escola e que agora estava acima do peso e completamente fora de forma participar de uma corrida de cavalo, ao vivo na TV, dentro de um ano, usando apenas as Dez Regras para vencer o Tigre?

Eu tinha que descobrir a resposta. Sorri de volta, do jeito que o herói sorri quando sabe que tem na manga a arma certa para ajudá-lo a escapar das garras do vilão. E disse que concordava, desde que tivesse um tempo de preparação de um mês para pesquisar e estabelecer um plano.

Ele sorriu. Apertamos as mãos. Uma nova aventura começava.

Checagem da realidade: a caminho de casa, naquele início de noite, eu estava me sentindo bem. Saíra pela manhã como um homem de negócios acima do peso para fazer uma apresentação a um grupo de vendedores. Estava voltando para casa como um homem que, no ano seguinte, nessa época, estaria participando de sua primeira corrida de cavalo televisionada.

Você nunca sabe a diferença que um dia fará!

Mas as coisas começaram a parecer diferentes enquanto eu olhava pela janela do trem. Eu estudara em uma escola grande e abrangente de Londres e nunca havia visto estábulos de equitação ali. Às vezes, depois de um recreio bastante agitado, não havia sequer muitos banheiros utilizáveis no local. Tinha ido a corridas de cavalo apenas duas vezes na vida. Nas duas ocasiões, ficara no lounge e, em ambas, gostara um pouco demais daquele local para me concentrar nos cavalos.

Eu não sabia nada sobre corridas de cavalo. Não conhecia ninguém nesse meio. Não podia tirar tempo livre depois do trabalho para atingir o objetivo — eu tinha uma família e uma prestação da casa para pagar. Não tinha dinheiro sobrando para investir no desafio.

Minha disposição levou outro golpe quando cheguei em casa, abri uma cerveja gelada, liguei meu laptop e comecei a aprender sobre jóqueis. Você sabia que na maioria das manhãs eles acordam às 5 horas e chegam ao trabalho por volta das 6 horas? E — tome essa — fazem isso seis dias por semana 12 meses por ano. Inclusive no inverno!

60 | VENÇA O TIGRE

Você sabia que jóqueis de corridas rasas vão para as competições pesando de 47 a 57 quilos? Eu não tinha balança em casa, nessa fase da vida. Gostava de cerveja e adorava *curries*. Tinha uma vaga lembrança de pesar em torno de 76 quilos na última vez que fora a um médico.

Eu tinha que colocar 25% de mim mesmo em algum outro lugar — e não tinha a menor ideia de onde pôr!

Aprendi que os jóqueis têm excelente forma física. Isso foi um golpe, já que eu achava que os cavalos faziam todo o trabalho. Eu não me exercitava desde que saíra da escola, dezessete anos antes.

Aprendi que os jóqueis geralmente montavam seus primeiros cavalos quando tinham entre 6 e 12 meses de idade. Por mais que eu tentasse, não conseguia encontrar histórias de jóqueis que tivessem começado a aprender a montar aos 36 anos e começado a correr em doze meses. Não era nada encorajador.

Mas agora o Livro de Regras estava operando sua magia. Belamente criado para me manter a salvo, começava a pôr sonoros obstáculos racionais em meu caminho. Eu havia iniciado uma batalha que duraria até o ano seguinte.

A batalha contra o Tigre começara.

Regra 1: Aja com ousadia hoje — o tempo é limitado

Vamos direto ao assunto. A verdadeira diferença entre as pessoas que, na casa de repouso, lembram-se do passado com um grande sorriso de felicidade, sabendo que escreveram suas histórias, e aquelas que lembram com ressentimento e decepção, sabendo que o Tigre ditou suas histórias, é que as pessoas do primeiro grupo agiram. Pararam de pensar e fizeram alguma coisa. Você concorda?

Esperamos tempo demais tentando ter a ideia certa antes de agir em cima dela — deixando de apostar a empresa nela ou qualquer coisa drástica assim — e antes de agir para explorá-la. Não precisamos acertá-la ou torná-la perfeita. Envolva outras pessoas; ponha-a na conversa; obtenha incentivo; aceite que "certo" é uma coisa que não existe. Faça algo diferente hoje para explorar a ideia.

Aja!

Isso tudo parece bastante óbvio, é claro. Então vamos explorar por que é tão raro vermos uma ação ousada. Vamos descobrir também se você fará qualquer ação hoje para domar seu Tigre ou se vai concordar sabiamente com o conselho gritantemente óbvio, ignorá-lo e depois se perguntar por que não chegou a qualquer grande mudança depois da leitura de *Vença o Tigre*.

Pense no maior problema que você precisa resolver no trabalho. Não precisa ser algo dentro de suas funções, mas alguma coisa que deseja que seja resolvida. Talvez seja lidar com membros de sua equipe com desempenho ruim. Ou com falhas no processo. Pode ser que queria melhorar a forma como seus clientes são tratados. Talvez envolva a aceitação de suas ideias ousadas e inovadoras para o desenvolvimento de produtos por meio de um processo criado para prepará-las para uma apresentação à diretoria. Talvez seja como conseguir um novo emprego ou um aumento de salário.

Agora pense em um prazo razoável dentro do qual você poderia alcançar isso.

Feche o livro por alguns instantes e pense nisso.

Agora que você tem um resultado que quer criar e um prazo razoável para consegui-lo, eu gostaria de tornar as coisas mais interessantes. E se eu lhe oferecesse US$10 mi-

62 | VENÇA O TIGRE

lhões para você criar esse resultado em *um terço do tempo* que tinha em mente? Como isso muda as coisas para você? Qual é a ação ousada que faria você largar este livro e levantar da cadeira agora para realizá-la? Aonde você iria? Para quem telefonaria? Em que avião você embarcaria para assegurar a soma de dinheiro que mudaria sua vida?

Pare de ler e largue o livro.

Pense nisso. Pra valer. O que você faria?

Tenho uma notícia boa e outra má. Primeiro, a má: não estou prestes a abrir mão de nenhuma parte do dinheiro que ganho com dificuldade.

Agora a boa notícia. Você não precisa de dinheiro para fazer a ação ousada que acabou de criar.

Depois da família, o trabalho é a aventura mais estimulante de nossas vidas. É a área em que podemos nos pôr a teste, deixar nossa marca no mundo e ter um impacto enorme e positivo sobre outras pessoas.

Você não precisa ser subornado para fazer com que seu próximo dia de trabalho cumpra a promessa de ser sua aventura.

Aja agora

Agora!

A regra 1 lhe diz para agir com ousadia hoje. Agora você sabe a ação ousada que deve realizar para fazer uma diferença imediata em algo que precisa ser consertado em seu trabalho. O prazo de execução dessa regra é "hoje". Concordamos no início que isso era bem óbvio. A essa altura, você pode até estar pensando em pedir seu dinheiro de volta por um conselho tão banal.

Então largue o livro de novo, vá e faça.

Agora!

Como foi?

Se você fez, parabéns — você passou pelo primeiro obstáculo.

Você não fez?

Por quê?

Ahhh, entendo.

Sim, sim. Eu entendo. Todos nós fazemos isso. Todo mundo se sente assim em relação a isso. Mas algumas pessoas conseguem vencer.

As desculpas que você está inventando são só o Tigre em ação. Não, não está tarde demais hoje. Sim, você pode encontrar o número, se tentar. Sim, este livro é ótimo — mas ainda estará aqui depois do telefonema. e ele significará muito mais para você nessa etapa, porque nós dois seremos combatentes do Tigre.

Parabéns. Você encontrou o seu Tigre. Ele lhe é familiar agora?

Agora que você o encontrou, vença o medo e o desconforto que ele está criando em você e aja.

Pare de diluí-lo. Pare de fazer acordos consigo mesmo sobre fazer uma ação ainda mais ousada amanhã. Faça agora. Amanhã não será nem um pouco mais fácil. Será a mesma coisa, mas com o conhecimento a mais de que você se acovardou hoje.

Como está o pulso?

Você fez?

Não? Telefone para um amigo! Telefone para um amigo agora. Um amigo de verdade, ousado, que faça as coisas e que não o faça se sentir bem oferecendo banalidades. Pergunte a esse amigo ou essa amiga se ele ou ela pode ver algum motivo pelo qual você não deveria tomar essa ação ousada agora.

Telefone agora.

64 | VENÇA O TIGRE

É você quem está escrevendo esta frase de sua história ou é o Tigre?

Por que você comprou este livro, se não para vencer o Tigre? Você pode comprar um livro de autoajuda simpático com um CD hipnótico, se quiser se sentir confortável e confuso. Vença o Tigre *é sobre estar VIVO. Você está disposto a isso?*

Depois de concluir a ação ousada, fique à vontade para virar a página. Se quiser, conecte-se no site em tamingtigers. com, assista ao filme intitulado *I don't want to do my bold action!*, e eu lhe darei mais incentivo.

Esta é a sua história — você está prestes a escrever uma nova frase nela, e quem sabe aonde isso poderá levá-lo? Isso é realmente estimulante.

Acorde e aja agora!

POR QUE ESTOU SUGERINDO QUE VOCÊ "AJA COM OUSADIA HOJE"?

A regra 1 lhe dá cinco grandes vantagens:

1. Mostra a você que somente o Tigre está lhe impedindo.
2. Interrompe seus hábitos de apaziguar o Tigre e o expõe ao seu olhar.
3. Leva você ao compromisso.
4. Com frequência gera um resultado ousado e faz sua história dar um salto para a frente.
5. Ajuda você a acordar!

No restante deste capítulo, apresentarei a você essas cinco vantagens.

A regra 1 mostra a você que somente o Tigre está lhe impedindo

Quando você pensa na ação ousada e hesita, aumenta sua autoconsciência. Observe a conversa em sua cabeça. Somente o Tigre está lhe impedindo. Você talvez imagine todo tipo de horror — isso é o Livro de Regras, a grande criação do Tigre —, não a realidade. Chegaremos ao Livro de Regras em breve.

Seja honesto. Não havia nada impedindo você de fazer a ação ousada, corajosa, na qual pensou, exceto o Tigre, certo?

A regra 1 é particularmente importante, e eu a considero um teste. Não gosto, mas preciso dela. Ela exige que eu me olhe no espelho, me questione, lide com meus demônios e admita minhas inseguranças. Se eu faço esse trabalho com honestidade e coragem, acabo tendo que fazer a ação corajosa que pensei. Quando finalmente consegui fazer minha ação ousada, o resultado foi maravilhoso, e o processo foi menos assustador do que eu previra. Estou confiante de que você achará a mesma coisa.

Depois que temos a autoconsciência para reconhecer que o Tigre é o único fator que nos impede de agir, sabemos onde o inimigo está. Quando podemos reconhecer o Tigre, é possível começar a domá-lo.

A regra 1 e os fatores que interrompem

Você e eu somos criaturas de hábitos. Como um rio sinuoso, ambos escolhemos diariamente o caminho que nos causa menos dor. Notamos isso assim como o rio nota a pedra em torno da qual flui há milênios. Diferentemente do rio,

66 | VENÇA O TIGRE

podemos passar por cima da pedra, cavar um túnel nela ou esmagá-la.

A regra 1 interrompe nossos padrões de comportamento habituais. Também nos torna conscientes desses padrões — uma autoconsciência ainda mais valiosa.

Muitos de nossos hábitos foram estabelecidos na adolescência. Com frequência, eram padrões de sobrevivência vitais na época e, portanto, mudá-los é muito desconfortável e assustador. Por esse motivo, muitos de nós jamais reconheceremos esses padrões. Quando você tem consciência deles, pode refletir honestamente sobre o custo desses hábitos e sobre o que tem a ganhar com a mudança.

Depois que seus padrões são interrompidos e a consciência surge, é mais difícil segui-los. Quando você interrompe o padrão com uma ação ousada (geralmente envolvendo outro ser humano), esse ato por si só muda sua situação. Outras energias são envolvidas. A coisa agora é maior do que você — prazos finais e ações começam a ser admitidos, ainda que em uma conversa exploratória. A ação ousada tem vida fora de sua cabeça. Você já não a controla e, portanto, seus hábitos, preferências e rotinas são de importância secundária.

Experimente interromper mais seus hábitos. Use um meio de transporte diferente. Faça compras em um supermercado a que não costuma ir. Introduza algumas interrupções de hábito aleatórias e veja o que você recebe de volta. O Tigre é uma criatura de hábitos. O hábito é um indutor do sono.

Você e eu estamos na fase de acordar.

Agindo com ousadia para chegar ao hipódromo

Na manhã seguinte à minha pesquisa na internet sobre a aposta da corrida de cavalos, fiz uma ação ousada. Telefonei para a única pessoa no mundo que conhecia que se interessava pelo tema, um homem chamado Stephen. Você precisa lembrar que eu não sabia nada sobre corridas de cavalos. Contei a Stephen sobre a aposta e perguntei o que ele achava.

"Acho que você não vai gostar muito."

"Por que não?"

"Bem, imagine que está sentado sobre o banco de uma motocicleta. Uma motocicleta três vezes mais alta do que o normal. Ah, e não pode segurar nos punhos das barras de direção — tem que segurar no meio das barras. Então alguém, e não você, acelera de repente para 56 quilômetros por hora e dá a partida"

"Hum. Continue..."

"Bem, depois de algum tempo você precisará aumentar um pouco a velocidade da moto se quiser vencer a corrida."

"Aumentar a velocidade?", perguntei, desconfiado.

"Sim. Você começa a empurrar as barras de direção para lá e para cá com as mãos e a mexer seu traseiro para cima e para baixo até chegar a mais ou menos 60 quilômetros por hora. Então, tira uma das mãos e começa a movimentá-la furiosamente com uma 'vara' de enchimento pesado para manter essa velocidade até o fim da corrida."

"Isso não parece seguro."

"Não é."

"E os regulamentos de saúde e segurança? Eles não podem simplesmente deixar as pessoas saírem e fazerem coisas perigosas assim na TV. Eu terei um colete de proteção?

68 | VENÇA O TIGRE

Terei um capacete de rosto inteiro com visor, se vou ficar no banco de uma motocicleta a essa velocidade?"

"Não. Você terá um colete de seda, que usará sobre um protetor de corpo fino. Terá um capacete para o crânio também, mas, para ser bastante sincero, não ajuda muito no caso de uma queda séria, principalmente se você for chutado."

"Você disse chutado?"

"Ah, isso pode acontecer se você cair, com certeza."

"Então as selas têm cinto de segurança para impedir que você caia?"

"Não. E você não vai querer ficar sobre a sela se houver uma colisão. Vai querer ser jogado bem longe."

"Vou? A que velocidade você disse?"

"Por volta de 60 quilômetros por hora. Mas pense nisso. Pode haver 14 cavalos, cada um deles pesando meia tonelada e jogando esse corpo contra o turfe com as quatro patas — cada qual com uma ferradura de metal afiada terrível. Se você cair, vai querer ser jogado o mais longe possível disso."

"Vou?"

"Ah, sim."

"Está bem. Obrigado, Stephen. Tchau."

"Tchau."

Então essa foi uma boa conversa na época. Bem melhor.

A regra 1 e o compromisso

Um compromisso é uma promessa feita a nós mesmos ou a outras pessoas. Fazer uma promessa exige uma decisão. Como sabemos, o processo de tomar uma decisão envolve encontrar o Tigre.

Você e eu sabemos que nada que alcançamos em nossas vidas foi feito sem compromisso. Mas como chegamos a esse momento místico de se comprometer? No momento em que tiramos a marcha a ré e decidimos ir para a frente. Continuamos incertos sobre como faremos a coisa, mas decidimos que seremos responsáveis por assegurar que seja feita.

É nesse momento que sua vida muda. Tais instantes mudaram nosso mundo. Alexander Fleming se comprometeu a levar a penicilina ao conhecimento público. John F. Kennedy se comprometeu a pôr um homem na lua. Também eram apenas pessoas. Eles tinham Tigres.

Este é o ponto crucial. Este é um dos parágrafos mais importantes do livro. *Como alcançamos o compromisso?* A resposta é que o compromisso deriva da ação ousada. A ação ousada não vem depois de se comprometer.

Leia isso de novo. Pense um pouco. Você concorda?

O compromisso faz com que as coisas sejam feitas. A ação ousada nos leva para o compromisso.

Deixe-me explicar como a ação ousada leva ao compromisso (e não o contrário) contando a você a história de como comecei minha jornada para o hipódromo. Agora eu sei que não me comprometi a me tornar um jóquei quando aceitei a aposta. Eu me comprometi duas semanas depois. Quando aceitei a aposta, eu ainda não havia incendiado ponte alguma; eu não havia feito qualquer mudança irreversível, eu tinha a marcha a ré disponível. Então a ação ousada me levou a apertar a mão de uma mulher chamada Gee Armytage, e fizemos um compromisso um com o outro. Isso mudou tudo...

Comprometendo-me com o desafio da corrida

Dois dias depois da aposta, eu me vi, com todos os meus 76 quilos, sentado ao lado de um alegre Sir Keith Mills, fundador da Air Miles and Nectar, iatista e prestes a se tornar um dos arquitetos da proposta dos Jogos Olímpicos de 2012 em Londres. Enquanto eu devorava uma fatia de torta inglesa, ele me perguntou o que eu estava fazendo no momento. Contei-lhe. Ele deu uma gargalhada. Então percebeu que a ideia daquele devorador de torta de 76 quilos de se tornar um jóquei era tão divertida que pediu silêncio à mesa para contar a todos.

"Há quanto tempo você está montando?", disparou um dos outros convidados.

"Eu passeei em pôneis duas vezes", respondi.

Isso realmente os divertiu. Estava ficando louco para que as palestras começassem.

Um ano depois, após participar de minha primeira corrida, procurei Keith para contar a ele. Foi generoso ao me parabenizar, e fiquei muito satisfeito por ter retirado aquele peso de meus ombros. Não tinha intenção de que minha resposta ingênua a Keith fosse uma ação ousada, mas acabou sendo. A reação das pessoas à mesa me ajudou imensamente.

Agi com ousadia naquela noite, deixando de comer o resto da torta. Ai! E entrei em uma dieta a partir daquele momento. Só comia frutas até a hora do almoço. Recusava todos os biscoitos em reuniões com clientes e substituí minha sobremesa habitual por uma caminhada no início da noite.

Também decidi naquela noite que teria de enfrentar o quanto antes a outra grande verdade assustadora. A ideia de subir num cavalo me deixava apavorado.

JIM LAWLESS | 71

"Quais são seus objetivos na equitação?", perguntou a mulher, quando marquei minha primeira aula. Gostei do estilo dela.

"Vou correr em um hipódromo sob as regras do Jockey Club dentro de 12 meses." Ela marcou a aula para o dia seguinte.

Tive certeza de detectar um frisson de excitação quando cheguei ao haras no dia seguinte. Era óbvio que as meninas estavam esperando alguém interessante e aparentemente me confundiram com essa pessoa. Elas começaram a duvidar no momento em que saí do carro. Ocorreu-me depois que os jóqueis geralmente são menos cheinhos do que eu. Eles também costumam usar calças e botas de equitação, não botas Wellington e calças jeans.

"Estávamos todos ansiosos para conhecê-lo." Minha professora atraente sorria para mim — já estou gostando de ser um jóquei. "Diga-me, o que você tem feito? Onde você pratica equitação? Quem é seu professor?"

"Hoje é meu primeiro dia em cima de um cavalo!"

Não sei o nome do animal que eu deveria montar naquele dia. Na minha cabeça, ficou conhecido como Trigger. Ele deu um relincho de desprezo quando foi levado de volta à baia e Dobbin foi trazido para assumir seu lugar. As meninas retornaram ao trabalho no haras e sequer se despediram de mim com um aceno depois da aula — de onde saí a passos firmes.

Na sexta-feira seguinte eu estava em um pub com alguns amigos. Quando falávamos sobre nossas semanas, mencionei a aposta. Os olhos deles se arregalaram.

"Então qual foi sua ação ousada?"

Eu lhes contei sobre a torta inglesa, as frutas, a ausência de biscoitos, as caminhadas e as aulas de equitação. Eles não ficaram impressionados.

72 | VENÇA O TIGRE

"Isso não é ousado!"

"Eu fiquei com fome, e o cavalo era grande. Isso me pareceu bastante ousado."

"Não. Metade do país faz dieta e a maioria das meninas de 7 anos já fez uma aula de equitação num pônei."

Espertamente, passei a bola para eles. "O que vocês sugerem então?"

"É óbvio. Ligue para treinadores de cavalos de corrida. Consiga um que o aceite e lhe ensine."

Talvez eu não fosse tão esperto.

Não sei como se sente em relação a telefonar de surpresa para pessoas ocupadas e importantes, que são cruciais para uma indústria de muitos milhões de dólares, e pedir ajuda a elas. Eu não gostava muito da ideia. Meu Tigre estava rugindo.

Treinadores de cavalos de corrida podem ser um monte de coisas — empreendedores, vendedores, homens e mulheres de negócios, empregadores, cultivadores de talentos, especialistas em animais, administradores de logística, estudiosos de corridas e táticos. Mas não são idiotas.

"Bem, eu lhe desejo sorte, Jim, e você é bem-vindo se quiser nos visitar, dar uma olhada e pegar uma vassoura. Mas demoraria uns dois anos para eu me sentir confortável para pôr você em um de meus cavalos."

Esta foi uma das respostas mais educadas que recebi. A mensagem era que eu era velho demais, pesado demais e não conseguiria montar em um cavalo — que dirá um cavalo de corrida. Resolvi telefonar para o Jockey Club e as escolas de hipismo. Recebi a mesma resposta. Ninguém era capaz de me dizer por que havia o limite de idade. Nenhum deles queria questionar isso também.

Aquela foi uma semana interessante para as Dez Regras e para o próprio domador de Tigre. Foi a semana em que comecei a ficar comprometido. De onde veio o compromisso? Veio da emoção. De sair de minha área de operação habitual, confortável, e ver e perceber que eu podia interagir com esse mundo. Naquele momento, estava interagindo nos termos deles. *Seria possível mudar esses termos?*

A emoção estava sendo gerada também pelas respostas negativas automáticas que eu recebia. Isso teve um efeito interessante sobre mim. Fez-me querer provar que eles estavam errados.

Outra coisa importante estava acontecendo. Todos me davam a mesma resposta. Eu sabia, pelo trabalho em indústrias, que quando alguém ouve a mesma resposta de um grupo de pessoas sobre por que algo não pode ser feito, o Livro de Regras está em ação. As crenças e suposições que se desenvolvem em indivíduos e grupos e, com o tempo, cristalizam-se como realidade. Todos os grupos têm isso. Esta é a grande vantagem de alguém de fora. É o principal motivo pelo qual damos aos consultores nossos "relógios" e pagamos a eles para "nos dizer a hora".

Quando a sexta-feira chegou mais uma vez, e encontrei meus amigos, comi salada sem molho e bebi água com gás. Perguntei a eles qual era a ação mais ousada que podiam imaginar. Decidimos telefonar para algumas das pessoas mais importantes das corridas de cavalos britânicas durante a semana seguinte e pedir a assistência delas. Agora o Tigre estava rugindo alto.

Nada poderia ter me preparado para a reação que recebi. Todas as pessoas para as quais telefonei atenderam a ligação ou retornaram logo em seguida. Todas estavam interessadas. Todas queriam fazer acontecer e ofereceram ajuda. Uma pessoa com a qual eu queria realmente falar era Michael Caulfield, CEO da Jockeys' Association of Great Britain

74 | VENÇA O TIGRE

(JAGB, hoje Professional Jockeys' Association). Certamente ele sabia uma ou duas coisas sobre ser um jóquei.

Só tinha um problema: eu não tinha o número dele, então enviei um e-mail para a JAGB por meio do site oficial. Dez minutos depois, um número que eu não conhecia brilhou no meu celular.

"Jim? É Michael."

Dois dias depois, eu estava jantando com Michael e uma mulher da qual nunca ouvira falar: Gee Armytage.

Estávamos em um pub localizado em um lugar que eu também não conhecia, Lambourn.

No fim da noite, porém, eu estava bastante consciente de que Lambourn era um dos três grandes centros de cavalos de corrida da Inglaterra. Isso eram apenas palavras àquela hora da noite. Logo eu estaria vendo os pinotes e patadas da realidade de fileiras e fileiras de cavalos de corrida à luz do dia, uma visão que ainda hoje acho tão estimulante quanto na primeira vez que a tive.

No fim da noite, eu também havia aprendido um pouco sobre a pequena e muito bonita Gee, que irradiava vitalidade à mesa. Acontece que ela foi uma das primeiras mulheres a participar da Grand National, a corrida de cavalos mais famosa do mundo, bem como a mais perigosa. Foi a primeira mulher a montar vencedores no Cheltenham Festival (o evento de saltos mais festejado da Grã-Bretanha e Irlanda) como jóquei profissional. Continua sendo umas das mais bem-sucedidas jóqueis femininas de saltos de todos os tempos.

Eu soube que Gee estava noiva de Mark Bradburne (os dois se casaram depois), um jóquei de saltos profissional. Mark ficou em segundo lugar na Grand National com Lord Atterbury poucos meses depois de nos conhecermos.

Algumas semanas depois, venceu a Ascot Chase com Hand Inn Hand. Eu soube também que Gee trabalhava como assistente pessoal de Anthony Peter (AP) McCoy, membro da Ordem do Império Britânico.

É claro que eu nunca havia ouvido falar de AP McCoy. Acontece que eu deveria ter feito com mais afinco meu dever de casa. Ele montou mais vencedores do que qualquer outro jóquei de saltos na história e ganhou o cobiçado troféu de Personalidade de Esportes do Ano, da BBC, em 2010, derrotando os bem-sucedidos golfistas da Ryder Cup e jogadores de futebol importantes.

Comi uma salada e não mencionei a palavra "torta". Nem Michael nem Gee olhavam para o carrinho de sobremesa também. Depois do jantar, Gee ficou quieta e pensativa.

"Está bem, então. Se está realmente disposto a fazer isso, vou me encarregar de você. Vai precisar estar aqui às 7 horas no sábado. Vou pedir a Candy Morris para abrir a loja cedo, e vamos equipá-lo. Em seguida, vamos ao haras de Martin Bosley para vê-lo trabalhando os cavalos. Depois disso, verei se Tina Fletcher pode encaixá-lo em uma aula para você começar."

Você adivinhou: eu não havia ouvido falar de Candy, Martin ou Tina tampouco, mas deveria.

"Bem, o que você diz?"

Ah, não. Agora estava em apuros. Deveria entrar rapidamente no carro e ir para Londres? Ou deveria apertar a mão que aquela mulher me estendia sobre a mesa de jantar? Se eu fizesse isso, minha vida nunca mais seria a mesma, e eu sabia que as coisas ficariam bem menos confortáveis para mim nas próximas semanas.

Apertamos as mãos.

"Excelente. Tenho que correr. Vejo você no sábado — às sete da manhã." Gee Armytage tinha ido embora.

76 | VENÇA O TIGRE

Isso foi uma virada de acontecimentos inacreditável. De algum modo, a ação ousada havia trazido uma brilhante lenda das corridas para a equipe. E no momento em que apertei a mão de Gee Armytage, eu estava comprometido. A marcha a ré havia sido retirada. Eu iria correr — quaisquer que fossem os desafios à frente.

O jogo começou!

A regra 1 traz para você um resultado ousado

O resultado ousado foi que um mês depois de minha ação corajosa:

- Eu estava morando em Lambourn.
- Eu tinha Tina Fletcher — uma jóquei de salto de obstáculos de nível internacional, qualificada para treinar cavaleiros olímpicos — me ensinando a andar a cavalo.
- Eu tinha Gee Armytage — uma lenda das corridas — como treinadora.
- Eu estava fazendo um regime alimentar e de exercícios elaborado por um treinador, Jason Cook, que prepara jóqueis profissionais em Lambourn.
- Eu estava montando cavalos de corrida toda manhã. Não, eu não nasci com um talento escondido. Gee pedira à comunidade de Lambourn o animal mais seguro do vale, e um grande homem chamado Martin Bosley a atendera. O cavalo estava fazendo todo o raciocínio — não eu. Mas eu estava ali todo dia selando-o, conversando com o pessoal do estábulo e *aprendendo*.

Tudo isso foi um ousado conjunto de resultados em meu objetivo de chegar à pista de corrida.

Você não gostaria que as coisas continuassem, de vencer em vez de apenas ter um cargo, de conseguir um resultado ousado e de tornar a vida mais interessante?

Se você fizer uma ação corajosa hoje, qual será o seu resultado? Não quer descobrir?

A regra 1 faz você acordar!

Todas essas pessoas estavam esperando para me ajudar. Essas aventuras estavam esperando que eu acordasse, enfrentasse meu Tigre e começasse a vivê-las. Este é o último benefício, e talvez o mais importante, que a regra 1 faz por nós.

A regra 1 nos faz acordar!

Passamos tempo demais de nossas vidas presos em nossas próprias cabeças, com medos nos fazendo companhia, gastando tempo com pessoas parecidas que reforçam nossa visão do mundo. A regra 1 é a primeira das regras da integridade. Isso porque ajuda a reunir nosso eu temeroso, dominado pelo Tigre, com nosso verdadeiro Eu. E começa a nos levar na direção que realmente queremos seguir, e não na direção governada pelo medo, pela necessidade de agradar outras pessoas e pelo hábito.

A regra 1 — a ação ousada — derrama um balde de água fria sobre um espírito adormecido, proporciona mudança e oportunidade e nos leva ao momento em que o compromisso é possível.

Portanto, minha pergunta a você é esta: qual é a ação ousada que acordará você, que o levará ao seu equivalente de apertar a mão de Gee Armytage e se comprometer a trabalhar com outra pessoa para tornar seu sonho realidade?

78 | VENÇA O TIGRE

Há uma consequência por não agir, uma consequência por adormecer. Você consegue se manter seguro. Permanece estagnado. E, sim, melhor é impossível. O espírito humano precisa de crescimento. Mas o Tigre impede isso. Agora, não culpe outra pessoa se essa oportunidade incrível chamada vida parecer estagnada.

Você já realizou a ação ousada?

Vai fazer isso amanhã?

Mesmo?

Está bem — é melhor eu tratar disso um pouco antes de passarmos para a regra 2...

Amanhã...

Ah, então encontramos a maior mentira de todas: amanhã será diferente. Amanhã agirei com ousadia. Amanhã vencerei o Tigre.

Os Tigres não são domados amanhã. As ações ousadas não são planejadas para amanhã. São todas realizadas hoje. São todas realizadas agora. É uma mudança no modo como queremos lidar com o Tigre, e não um plano. E é por isso que a regra 1 é a regra 1, e não a 10. Porque amanhã é como hoje quando chega, e mais um dia se passou com o Tigre escrevendo a sua história. Mais um buraco em sua autoconfiança.

Hoje é o único dia que existe. Só existe o agora, sempre existirá apenas o agora. Mude sua relação consigo mesmo mudando sua relação com o agora. Faça a coisa que você quer fazer.

Tempo para executar sua ação ousada. Aproveite.

É a sua vez.

Coisas que o Tigre quer que você esqueça sobre a regra 1:

Regra 1: Aja com ousadia hoje — o tempo é limitado

A ação ousada não é complexa (mas não é fácil, como você descobriu!).

A diferença entre aqueles que têm uma ótima história na casa de repouso e aqueles que têm arrependimentos é que o primeiro grupo agiu.

Você pode agir — e vale a pena fazer isso para escrever sua história.

A regra 1 e a ação ousada que ela pede a você para concluir leva a dar cinco grandes passos em direção ao objetivo de escrever sua própria história, e não a história de seu Tigre.

1. Mostra a você que somente o Tigre está lhe impedindo.
2. Interrompe seu hábitos de apaziguar o Tigre e lhe expõe à sua própria visão.
3. Leva você para mais perto do compromisso.
4. Com frequência gera um bom resultado e faz sua história dar um salto para a frente.
5. Ajuda você a acordar!

Agora, conecte-se ao site tamingtigers.com e assista ao filme intitulado *I don't want to do my bold action!*

Estudo de caso 1:
Chris Stevenson

Sempre quis ser capaz de olhar minha vida para trás e saber que fui a lugares diferentes e fiz coisas novas. Esta é a sua vida e a sua história, certo?

Em 2005, deixei a universidade e iniciei uma carreira em aquisição de bens e serviços. Comecei a pensar em me mudar para a Austrália em 2007, mas sempre adiava a tomada de atitude em relação a isso. Meu Livro de Regras (veja a regra 2) me dizia que eu não tinha dinheiro suficiente para tornar isso viável.

No verão de 2009, eu aceitara o fato de que sofria de depressão. Ao mesmo tempo, um relacionamento de longa duração terminou e um grande projeto de trabalho chegou ao fim — mais tarefas de rotina estavam à frente. Foi um período difícil. Parecia que eu tinha de arriscar se quisesse conseguir algum impulso em minha vida.

Durante o verão, um amigo recomendou que eu me informasse sobre *Vença o Tigre*. No fim de novembro, tomei minha decisão ousada de tentar a vida na Austrália. Mas eu não tinha trabalho algum à minha espera, e segurança financeira é algo importante para mim. Depois de ficar olhando para a tela do laptop durante mais ou menos trinta minutos, numa noite de quarta-feira, respirei fundo e cliquei no *Compre Agora*. Eu tinha um voo de ida para Melbourne.

Minha ação ousada da regra 1 mudou tudo para mim. A regra 1 me mostrou que, na realidade, as únicas coisas entre mim e meu sonho de muito tempo eram um pagamento no cartão de crédito, um voo de 24 horas e um grande Tigre rugindo. Depois que a passagem foi comprada, acabou. O dinheiro foi gasto, e eu não podia pedi-lo de volta. Afinal de contas, sou um homem de Yorkshire!

Lembro-me de andar por Melbourne no primeiro dia depois de chegar. Chovia. Eu estava desempregado, perdido, confuso, com *jet lag* e sozinho. Eu me hospedara em um albergue horrível, o que tornava tudo pior. Eu estava assustado e chocado — nunca havia estado numa situação dessas.

Não pela primeira vez nessa aventura, tive que começar a reescrever meu Livro de Regras (regra 2). Eu havia simplesmente presumido que se ficasse em um albergue conheceria pessoas como eu. Teria um ponto de partida. Não funcionou assim! Logo percebi que seria muito difícil, mas eu tinha dinheiro suficiente para ficar talvez três meses e assumira o compromisso de vencer. Não ousava pensar em desistir porque odiava a ideia de voltar para casa. O medo do fracasso não me impediria de tentar escrever a minha história — mas me faria não desistir.

Às vezes, tinha sérias dúvidas sobre mim mesmo. Eu me sentia como se estivesse sendo egoísta por deixar para trás pessoas que me amavam. Era como se estivesse fazendo a coisa errada: fugindo; supondo que a grama seria mais verde. Vivia essas emoções também quando ficava muito tempo sozinho — percebendo que as coisas que deixara para trás na verdade eram realmente boas. Houve um momento em que pensei que se tudo o que a viagem fizesse fosse abrir meus olhos, não seria tão mau.

As regras 3 e 10 se tornaram muito importantes nessa etapa difícil. Eu sabia aonde queria chegar: uma vida boa e um ótimo estilo de vida (embora eu não estivesse 100% certo sobre o que seria isso), um novo começo e uma aventura. Não previ o quanto isso seria difícil, mas ganhei força com as Dez Regras para vencer o Tigre, de Jim. Percebi que cada dia se tornaria um pouco mais fácil quando as coisas começassem

82 | VENÇA O TIGRE

a se encaixar. Cada dia era um grande passo em uma escada íngreme. Agora sei que estou lá. Toda manhã vou de carro para o trabalho passando pela praia e sorrio. Sempre penso "Consegui — fiz isso acontecer".

Quando me sentia mais solitário e isolado, foi, sem dúvida, a regra 10 que me fez superar isso. De início, pensei que era apenas teimosia e medo do fracasso; eu realmente não sabia como teria enfrentado tudo se tivesse voltado para a Inglaterra, derrotado, com o rabo entre as pernas. Mas *Vença o Tigre* me ajudou a perceber que eu não era apenas teimoso. Eu tinha força e caráter. Isso me deu uma confiança enorme.

Eu tinha a disciplina e o básico da regra 9. Meu "básico" era dar duro em meu trabalho. O trabalho era crucial para obter um visto e uma permanência longa no país. Se eu fosse disciplinado com isso, poderia aproveitar o resto.

Minha disciplina era dizer "sim" mais vezes. Sou uma pessoa bastante sociável com aqueles que me conhecem, mas nem sempre muito acessível a pessoas que acabei de conhecer. Mas não recusei nenhum convite para qualquer atividade social em meus primeiros seis meses na Austrália — churrascos, *speed dating*, festas, drinques depois do trabalho com pessoas que eu mal conhecia, até um fim de semana na Nova Zelândia! Agora tenho um excelente círculo de amigos em Melbourne.

A regra 5 também foi importante. No início de 2009, eu havia procurado a CIPSA — uma filial australiana de minha associação profissional. Mencionei que estava pensando em sair do país para trabalhar e anexei meu CV. Não recebi resposta.

Um dia depois de me demitir de meu emprego na Inglaterra, recebi um e-mail de uma importante empresa global em Melbourne me oferecendo uma entrevista de trabalho para o cargo de gerente de Recursos Estratégicos quatro dias depois da chegada de meu voo. Fiquei sabendo que o então chefe de Aquisições estivera na diretoria da CIPSA e guardara meu CV. As ferramentas para vencer o Tigre realmente estão à sua volta.

Era exatamente o cargo que eu estava procurando. Meu plano de carreira era encontrar um cargo de gerência ou uma posição em uma empresa bem maior. Esse cargo me deu as duas coisas. Continuo gostando do que faço dois anos depois. Meu chefe deixará a empresa no fim de 2011. Ficarei como chefe de Aquisições interino e me candidatarei ao cargo permanente.

Também desenvolvi um novo Livro de Regras para meu comportamento quando sinto que um episódio de depressão está começando. Consigo reagir à sensação inicial, tratando-a diretamente e pondo-a em contexto, isto é, não deixando que o cansaço domine meu dia, ou me afastando de uma situação que me deixe irritado — as duas coisas que levariam a espirais decrescentes de humor. Antes, isso me deixava preocupado e me levava a questionar as decisões que eu tomara, meu futuro e meus amigos: tudo.

Agora que entendo melhor meu Tigre, posso ver seu impacto em minha história, principalmente em meu visível constrangimento com a falta de dinheiro. Isso me afetava também em situações competitivas — o medo de perder, que atrapalhava minhas tentativas de participar de esportes e outras situações de confronto. Acho que meu humor depressivo está ligado a isso. Meu Tigre também me impedia de ser ousado nos relacionamentos.

Saber que domei meu Tigre me dá muita confiança. Eu penso: "Se posso fazer isso, consigo fazer qualquer coisa". Sinto muito orgulho e satisfação quando converso com as pessoas sobre minha jornada. Estou realmente feliz com tudo que faço, portanto tenho pouco desejo de mudar as coisas atualmente.

84 | VENÇA O TIGRE

Porém, entendo que sou capaz de fazer muito mais — em todos os campos da vida.

Domar meu Tigre fez com que eu me sentisse incrivelmente forte. Lembro-me do momento em que percebi que o havia vencido. Estava andando de carro junto ao mar de Melbourne, em um conversível que acabara de comprar, ouvindo música. Era exatamente a imagem que eu tinha em minha cabeça, anos antes de vir para cá: dirigindo meu carro, o sol brilhando, aproveitando a vida e sendo livre para fazer o que quisesse.

A ação ousada é o catalisador da mudança. Todos somos capazes de feitos incríveis, mas você precisa se colocar numa posição desafiadora ou não familiar para reconhecer isso. Depois, torna-se uma situação de "afundar ou nadar", e esta é uma escolha simples. Afinal de contas, é a sua vida e a sua história, certo?

Regra 2 — Reescreva seu Livro de Regras: desafie-o a cada hora

Por que seu guia para domar o Tigre foi tão lento em realizar uma ação ousada a fim de vencer a aposta?

Eu tinha um Livro de Regras e estava agindo de acordo com ele. Você também tem um. Minhas ações estavam sendo ditadas por meu Livro de Regras, assim como as suas. Isso é uma criação do Tigre. Vamos dedicar toda a nossa atenção a isso em algumas páginas.

Meu Livro de Regras — quaisquer que possam ter sido minhas bravas palavras dirigidas do palco àquele que interrompeu minha palestra — era claro. Consultores de negócios de 35 anos, acima do peso, fumantes, que bebem, que frequentaram grandes escolas públicas no sul de Londres densamente povoado e sem o menor talento para esportes não se tornavam jóqueis. Garotos pequenos, provavelmente com idade em torno de 16 anos, que montavam cavalos desde os 6 meses de idade e viviam no interior, com

86 | VENÇA O TIGRE

famílias ligadas a corridas, eram essas as pessoas que se tornavam jóqueis.

Como seu Livro de Regras tem guiado você nesses últimos anos? O que o está impedindo de agir hoje? O que ele o impediu de se tornar hoje? Ele terá o mesmo poder sobre você amanhã?

O Livro de Regras é uma das maneiras mais assustadoras de o Tigre nos atacar. Assustadora porque as regras desse livro parecem reais, intelectualmente justificáveis e com frequência, em nossas mentes, imutáveis. Por essa razão, muita gente passa a vida inteira de acordo com um Livro de Regras inútil. Meu Livro de Regras para me tornar jóquei era falso. Mas fazia sentido — para mim, para meus amigos, para minha família e para quase todo mundo do jogo das corridas. O Livro de Regras quase me fez abandonar o projeto. Somente a ação ousada o venceu ao me apresentar a Gee Armytage. Por quê? Porque Gee tinha uma maneira diferente de ver o mundo — tinha um Livro de Regras diferente. Aprendera isso por meio de uma ação ousada. Quando Gee quis montar cavalos de corrida, mulheres simplesmente não eram consideradas capazes de fazer isso. Gee e algumas outras bravas pioneiras mudaram esse paradigma para sempre. Gee é uma experiente reescritora do Livro de Regras.

Nosso Livro de Regras é com frequência reforçado por nossos colegas, nossos superiores no trabalho, nossos amigos e nossas famílias. Mas é uma ficção destinada a nos manter a salvo; a manter o Tigre no topo. As pessoas à nossa volta também têm interesse em que o mantenhamos assim. Se desafiamos com sucesso nosso Livro de Regras, elas perdem um pouco da fé em seus próprios livros, um pouco de sua defesa contra o medo e o desconforto de olhar para si mesmas sinceramente. Deixe-me explicar.

O que é nosso Livro de Regras?

Nosso Livro de Regras é como vemos o mundo e nossa capacidade de interagir com ele. Em outros lugares você verá isso expressado como crenças que são simplesmente um subconjunto do Livro de Regras. Crenças não nos dão a dimensão total daquilo contra o que estamos lutando. São regras que nos parecem cristalizadas e que podem trazer consequências se as desobedecermos. Regras que com frequência chegam a nós vindas da sociedade, de nossos amigos, da cultura de nossos locais de trabalho. Regras que são assiduamente *compartilhadas* e *"policiadas"* pela mídia, por nossas famílias, amigos e colegas. Não é uma simples "crença"; é uma realidade. A desobediência pode até ter consequências sociais reais.

Exceto, é claro, que isso não é uma realidade. De maneira alguma. São apenas grupos de pessoas endossando as mesmas regras e mantendo-se seguras. Não estou falando da lei de sua terra, das regras de uma religião que você pode optar por adotar, de sua moral ou da voz de sua consciência. Também não estou incluindo as maneiras que você aprendeu com sua família e outros à sua volta de como se comportar para agir de forma correta.

Tampouco falo de regras que podem ser provadas: se eu me afasto da beira de um penhasco, haverá um som de assobio em meus ouvidos antes de um longo silêncio começar.

Estou falando da regra fictícia que diz: "Tenho de ir a reuniões quando meu chefe requisitar." (sem uma conversa educada sobre por que tenho que ir), ou "Tenho que me apresentar com slides de PowerPoint e todas as palavras escritas atrás de mim em itens confusos." ou aquele grande mantra de liderança, do nível C (cargos de trabalho com

88 | VENÇA O TIGRE

a palavra "chefe" — chefe executivo, chefe de finanças e por aí em diante) até o nível do líder da equipe da linha de frente: "Tenho que passar muito tempo fazendo o trabalho de outras pessoas, não posso inspirar e incentivar os outros a alcançar nossa visão." — em outras palavras, não posso "liderar".

Por que cada um de nós cria um Livro de Regras fictício que desestimula nossa experiência de vida?

Prometemos a nós mesmos que seríamos sinceros, não? Então, vamos encarar a realidade. A incerteza de nossa frágil existência é assustadora. Não temos certeza alguma de que a enchente não chegará aqui, de que a empresa sobreviverá, de que acordaremos amanhã e descobriremos que alguém comeu todos o pão antes de chegarmos ao armário da cozinha.

E não gostamos disso. Na minha família, adoramos animais e temos alguns. Eles não se importam tanto com a incerteza. Vivem no presente e não têm consciência de sua mortalidade. Não sabem do efeito do distúrbio no Oriente Médio sobre o preço do petróleo e de como isso pode influenciar o preço de suas casas. Imagine como seria! Mas nós nos importamos. E não gostamos disso.

Os humanos detestam um "vazio de certeza". Encontraremos uma certeza lá fora e encheremos o vazio com ela.

Geralmente, preenchermos o vácuo com resultados terríveis e o Tigre começa a rosnar. E então trabalharemos duro para evitar esses terrores. Qualquer pessoa inteligente faria de tudo para evitar coisas terríveis, não?

Nós, humanos, quase sempre somos gentis com os outros — e gostamos de ser necessários e de protegê-los — então, dizemos "como as coisas são" e compartilhamos nossas regras de sobrevivência. Descrevemos os terrores que os aguardam se eles ignorarem as regras — não que muitos de nós já tenhamos enfrentado esses terrores, a não ser os que encontraram a coragem para domar o Tigre, planejar com cuidado e agir com ousadia.

O Livro de Regras nos protege das maravilhas da vida

Essa incerteza não é maldição, escuridão e falta de pães. A incerteza significa que é igualmente possível que a ideia estranha seja um enorme sucesso; que a conversa com o chefe leve você a liderar um novo departamento e a dobrarem seu salário; que escreverão um livro sobre sua vida dentro de cinco anos. A maioria das pessoas é incapaz de ver esse lado da incerteza. O Tigre ataca antes que elas tenham uma chance.

É necessário enfrentar o medo e o desconforto para ter esses resultados positivos. Tem que trabalhar duro para evitar as armadilhas que certamente estarão lá se você se revelar, sair da tribuna e for para a pista participar ativamente da vida. É por isso que o movimento do "pensamento positivo" ganhou sua fama de distribuir "óleo de cobra". Falta-lhe a parte de "medo e desconforto" envolvida em ser positivo, para que as pessoas não deixem de comprar o livro ou de acreditar em atalhos. Domar seu Tigre envolve lidar com o medo e o desconforto. Este é um trabalho corajoso e heroico.

Devo acrescentar que, para algumas pessoas, as consequências de desafiar o Livro de Regras que elas criaram no passado eram muito reais. Por exemplo, se, quando crianças,

90 | VENÇA O TIGRE

fomos criados de maneira física ou emocionalmente abusiva. A estratégia de sobrevivência que construímos para apaziguar o agressor ou para lidar com a situação pode permanecer fixada em nosso Livro de Regras e afetar nossas relações (e, portanto, toda a nossa história — e muito de nossa história de trabalho) até o consertarmos e darmos o salto para a plena maturidade. Com frequência, exige tempo e assistência profissional. Mas pode ser feito. Por que isso afeta nossa história de trabalho? Porque duvidamos de nosso valor e de nós mesmos, do apoio de nossos colegas. Tememos revelar quem somos realmente. Vemos pessoas superiores dentro da organização ou nossos clientes como "figuras de autoridade". O Livro de Regras obsoleto nos diz de forma clara como lidar com essas pessoas para sobrevivermos.

Mas imagine se pudéssemos mudar o Livro de Regras e ver que nossos colegas têm prazer em nos apoiar, ver o desejo das pessoas em cargos superiores de nos ajudar (se ganhamos o respeito delas como colegas, quaisquer que sejam suas posições profissionais). Imagine a oportunidade que se apresenta se o desafiamos.

Usamos o Livro de Regras para dar sentido ao mundo. Para lidar com a incerteza. Para seguir um curso para o futuro na ausência de algum outro mapa confiável.

Se não assumimos o controle de nosso Livro de Regras, o Tigre cria um outro feito para nos manter longe do medo e do desconforto, para permitir que continuemos confortáveis, mas que só nos aprisiona e restringe. Quanto tempo você permitirá que isso dure?

Quando discuti de início minha ideia de bater um recorde britânico de mergulho livre, todos os membros da fraternidade internacional de mergulho livre com os quais falei — exceto dois — foram claros em relação a minhas chances de sucesso. Haviam olhado para sua experiência pessoal e para a experiência de observar outras pessoas, misturado suas regras sobre suas próprias limitações imaginadas e criado um Livro de Regras sobre como o mergulho livre funciona. Mas ninguém tem a menor ideia de como o mergulho livre funciona. Teorias, sim. Ciência, não. Nem sabemos ao certo se uma preparação cardiovascular excelente ajuda ou inibe um mergulho.

Os especialistas disseram que eu não conseguiria. Eram pessoas boas e gentis. Todos ansiamos por ter certeza. Os dois italianos que você já conheceu não compartilhavam o mesmo Livro de Regras. Graças à ação ousada que me levou a Andrea e Rasta; graças a Jon Pitts, o cientista de esportes que também me ajudou na campanha para a corrida de cavalos; e graças a Debbie Metcalfe, a produtora de filmes subaquáticos cuja empresa, a Blue Eye FX, faz filmes sobre mergulhos livres, eu pude ver que as regras podiam ser quebradas — e as quebrei.

Quando tive o desejo de participar de uma corrida de cavalos televisionada sob as regras do Jockey Club, todas as pessoas desse meio com as quais falei — exceto duas — foram claras em relação às minhas chances de sucesso. Elas haviam olhado para sua experiência pessoal e para a experiência de observar outras pessoas e criado um Livro de Regras. Elas preencheram a incerteza em torno de minhas chances usando seus Livros de Regras. Gee sabia que as regras eram falsas. Graças à ação ousada que me levou a Michael Caulfield e em seguida a Gee, pude quebrar regras pré-estabelecidas.

Que regras? As regras nunca estiveram ali, para início de conversa. Não existe Livro de Regras algum. É tudo uma grande

92 | VENÇA O TIGRE

ficção. Uma ficção endossada por pessoas para nos fazer duvidar de nós mesmos. Ninguém sabe o que você pode ou não pode fazer. Ninguém! Ao desconsiderar as ficções, você tem uma chance de vencer.

Em 23 de novembro de 1976, Jacques Mayol, o grande pioneiro do mergulho livre cuja história inspirou o filme *Imensidão azul*, bateu o recorde mundial de mergulho livre a 100 metros. Um feito enorme. Médicos lhe disseram que ele provavelmente seria esmagado sob a pressão do mar a tal profundidade — onze vezes maior que a pressão da atmosfera da Terra que está atuando sobre você neste momento enquanto lê este livro.

Mayol tinha com ele, na água, 18 mergulhadores com tanques de oxigênio e três praticantes de mergulho livre. Sua equipe na plataforma era de sete pessoas. Em 2010, eu desci 101 metros com um mergulhador com tanque (um operador de câmera filmando a 40 metros de profundidade), um praticante de mergulho livre me encontrando a 30 metros, na viagem de subida, e uma equipe de duas pessoas na plataforma. Os avanços tecnológicos dos equipamentos de mergulho livre foram mínimos. O que avançou foi o Livro de Regras mental. Os terrores e as ficções protetoras da mente humana.

Mayol não aprovou, porém, o Livro de Regras vigente. Ele foi um pioneiro, reescrevendo o Livro. Apenas segui seu caminho. Isso é o que o torna grande.

As regras nunca estiveram ali. Era tudo uma grande ficção. Ainda é. E se até mesmo pensamos em desobedecê-las, o Tigre ruge para nós, e sentimos medo e insegurança. Essa é a natureza humana. Essa é a batalha. Este livro é o mais recente de uma longa fila de convites para entrar na briga e viver.

Reescreva seu Livro de Regras — Acorde!

Vamos testar seu Livro de Regras

Você está em um bar com alguns amigos — seu gênero e sua orientação sexual são irrelevantes, mas digamos que seja um homem heterossexual — e vê uma mulher bonita do outro lado do bar. Lá está ela em toda a sua glória.

Você pensa consigo mesmo: "Uau, olhe aquela gata. Acho que vou lá falar com ela. Talvez fale comigo. Talvez nós fiquemos amigos, e quem sabe o que pode acontecer depois?!"

(Talvez eu deva observar aqui que se você pretende testar essa prática, o Livro de Regras da maioria das pessoas sugerirá que você deve ser solteiro ao fazer isso.)

Então você começa a cruzar o bar na direção da mulher bonita com seus pensamentos cheios de tiradas engraçadas e artimanhas de aproximação; então, quando está a apenas seis passos de distância, pelo canto do olho, você vê a porta do banheiro. E, como em um passe de mágica, percebe que está no banheiro e que passou direto pela mulher bonita.

O que deu errado?

O Livro de Regras que nos sabota e nos salva do perigo — a incerteza do resultado de seu encontro foi preenchida pelo terror da rejeição, e não pela chance de um ótimo relacionamento. Então, enquanto caminhamos em direção à nossa pessoa bonita, com a cabeça cheia de comentários engraçados, o Livro de Regras começa a ditar:

"Acho que você não deve fazer isso", adverte ele

"Por que não?"

"Porque ela é uma mulher muito bonita."

"Eu sei. A ideia é essa."

"Mas você é uma pessoa feia!"

"Tanto assim?"

94 | VENÇA O TIGRE

"Tanto assim. Você não se lembra o que aconteceu na última vez que fez isso?"

"Hum. Acha que eu posso usar meu humor e meu charme?"

"Ha-ha-ha. Para você isso foi bem engraçado. Não acho que você seja do tipo engraçado."

"Acho que ela me viu. Estou numa situação difícil aqui, o que devo fazer?"

"Olhe por cima do seu ombro esquerdo. O banheiro está ali. Vá para lá! Vá para lá!"

E de algum modo acabamos entrando no banheiro antes de voltarmos para a mesa e retomarmos a conversa com os amigos.

Não é maravilhoso?

Em vez de ter que enfrentar todo o medo e desconforto de se comunicar com outro ser humano, conseguimos encaixar uma ida ao banheiro e nos plantar de volta à mesa para apreciar um drinque e conversar com nossos amigos sobre coisas familiares.

O fracasso de nossa missão nem foi nossa responsabilidade. Foi culpa da mulher bonita. Aquela pessoa que nos achou feio demais para falar com ela. Aquela pessoa tão superficial que, de acordo com nosso Livro de Regras, não iria querer gastar tempo para saber o quanto somos bons — por trás de nosso exterior físico.

É claro que você não tem a menor ideia de qual teria sido a reação daquela pessoa. Na verdade, tudo o que fez foi seguir seu Livro de Regras, reforçando-o para si mesmo.

Esta regra é uma ficção. Sabemos que não é uma regra real. Sabemos disso porque no mundo há algumas pessoas nada bonitas saindo com outras que são incrivelmente belas.

Todas elas reescreveram seus Livros de Regras.

Certo, é possível que algumas também tenham ganhado um pouquinho de dinheiro para ajudar a lubrificar as engrenagens da vida. Mas, mesmo em caso desse tipo — pense nisso por um instante —, a não ser que tenham se aproximado da mulher bonita e jogado a chave de sua Lamborghini no balcão antes de abrir a boca, elas também tiveram que enfrentar o medo de rejeição quando cruzavam o bar. Desafiaram o Livro de Regras.

Como identificar seu Livro de Regras em ação

Existem algumas maneiras de testar a força de seu Livro de Regras.

Pessoas com Livros de Regras resistentes muitas vezes conseguem prever o futuro, por exemplo. Talvez você conheça pessoas assim. Pode ser que você seja uma delas. Elas sabem o que acontecerá se você tentar X ou Y. São capazes de avançar o DVD da vida — um DVD que ninguém mais assistiu — e contar a você o final. Os terrores que estão à sua espera para atacá-lo. Ou para atacar o líder da empresa. Ou ainda o vendedor ousado que foi em busca de contratos no exterior. Quando você está prevendo o futuro — em vez de estar presente no momento ou de ser capaz de ver uma série de resultados possíveis —, seu Livro de Regras está frenético.

Eis outra coisa que você pode usar para tentar verificar como suas regras estão atuando para mantê-lo a salvo de viver a sua vida. Escreva uma posição aonde *realmente* gostaria de chegar — uma situação de trabalho ideal, por exemplo. Pare um instante para focar em seu trabalho ideal. O que você faria todos os dias? Pense grande.

96 | VENÇA O TIGRE

Em seguida, escreva todos os motivos pelos quais sabe que é impossível fazer isso.

Agora, com cuidado, examine os motivos que acabou de escrever. Quais deles são motivos reais, que você pode provar? Quais são os motivos que realmente testou — que poderia defender em uma entrevista difícil na TV a um grande jornalista? Motivos que, se alguém lhe oferecesse uma grande quantia de dinheiro (ou o que quer que o atice) para superar, ou ameaçasse prejudicá-lo, você não seria capaz de superar num instante!

Encerrada esta etapa, apague os motivos falsos. O que lhe restou? Há quanto tempo você vem trabalhando com essas ilusões? De que elas o protegeram de verdade? Do sucesso? Alegria? Conquista? Aventura? De um respeito maior de seus colegas? Férias melhores? Maior satisfação pessoal?

Use as Dez Regras para chegar lá. Começando hoje.

Pense nisso. Uma grande e ousada ação da regra 1, combinada a um objetivo e um plano da regra 3, um pouco da disciplina da regra 9 e a assistência de alguns grandes aliados (regra 5) poderiam ajudá-lo a passar por todas as regras que você acabou de escrever e ir na direção de seu resultado ideal?

Existem regras diferentes que poderiam ajudá-lo a passar pelas incertezas à frente de maneira mais útil?

E então, o que sua história poderia ser? O que sua história autêntica poderia ser?

Livros de Regras corporativos

Todos adoramos Livros de Regras. Comunidades prosperam com eles, e o local de trabalho é uma comunidade. Coletivamente, nós os criamos com grande entusiasmo, porque, assim como individualmente, desejamos saber como eles funcionam, para que possamos manter a comunidade segura. Queremos desesperadamente ser capazes de prever o resultado. Para compreendê-lo bem, como aprendemos que tínhamos que fazer anos atrás na sala de aula. Mas não podemos entendê-lo dessa maneira no mundo dos adultos. É raro existir uma resposta certa no trabalho, só encontramos a melhor que podemos propor. Para essa resposta ser um avanço em relação ao modelo anterior, temos de quebrar certas regras que costumávamos aplicar àquele modelo. Quanto mais segura e previsível conseguirmos tornar nossa comunidade de trabalho, mais previsível tornamos a irrelevância de nossa organização em questão de tempo.

O Livro de Regras do trabalho está mudando. Se você teve contato com a ideia de *coaching* (como quer que isso tenha sido administrado), ou foi solicitado a assumir maiores responsabilidade e prestação de contas, dar um passo para se tornar um líder (qualquer que seja seu cargo), participou de programas de visão ou de valores ou trabalhou em "delegação de poder", essa mudança no Livro de Regras o atingiu. Pode ter sido mal executada, carregada de jargões irritantes, e talvez o programa tenha até fracassado, mas isso é um sinal de que líderes estão lutando para se adaptar a essa mudança que estou abordando. Todas essas são maneiras experimentadas pelos líderes a fim de fazer a transição para a Nova Economia. (Veja o Apêndice para mais detalhes sobre essa grande mudança no trabalho.)

O que me fascina é que, dentro de algumas organizações, certas pessoas — como você e eu — tomam decisões e se comprometem com ações criativas, dinâmicas, e são apoiadas por paixão e ritmo, enquanto profissionais em outras organizações continuam a cometer velhos erros, apenas de um modo um pouco mais desesperado.

98 | VENÇA O TIGRE

Muitas empresas que estão prosperando no início do século XXI romperam com o Livro de Regras da era industrial. Na Nova Economia, as maiores regras que estão sendo quebradas são aquelas que dizem respeito às relações — especificamente as de comunicação, confiança e prestação de contas — tanto dentro da comunidade de funcionários de uma empresa quanto no modo como essa comunidade se associa àqueles que estão do lado de fora, seus clientes, atuais e potenciais.

As regras criadas há um século para permitir às empresas prosperarem na economia industrial são as botas de concreto que muitos líderes ainda usam enquanto entram com dificuldade nas águas incertas da Nova Economia.

O terror cego causado pela incerteza em relação ao que acontecerá se eles afrouxarem as rédeas do controle é o motivo pelo qual os CEOs continuam a usar essas botas e exibem essa moda com orgulho a seus gerentes internos, que por sua vez imitam seus chefes. Todas as pessoas que têm medo tentam controlar os outros. Seja o medo por nós mesmos ou por outros (nossos filhos, por exemplo). O controle não é uma ferramenta à nossa disposição na Nova Economia. Ele leva a regras obsoletas e perigosas do Livro de Regras corporativo. Vamos explorar por que isso acontece.

O legado do Livro de Regras da economia industrial — controle

O trabalho do líder de qualquer negócio é sempre fazer com que um trabalho seja concluído com os outros e através dos outros. A questão se trata do que esse trabalho é e como ele pode ser feito. Aqui estou mais preocupado com o "como", mas tenha consciência de que limitando o "como" também restringimos o conjunto de "o quês" que vemos como sendo possíveis para nós.

Na economia industrial, o controle era importante. Em um contexto da produção, ele é claramente vital em muitos níveis. Assim, as alavancas gêmeas do pão e da vara, ou seja, a recompensa e o castigo, eram úteis para assegurar que a "engrenagem pensante" da grande máquina — os seres humanos — fossem motivados a funcionar com eficiência como parte da máquina maior. Essas alavancas haviam sido herdadas de nossos ancestrais feudais e nossos primos militares. Eram usadas até em escolas. Eram necessárias para conseguir que as coisas fossem produzidas e transportadas para barcas, navios e trens em tempo hábil e útil. As forças externas do pão e da vara motivavam as pessoas. Elas não eram inspiradas a encontrar suas motivações internas mais profundas. Isso era irrelevante — na era industrial.

Há uma diferença entre motivação e inspiração. Pense na motivação por um instante. Esta é uma palavra usada alegremente e considerada "positiva", mas não costuma ser examinada. O escravo da galé romana era um indivíduo altamente motivado, você não concordaria? Aposto que ele remava tão rápido quanto podia.

Motivado ele era. Submetido ao pão e à vara ele era. Inspirado ele não era!

Retire a vara, e ele para de remar.

Se você tem mil pessoas trabalhando em *contact centers*, comunicando-se com seus clientes todos os dias, ou 5 mil pessoas trabalhando em seus pontos de varejo, não se pode depender da recompensa e do castigo. É impossível. Você não pode estar presente. Se dependemos de gerentes submetidos à recompensa e ao castigo para fazer isso em nosso negócio, quem usará a vara contra aqueles que estão com a vara?

100 | VENÇA O TIGRE

Quando motivamos outra pessoa, damos a ela um incentivo externo para que aja da maneira que queremos que aja. Isso acontece. Quando motivamos a nós mesmos não é coercivo. A motivação pode ser boa ou não para nós — este é um debate filosófico maior — mas pelo menos é nossa.

Isso torna a motivação uma ferramenta de gerenciamento secundária na Nova Economia. Não tenho a menor ideia do que motiva você. Se eu quiser motivá-lo (e outras 5 mil ou mesmo 50 mil pessoas, como você, que trabalham na organização), tenho que atender às necessidades humanas mais básicas — as áreas em que todos somos parecidos: comida, abrigo e roupas para você e sua família e a necessidade de apreciação e coleguismo (não deixe a equipe desanimar!). Essas necessidades básicas são vitais, é claro. Se voltássemos às condições sociais da Era Econômica, eu ficaria bastante motivado com meu desempenho se você pudesse me oferecer segurança nessas áreas. Essa segurança não era fácil de encontrar: não havia Estado de bem-estar social e as prisões de devedores não eram bons lugares para criar filhos.

Já não vivemos ou trabalhamos na era industrial. Ainda somos muito motivados pelos elementos básicos da existência humana descritos anteriormente, mas poucos de nós conhecemos a vida sem eles. Nem esperamos conhecer. A vida agora é muito mais fácil economicamente do que era até mesmo trinta anos atrás.

Vivemos na Era da Nova Economia. Agora, a inspiração é a disciplina do líder. Inspirar nosso pessoal, inspirar nossos clientes. Os dois grupos de pessoas subiram a Pirâmide de Motivações Humanas de Maslow. (Em seu artigo de 1943 "A teoria das motivações humanas", Abraham Maslow apresenta uma hierarquia de necessidades. Na base da pirâmide ele põe as necessidades fisiológicas e de segurança.

Quando conseguimos suprir essas necessidades, podemos focar no amor e no pertencimento, na estima e na obtenção de respeito dos outros e, por fim, a "autorrealização" pode ser alcançada.) Em nossos papéis como consumidores e empregados, estamos buscando autoestima, propósito e significado. A palavra-chave aqui é "si". Nenhuma outra pessoa pode proporcionar isso — diferentemente das necessidades básicas. Nós temos que buscá-la. Não podemos encontrar se somos amplamente motivados por uma fonte externa — "o pão e a vara". Essa motivação vem de dentro. Exige um líder que possa nos inspirar a encontrar nossa motivação no trabalho.

A INSPIRAÇÃO SUBSTITUIU A MOTIVAÇÃO NO TRABALHO; A DIREÇÃO COMUM SUBSTITUIU O CONTROLE

Quando inspiramos outras pessoas, estamos criando uma estrutura cuidadosa, inteligente e muito exigente, em que o indivíduo pode encontrar sua própria motivação. Quando inspiramos, ajudamos indivíduos a descobrir e acreditar que eles têm potencial para alcançar suas aspirações. Quando usamos a motivação — o pão e a vara — incentivamos o indivíduo a atender às nossas necessidades. Na organização, os dois conjuntos de necessidades — do indivíduo e da empresa — têm que apresentar um denominador comum. Esse denominador raramente é tão difícil de alcançar quanto se poderia imaginar, mas está além do escopo deste livro.

Veja os oradores "motivacionais". Muitos são salafrários! Felizmente restam poucos oradores do tipo. Eles estão sendo substituídos pelo orador *inspiracional*. O orador motivacional costumava apelar para o menor fator motivacional comum.

102 | VENÇA O TIGRE

O que mais o orador pode fazer quando está diante de quinhentos estranhos? "Quem quer ter mais dinheiro? Vamos lá, quero ouvir vocês — quem quer mais DI-NHEI-RO?" "Levante a mão se você quer mais sucesso em sua vida — então, quem quer mais sucesso — todos vocês?"

O orador inspiracional, por sua vez, oferece uma estrutura para os ouvintes verem o que podem alcançar, incentiva-os a acreditar em si mesmos, na comunidade e no projeto, e os estimula a encontrar sua própria e única motivação para alcançar. Quando você lê as palavras de Martin Luther King, Gandhi, Nelson Mandela ou Churchill em tempos de guerra, está vendo oradores inspiracionais em ação.

Pode ser que você se sinta muito motivado depois de uma apresentação do *Vença o Tigre*, mas você será o responsável por toda a motivação. Eu apenas proporcionarei uma estrutura não controladora, não coerciva, não julgadora, pela qual você pode ser inspirado a encontrar a sua motivação e a agir para descobrir e escrever a sua história — e não a do Tigre.

Isso não é controle. A Nova Economia exige novas regras no Livro de Regras.

Líderes e gerentes temerosos que sentem necessidade de controlar seu pessoal estão muitas vezes seguindo um conjunto de regras que já não lhes serve. O Tigre está escrevendo a história dessa organização ou dessa equipe.

Eu não posso motivar você sem criar uma dinâmica de controle entre dois adultos: o que descrevemos como cultura pai-filho, conforme relatado abaixo. As duas posições têm que fazer a sua parte nesse jogo para que ele funcione — e as duas posições têm algo a ganhar com isso.

O legado do Livro de Regras da economia industrial — a "cultura pai-filho"

A cultura pai-filho fornece a base do Livro de Regras corporativo em muitas organizações. Antigamente, essa cultura era boa para "sabermos nosso lugar". Agora é hora de sair disso.

Nosso trabalho no *Vença o Tigre* — muitas vezes com diretorias de grandes organizações — com frequência começa com uma confissão de que existe um problema na cultura pai-filho. Com isso quero dizer uma cultura em que pessoas "superiores" sentem necessidade de controlar e microgerenciar pessoas "inferiores", e pessoas "inferiores" aceitam essas imposições deixando de assumir responsabilidade por seus atos, reclamando da gerência e às vezes impedindo o progresso da organização.

A tomada de decisão sobre o que precisa ser feito, sobre como algo deveria ser feito ou o local onde essa tomada de decisão deveria estar acontecendo não é de fato delegada. Isso não contribui para bons resultados na Nova Economia, na qual o sucesso da marca depende de excelentes tomadas de decisões em um nível local e de um verdadeiro alinhamento de propósitos e valores para guiar esses muitos milhares de decisões locais.

O Livro de Regras operando aqui é que as pessoas precisam ser controladas. É assim que as levamos a fazer o que precisa ser feito.

A "criança" nesse cenário também se beneficia da farsa e colabora com ela. Muitas vezes isso é acompanhado de muita reclamação e da boa e velha "mentalidade de vítima" — mas absolutamente nada é feito por esse indivíduo ou esses indivíduos para mudar a situação com o superior no trabalho ou para deixar o emprego. Por quê? Porque isso

104 | VENÇA O TIGRE

libera as pessoas da responsabilidade, que é algo assustador. Posso entender errado. Minha cabeça estará a prêmio. "Jogue com segurança", "faça o jogo", "não erga a cabeça acima do parapeito para ela não ser cortada". Tudo isso são estratégias de sobrevivência da economia industrial que são boas, compreensíveis e talvez até úteis.

Quando uma pessoa segue a regra de que "é assim que funciona, o que posso fazer?", ela não está sendo solicitada a encarar seu Tigre, que dirá domá-lo. Não há necessidade alguma de mudar, crescer, amadurecer ou encarar o medo e o desconforto concomitantes. Nada é "culpa" minha porque nada é minha responsabilidade. Eu "não posso" agir da maneira certa no momento do contato com o cliente para defender os valores da marca e da empresa porque não tenho "permissão". Para muitas pessoas isso funciona perfeitamente bem, pelo menos na superfície: no fundo, pode haver um preço alto a ser pago.

Mudar o Livro de Regras corporativo é um dos maiores desafios da Nova Economia, e a sua capacidade de ver o Livro de Regras no trabalho, de fazer a sua parte para mudá-lo ou, em última análise, de se afastar de organizações defeituosas, será um fator determinante para você escrever a sua história no trabalho pelos próximos anos.

O Livro de Regras e o medo do fracasso

Nosso Livro de Regras é criado para nos manter a salvo, mascarando o papel que nosso medo desempenha nesse processo. Revelar nosso medo nos é muitas vezes desagradável. Mas, na realidade, o Livro de Regras nos mantém a salvo de quê? De que exatamente temos medo?

A salvo da possibilidade de fracasso. O medo de perder a permanência em nosso grupo — o maior inimigo do ego. Uma das regras que nos ensinaram com muito cuidado desde cedo é que seremos ridicularizados se "entendermos errado".

Nessa etapa, meu papel em geral é dizer que não devemos temer o fracasso. Ele é uma parte aceitável do alcance de nossos sucessos. Que bobagem completa; que absurdo totalmente inútil! Nessa etapa, tradicionalmente, também devo contar a você sobre quantos filamentos Thomas Edison queimou antes de conseguir fazer um deles funcionar dentro do vácuo que chamamos de lâmpada, e sobre como isso nunca o incomodou. Nunca conheci o Sr. Edison, mas desconfio que isso o irritou. Aposto que ele temia o fracasso. E muito. Aposto que isso fez com que trabalhasse realmente duro. Eu me pergunto se esse horror diante da ideia de fracassar *naquilo a que havia se dedicado de corpo e alma para conseguir* o levou a passar muitas madrugadas pensando e experimentando.

Talvez alcancemos o sucesso por causa do medo do fracasso?

Empreendedores muitas vezes investem tudo o que têm. Eles se dedicam de corpo e alma a um projeto. Arriscam sua reputação, assim como suas casas. Na hora mais escura da noite, antes da aurora do sucesso chegar, você acha que eles acordam movidos por pensamentos de obter grandes riquezas ou de como evitar a penúria? Quando minha casa estava em risco, certamente foi a segunda opção.

O medo de fracassar naquilo a que dedicamos nossos corações, mentes e mãos é uma força impulsora poderosa e saudável.

Contrariando a "sabedoria convencional", dos pensadores positivos, vamos — eu e você — temer o fracasso.

106 | VENÇA O TIGRE

Não levemos o fracasso muito a sério. Isso nos permitirá cometer nossos erros. Isso nos fará parecer idiotas em uma reunião em que nossa ideia errar feio. Isso nos deixará, como líderes, em uma cadeira na cantina toda sexta-feira, aceitando perguntas de todo mundo, em vez de comendo um sanduíche no escritório e tendo e-mails como companhia.

Se começarmos a construir um novo produto ou uma nova cultura, cometeremos erros. Um medo saudável de não conseguir escrever nossa verdadeira história permite nos arriscarmos a cometer esses erros, suportar as consequências, perdoar a nós mesmos e nos recuperarmos rapidamente para seguir em frente com obstinação.

O Livro de Regras em geral é usado para nos impedir de dar pequenos passos que podem nos levar a cometer erros insignificantes. Em troca, ele nos protege do fracasso em nosso grande plano, nossa grande história. O Livro de Regras aposta baixo. Você quer apostar baixo?

O Livro de Regras é a causa do fracasso de nosso plano; do fracasso ao escrevermos nossa história. Ele não nos protege.

Ganhando confiança para reescrever o Livro de Regras

Existem CDs tolos que você pode comprar dentro de livros mais tolos ainda que prometerão lhe dar uma confiança extra enquanto você estiver dormindo. Mas de onde vem a verdadeira confiança? Por que, por exemplo, os grandes jóqueis parecem tão confiantes sobre cavalos que estão dando pinotes e patadas a caminho do início do Derby, enquanto a maioria dos mortais parece apavorada sobre um cavalo que está apenas andando suavemente por um caminho no meio do campo?

Eles não conseguiram essa confiança com um CD ou um livro. Eles a conseguiram montando muitos cavalos. Ao forçarem seus limites e montarem cavalos mais difíceis. A confiança desses jóqueis sofreu golpes quando os cavalos mais difíceis os atiraram ao chão, quando eles foram além de suas limitações, em uma tentativa de se tornar melhores. E eles cresceram de novo quando lutaram até conseguir montar aquele cavalo, e, com essa conquista, era hora de partir para uma montaria mais difícil.

Eles conseguiram isso porque desafiaram seu Livro de Regras, que teria dito que haviam encontrado seus limites, mas que eles se recusaram a aceitar.

O verdadeiro segredo da construção da confiança está em reescrever seu Livro de Regras por meio da ação corajosa, comprometida, até você ganhar o direito de criar um novo Livro de Regras para si mesmo.

Agora é hora de começar a estabelecer seu rumo. Enquanto passamos para a regra 3, pergunte a si mesmo quanto tempo é necessário para você derrubar as regras do Tigre e as substituir por aquelas que você quer ou precisa ver. Quais são as partes de sua história que estão passando por você enquanto espera?

Nunca permita que o medo de errar o leve a reescrever a história que é sua por direito.

A dor é temporária, mas o fracasso dura para sempre.

É a sua vez.

108 | VENÇA O TIGRE

Coisas que o Tigre quer que você esqueça sobre a regra 2

Regra 2: Reescreva o Livro de Regras: desafie-o a cada hora

Nosso Livro de Regras é como vemos o mundo e vemos a nossa capacidade de interagir com ele. Nossas crenças são regras de nosso Livro de Regras, mas são um subconjunto do Livro de Regras geral. Nossas famílias, companheiros, escolas, sociedades e por aí em diante também têm regras fictícias.

Adoramos nossos Livros de Regras e os construímos com entusiasmo porque eles nos protegem da incerteza — mas o resultado incerto também pode ser uma grande aventura, trazendo realização e sucesso, e somos "protegidos" disso também.

O Livro de Regras no trabalho mudou bastante nos últimos dez anos e ainda se modifica com rapidez. Ele gratificará você por acompanhar essa mudança.

Quando vir uma oportunidade — e todas as regras protegendo você de ir atrás dela —, pergunte quais dessas regras são prováveis e quais delas foram criações suas ou de outras pessoas.

Com frequência você precisa ganhar confiança para mudar seu Livro de Regras. Trabalhe duro para ganhá-la por si mesmo.

Misture-se àqueles que desconsideram o Livro de Regras, não àqueles que querem aterrorizá-lo com suas visões pequenas. Tenha cuidado com quem você discute seus sonhos e planos.

Estudo de caso 2:
Gary Hoffman

Vinte e quatro bilhões de libras esterlinas estavam depositados no Northern Rock antes da corrida ao banco, em 2007. Em apenas três semanas, esses depósitos foram reduzidos para menos de 7 bilhões de libras; 29 bilhões haviam sido tomados emprestados do contribuinte. Recuperar a confiança desses clientes que haviam retirado suas economias seria um desafio enorme, e assegurar que o governo estava de acordo com o que começamos a fazer era uma situação sem precedentes para mim. Estávamos 100% nas mãos deles!

Eu era vice-presidente do Barclays Bank quando a corrida ao Northern Rock começou. Quando a diretoria do Northern Rock, junto com o então ministro das Finanças, Alistair Darling, convidou-me para ser o principal executivo do Northern Rock, algumas semanas depois, fui estimulado pelo desafio e também senti que tinha o dever de aceitar, apesar do rugido de meu Tigre.

Vença o Tigre é perigoso, devo adverti-lo. Você quer voltar para fazer mais, mas sabe que nunca domará por completo o Tigre. Eu envolvera Jim em um programa de liderança que eu dirigia quando era CEO do Barclaycard. Fui pessoalmente afetado pelas Dez Regras e por como elas haviam sido provadas — porém, mais importante, *Vença o Tigre* teve um enorme impacto nos negócios.

Considerando o que descobri quando cheguei ao Northern Rock, decidi que as Dez Regras para vencer o Tigre seriam uma ferramenta útil para usar ali também. Havia um problema preocupante de responsabilização. As questões passavam por uma grande cadeia de gerenciamento até chegar ao membro da diretoria responsável, então faziam todo o percurso de

110 | VENÇA O TIGRE

volta. Por que os membros da diretoria estavam interessados naquelas questões? E o que todas as outras pessoas estavam fazendo o dia inteiro se não estavam tomando decisões e gerenciando seu pessoal?

Havia um segundo problema cultural relacionado. Se eu combinava um caminho a seguir com meus cem principais funcionários no Barclays, as pessoas saíam e faziam isso. Em pouco tempo, percebi que no Northern Rock demorava mais ou menos quatro semanas para os membros superiores da equipe voltarem e perguntarem "e como fazemos isso?" Não era ociosidade. Era uma histórica falta de liderança e de delegação. Eles haviam passado aquelas quatro semanas se perguntando o que fazer e temendo me dizer que não sabiam como agir. Logo ficou claro que essa cultura de medo, de paralisia e de passar a responsabilidade para outro permeava a organização. Todos pareciam precisar de minha permissão antes de ter confiança para agir. Pessoas excelentes haviam sido solicitadas a deixar em casa suas personalidades e vontade natural de "resolver as coisas", porque apenas os superiores tinham a resposta. Na verdade, quanto mais alto você chega em uma organização, menos você tende a estar conectado aos clientes e ao mundo real. Para mim, isso tinha um grande papel no motivo da crise financeira.

Nessa organização, os grandes limites não haviam sido fixados, o que precipitou suas dificuldades financeiras e a corrida ao banco. Os pequenos limites eram inquebráveis e estavam sufocando o negócio.

Meu trabalho como líder era fixar novamente esses dois limites. Se não conseguíssemos estipular limites maiores de maneira correta, as consequências seriam catastróficas. Se não mudássemos os limites menores, pessoais, em um nível superior, não poderíamos delegar poder à pessoa que lidava com nossos clientes na filial para oferecer um serviço excelente ao consumida. Sem isso, não poderíamos recuperar a confiança de nossos clientes — juntamente com suas economias. Aumentar nossos depósitos era essencial para começar a criar valor para o novo proprietário do Northern Rock — o contribuinte britânico.

Para mim, era urgente fazer com que os funcionários superiores entendessem que eles sabiam mais do que pensavam que sabiam — e que era saudável pedir ajuda. Era imperativo que eu entregasse as rédeas a mãos seguras, e que convencesse meus líderes a entregar as rédeas a seu pessoal também. Isso não era simples; as pessoas ali não estavam nem um pouco acostumadas a segurar as rédeas.

Vença o Tigre foi uma ferramenta perfeita para ajudá-los a aprender a fazer isso. Não foi a única que usei, mas foi uma ferramenta poderosa que me ajudou, rapidamente, a iniciar um processo de mudança da seguinte maneira:

- Apresentando às pessoas um conjunto de ideias relevantes sobre tornar o impossível possível — vindas de fora da esfera de conhecimentos delas.
- Trazendo um vocabulário novo e fortalecedor.
- Criando inspiração, ambição e energia em pessoas saídas de um período muito traumático, e ao mesmo tempo ajudando-as a querer assumir mais responsabilidades por si mesmas e suas equipes.
- Convencendo as pessoas de que eu estava falando sério — elas *podiam* assumir responsabilidades e tomar a iniciativa de agir.
- Oferecendo dez ferramentas práticas para superar o medo de mudança e *assumir* responsabilidades pessoais.

As regras 2 e 3 foram as mais importantes para nós. Cada indivíduo teve que mudar seu Livro de Regras, e nós, como organização, modificamos nosso Livro de Regras coletivo.

112 | VENÇA O TIGRE

Também precisamos de absoluta clareza de destinação: onde estávamos indo e o que tínhamos de fazer todos os dias para chegar lá. Proporcionar essa clareza de visão e os recursos necessários para alcançá-la era uma tarefa diária para mim como líder. Seguir nessa direção era uma tarefa diária de cada pessoa.

Quando domamos nossos Tigres, conseguimos levar a mensagem aos funcionários que lidavam com os clientes: "Se você fizer a coisa certa para o cliente, sem romper nossos limites de risco — que estão aí para proteger a todos os envolvidos — então não há como errar." A partir daí as pessoas da organização iniciaram sua jornada para o fortalecimento.

Foi um processo complexo e, lamentavelmente, nem todo mundo quis ou conseguiu fazer a mudança. Deixei que um grande percentual dos cem principais gerentes que eu herdara fosse embora. Mas a mudança não era opcional se quiséssemos cumprir nossos compromissos com o governo britânico, o que era urgente. Entretanto, muitos mudaram, e tenho um enorme orgulho deles e do que foi alcançado pelo pessoal do Northern Rock durante meu período como CEO.

Os funcionários do banco enfrentaram modificações enormes com grande coragem. Tenho um imenso orgulho por tê-los liderado e pelo que alcançamos juntos. Quando deixei o Northern Rock, em outubro de 2010, havíamos — em meio a uma contínua crise econômica — aumentado nossos depósitos de 7 bilhões para 18 bilhões de libras. Reestruturamos o negócio e cumprimos todas as metas que o governo havia estabelecido para nós. Criamos uma nova cultura dentro de um bom negócio britânico, e de um excelente negócio da região nordeste. E enfrentamos e domamos alguns bons Tigres ao longo do caminho.

Regra 3 · Siga na direção aonde você quer chegar, todos os dias

O medo e o praticante de mergulho livre

Muitas pessoas dizem que deve ser bastante assustador tentar bater um recorde de mergulho livre. Estão certas, eu estava assustado, mas não com alguma coisa que aconteceria no oceano. Isso, sinceramente, nunca me amedrontou nem um pouco. Estava assustado com a responsabilidade e a exposição resultantes de dizer que eu tentaria bater o recorde. Deixe-me explicar.

Fiz minha ação ousada. Esta ação foi telefonar para o cientista de esportes Jon Pitts e marcar um encontro urgente com ele. Jon, por coincidência, é fascinado com as lições que o mergulho livre dá ao resto do mundo esportivo, em termos de controle mental e controle da fisiologia do esportista, por meio de técnicas de respiração. Nos encontramos e eu lhe contei sobre meu objetivo. Isso foi mais ousado do que parece.

114 | VENÇA O TIGRE

Eu sabia que, quando apertasse a mão de Jon para isso, estaria fazendo uma promessa que teria de manter.

Ele fez a pergunta óbvia — aquela que eu vinha tentando evitar:

"Como você encontrará tempo para treinar em águas quentes e profundas? Você terá que passar algum tempo no exterior de vez em quando para fazer isso. Pode se permitir deixar de trabalhar?"

"Eu estava pensando se poderia usar o tanque profundo da Marinha."

"Qual é a profundidade dele?"

"Sessenta metros, eu acho."

Um olhar silencioso...

"Está bem, sei que não é fundo o bastante."

"Outra ideia?"

"Bem, eu imaginei se seria possível usar uma câmara de descompressão de mergulhadores para simular os efeitos da profundidade em meu corpo."

"E isso ajudará sua mente a se adaptar a estar a 100 metros de distância de uma fonte de ar?"

"Você acha que eu devia estar em águas profundas, não?"

"Não importa o que eu acho. O que você pensa que será preciso?"

"Acho que eu devia estar em águas profundas."

"Com que frequência?"

"Uma vez por mês?"

"Pelo menos, eu diria. É técnica e fisicamente difícil administrar a pressão, e é mentalmente estressante estar nesse ambiente, a não ser que você esteja acostumado a fazer isso. Se vai se comprometer de verdade com isso, terá que treinar em profundidade."

"Uma vez por mês, então. Uma semana de cada vez. Todo mês, a partir de agora e até 27 de agosto [a data que eu queria marcar para a tentativa de recorde, de modo a fazer isso antes da abertura da movimentada temporada de palestras em setembro]."

"Você pode se permitir esse tempo longe do trabalho?"

"Não mesmo."

"Mas, se não fizer isso, você acha que fracassará. Vai fazer isso ou não?"

"Eh... Sim... De alguma madeira."

No dia seguinte, risquei a primeira semana de cada mês em minha agenda. Foi assustador. Recusar compromissos de palestras e projetos de clientes quando eles começavam a aparecer fez o Tigre rugir. Mas era o preço de tentar fazer aquilo. Se eu estivesse levando isso a sério, teria que pagar esse preço.

Ocorreu-me que não é a grande conquista que está fora do nosso alcance — muito frequentemente, é a realidade mundana de chegar lá que faz o Tigre rugir. Acordar cedo de manhã. Recusar encontros que são uma perda de tempo para nos concentrarmos em atingir nossos números. Trabalhar nossa disciplina e o básico. Estas são as realidades que a regra 3 nos força a tratar. Assumir responsabilidade pessoal pelo que isso envolverá se quisermos alcançar com sucesso a destinação almejada.

Regra 3: Siga na direção aonde você quer chegar — todos os dias

Você está acordando de manhã para fazer o quê? Isso lhe traz sentido e prazer?

Se você não sabe o que está criando e para que está contribuindo, o que lhe dará força para vencer Tigre e fazer isso?

116 | VENÇA O TIGRE

Viktor Frankl é mais conhecido como fundador da Terceira Escola de Psicoterapia Vienense. Ele foi professor de Neurologia e Psiquiatria da Escola de Medicina da Universidade de Viena. Foi também prisioneiro durante três anos em Auschwitz, Dachau e outros campos de concentração, durante a Segunda Guerra Mundial. Suas ideias, juntamente com as de Carl Jung e Joseph Campbell, tiveram a maior influência sobre o desenvolvimento de *Vença o Tigre*. É central em sua obra um conceito que Nietzsche expressou primorosamente e que Frankl citava com frequência:

"Aquele que tem um 'porquê' para viver pode suportar quase qualquer 'como'."

Frankl pergunta como podemos encontrar esse "porquê" para viver e descreve três maneiras diferentes de as pessoas acharem sentido na vida. "Criando uma obra ou realizando um feito; experimentando alguma coisa ou encontrando alguém (ele toca brevemente no conceito de 'amor') e por meio da atitude que temos em relação a um sofrimento inevitável."

Não vamos lidar com a terceira ideia por muito tempo aqui. É suficiente dizer que se você aceita o convite para enfrentar o seu Tigre, há algum grau de desconforto pessoal.

Isso faz parte de acordar. É também um sinal de crescimento e mudança. Traz grandes recompensas. A vida nos jogará outras fontes de dor que também não escolhemos. Uma fonte não procurada de aprendizado e crescimento.

A segunda e a terceira ideias estão no centro de *Vença o Tigre*, e naturalmente entram em uma discussão da regra 3.

O amor-próprio, o amor e a aceitação dos outros

O amor-próprio, o amor e a aceitação dos outros são a mensagem central de *Vença o Tigre*. Estão subjacentes a tudo o que você está lendo, embora este livro examine-os principalmente no contexto do trabalho. Esse é o motivo pelo qual o domamos. Essa é a nossa ferramenta crucial para vencê-lo. Não deixe ser levado a pensar que o amor-próprio ou o amor dos outros é uma mensagem "suave" demais para o trabalho. Esta é a chave do sucesso na Nova Economia. É central para a liderança. Brilha como a dignidade e o respeito que um profissional de verdade irradia para si mesmo e para os outros dentro e fora de seu trabalho. Está evidente no modo como tratamos os clientes com os quais trabalhamos. É o desafio de um guerreiro, nunca termina e traz enorme força e grandes recompensas. Esse caminho de redescobrir e então respeitar e amar seu verdadeiro Eu requer muita dominação do Tigre e exige se libertar de coisas favoritas dele.

Isso pede a você para acordar — o que significa que o Tigre vai rugir!

O amor e o respeito pelos outros, a capacidade de confiar neles e inspirá-los, em vez de controlá-los e manipulá-los, o desejo de vê-los crescer e se desenvolver, treinar e liderar com respeito aos limites e a crença na sabedoria do outro — esses são alguns dos aspectos mais estimulantes da mudança da economia industrial para a Nova Economia.

O que nos leva, então, ao primeiro dos caminhos de Frankl para encontrar um "porquê", para criar sentido: criar uma obra ou realizar um feito. O caminho que com frequência está bloqueado pelo rugido do Tigre. O caminho que pode nos levar a grandes sucessos dentro e fora do trabalho.

118 | VENÇA O TIGRE

Aonde você quer chegar?

A regra 3 é sobre estabelecer o ponto de destino e então traçar o curso para chegar lá. Nossa partida, portanto, deve ser nosso destino. Depois que decidimos isso, a persistência, e não a insistência, é a senha. Ao longo do caminho, podemos aprender coisas que significam que queremos mudar o curso. Podemos acabar descobrindo que o objetivo está além de nós — mas que mesmo assim o esforço nos levou a um lugar melhor.

A regra 3 conforme ensinada por esportistas profissionais

Não sei como é o lugar onde você trabalha, mas, quando trabalhei em uma grande empresa, a rotina matinal quase sempre era algo mais ou menos assim: chegar de manhã com uma boa xícara de café comprada na rua e se juntar aos outros para uma conversa sobre as pessoas que ainda não estavam no escritório. Em seguida, alguns colegas iriam para suas mesas e outros os substituiriam. A conversa poderia então passar a ser sobre aquelas pessoas que acabaram de sair do grupo. E, por fim, chega a nossa hora de ir e verificar o que o grande e impiedoso Microsoft Outlook nos enviou para fazer naquele dia.

No esporte é diferente — os seus resultados contam. O fato de você comparecer ao trabalho para ficar oito horas não conta. Isso não quer dizer que o bom comportamento não seja importante. É vital, mas não suficiente. Os resultados não estão disponíveis todos os dias, então você planeja duro para alcançá-los. É emocionante assistir e participar. Um atleta sabe com muita antecedência quando será o grande dia, então o plano funciona em relação a esse dia. E inclui de tudo: nutrição, bem-estar mental, evitar pessoas tossindo e espirrando, dormir, boa forma física, força, táticas, observar a competição e sua provável abordagem e, por fim, treinar a habilidade que será posta em prática — de um golpe de tênis a montar um cavalo a toda velocidade para transpor cercas de 1,5 metro.

Qual é o seu grande dia? Você está trabalhando para quê e inspirado pelo quê?

No dia da Grand National, um pedaço da história será construído. Os acontecimentos da corrida e o resultado serão lembrados e comentados trinta anos depois e mais além. Prepare-se hoje ou perca seu lugar nos livros de história. Simples.

É por isso que os atletas não tendem a começar o dia com uma xícara de café comprado na rua e uma conversa sobre seus colegas. Não começam o dia olhando os pedidos enviados para suas caixas de e-mail. Acordam com um objetivo determinado em relação ao que precisam fazer naquele momento se quiserem estar bem quando o grande dia chegar; se quiserem escrever a história por si mesmos. Eles têm um plano para conseguir isso e precisam executá-lo. Devem dar um passo hoje, se não haverá passos demais para serem dados amanhã. Hoje conta.

Hoje conta para você?

Um atleta não é tão diferente de nós dois quanto você pensa. Eles têm e-mails, telefones e inúmeras exigências sobre seu tempo. Têm relacionamentos para cultivar, filhos para cuidar, meias para serem lavadas para a semana que vem, carros para serem consertados e comida para ser comprada. Diferentemente da maioria, eles com frequência têm exigências de caridade, e, se estão ocupados demais

120 | VENÇA O TIGRE

para atender a jornalistas, podem achar que isso levará a consequências infelizes para eles. Os jóqueis têm botas de equitação que precisam ser polidas diariamente.

Porém, se os atletas não equilibram essas obrigações com o movimento em direção ao lugar onde querem estar, não conseguem chegar lá. Isso significa que eles não irão conseguir pagar o aluguel e logo deixarão de ser atletas profissionais. Então, o que tende a diferenciá-los de muitos de nós é que eles estão seguindo a regra 3 e são guiados por ela. Como sabem o seu destino, os atletas:

- Têm uma imagem clara de onde precisam chegar.
- Têm um plano claro para chegar a esse lugar.
- Estão comprometidos a seguir esse plano.
- Enfrentam Tigres, se necessário, ao se comunicar com outras pessoas ou com si próprios, a fim de priorizar esse plano, e não outras coisas.

Muitas pessoas não têm essa vantagem em sua rotina de trabalho diária. A regra 3 é a ferramenta usada para encontrar isso.

Aonde você quer chegar?

Para qual resultado você está trabalhando? Por que vai trabalhar hoje? Qual é o clímax desse capítulo de sua história e qual o capítulo que você está pensando em escrever em seguida? Sim, eu sei que estou cutucando. É sensível demais a cutucões? E não, isso não é diferente só porque você tem um emprego comum (ou insira outra desculpa da qual goste): esta é simplesmente uma regra de vítima de seu Livro de Regras.

Sim, eu sei que é provável que você não queria ser um esportista e pode estar pensando que tem pouco a aprender com os níveis de obsessão doentios deles — e principalmente dos jóqueis, pelo amor de Deus! Mas não estou falando aqui de grandes "objetivos" (a não ser que este seja seu negócio); estou falando sobre aquilo para o que você está trabalhando.

Qual é seu grande dia? Qual é seu propósito inspirado? O que está ditando suas prioridades hoje?

Você é motivado pela fuga — ou por um propósito inspirado?

Você está seguindo na direção aonde quer chegar ou correndo na direção oposta de onde teme estar? Estas são as duas amplas categorias de coisas que motivam as pessoas. Como essa é uma grande pergunta, eu pediria a você para passar alguns instantes tentando entender o que quero dizer com isso. Isso pode mudar muitas coisas.

A maioria das pessoas é motivada pelo medo. O Tigre está dominando a história delas. Conheço profissionais importantes e inteligentes que confessam que detestaram cada dia de trabalho nos últimos vinte anos de suas vidas. Em resposta à pergunta óbvia, eles dizem que odiariam perder a bela casa e que uma queda de salário ameaçaria até seus relacionamentos. Eles são motivados pelo medo. O medo de perder. Chamaremos isso de motivação pela "fuga". Com frequência, isso leva as pessoas a um grande êxito material, mas a um preço pessoal alto. Esse não é o sucesso que elas realmente escolheriam para si mesmas. As conquistas externas que esses profissionais podem perder e

122 | VENÇA O TIGRE

o rugido que isso provoca em seus Tigres pesam tão mais do que o conhecimento sobre seus verdadeiros "Eus", que eles muitas vezes perdem completamente a visão disso.

Vamos voltar aos esportistas para ilustrar o "motivado para um objetivo". Muitos atletas são instigados por um propósito inspirado. Pode ser que fracassar na primeira cerca da Grand National não inspire você, mas participar dessa corrida histórica e arriscar-se na companhia de lendas inspira os participantes. A diferença? Eles estão correndo em direção a algo que querem. É claro que não só os atletas são motivados por um propósito inspirado. Muitas pessoas também são assim suas vidas profissionais. Elas encontram propósito em suas tarefas ou no modo como as realizam, no modo como se relacionam com clientes e colegas, cultivam jovens talentos, mudam sua indústria, modificam o mundo e por aí em diante.

Você vê a diferença? A maioria é motivada pelo medo, pelas coisas terríveis que podem acontecer se não agradar o chefe, conseguir uma promoção, tiver um carro bonito e por aí em diante. Ou motivada por evitar os terríveis riscos e incertezas que podem estar à espera delas se correrem na direção de seus objetivos — da história que querem escrever. Talvez elas fracassem. Talvez... talvez...

Outras são motivadas para um objetivo. Elas têm um sonho e estão fazendo a diferença. É fundamental que você entenda essa distinção em sua batalha contra o Tigre.

Vamos trabalhar juntos nisso. Quando você estabelece objetivos? Na maior parte do mundo ocidental, é em 1º de janeiro. Então, depois de uma noite realmente longa, de algumas semanas de permissividade no período de festas e, possivelmente, com a maior ressaca que terá em 12 meses, você se senta e começa a planejar um "novo você" com a ajuda de intermináveis revistas e suplementos de jornais. Não é nenhuma surpresa que as promessas monásticas de sobriedade e abstinência que fazemos em 1º de janeiro durem mais ou menos uma semana. Elas não são motivadas por um senso de propósito, mas por um sentimento de culpa, e culpa não é uma boa base para imaginar um novo futuro brilhante e aventuras estimulantes. Estamos fugindo de nosso propósito inspirado, e não o perseguindo.

Portanto, em vez de sentir culpa por todas as permissividades que lhe deixaram muitos quilos a mais, uma maneira mais estimulante e bem mais eficiente de pensar é considerar aonde você quer chegar — as coisas que gostaria de fazer. Poucos se permitem continuar a comer em excesso ou ignorar a necessidade do corpo de se exercitar. Descobrindo um senso de propósito, é provável que você se veja decidindo tratar bem de seu corpo. Pode agir da mesma maneira em relação a seus objetivos profissionais.

Tenha cuidado, porém. Algumas pessoas dirão: "Pronto, estou motivado 'para' algo: estou motivado para ter uma casa maior e uma Mercedes-Benz!" E aqui as coisas ficam ligeiramente ambíguas. Se você se pegar dando uma variação dessa resposta, precisará avaliar suas motivações. Por que você quer essas coisas? Elas lhe darão uma imensidão de prazer ou um ambiente saudável para sua família? Ou provarão algo para seu vizinho, seu colega, seus pais, seu parceiro, seu marido, sua esposa ou mesmo seu ex-marido ou sua ex-esposa? Prova sem a qual você se sentiria "menos" — uma posição que muita gente teme e da qual quer fugir? Consegue superar esse medo, soltá-lo e, em vez disso, mover-se "para" algo que, no fundo, realmente quer alcançar ou para o qual quer contribuir?

Quando você é motivado "para" um objetivo, consegue ter poder. Um poder imenso. Agora você tem a capacidade

124 | VENÇA O TIGRE

de levar todo o seu eu — mente, corpo e espírito — para a atividade. É nesse momento que domaremos os Tigres.

Agora você está livre. Agora você está acordando!

O que devo escolher para ir em frente — como decido sobre um objetivo?

Há muitos livros que alegam ser capazes de ajudá-lo a responder com sucesso a essas perguntas e de guiá-lo nesse processo. Eu não encontrei nenhum que cumpra essas promessas. Acredito que o motivo disso seja que não cabe a nenhuma outra pessoa saber, ou não cabe a um "processo" universal ou a um questionário determinar. Cabe a você descobrir. Eu lhe darei alguma orientação abaixo, mas é apenas orientação.

Minha explicação não pode ser expressada de maneira melhor, ou mais eloquente, do que repetindo as palavras de Gordon Allport, ex-professor de Psicologia em Harvard, em seu Prefácio a *Em busca de sentido*, de Frankl: *"Pessoa alguma é capaz de dizer o que é este propósito. Cada um deve descobri-lo por si mesmo, e aceitar a responsabilidade que sua resposta implica."*

Concordo. Suspeito de que a maioria de nós sabe qual é o nosso propósito. Há muito tempo sonhamos em realizá-lo. Nosso problema está na parte final do negócio: aceitar a responsabilidade que nossa resposta implica. Será que podemos dominar nossos Tigres e ousar tentar alcançar aquilo que sonhamos e suspeitamos de que seremos capazes de conseguir — bem como aceitar a responsabilidade que nossa resposta implica? Há tanto tempo consideramos essa coisa impossível, seja por causa do medo e do desconforto de enfrentar essas responsabilidades ou do esforço envolvido, que muitas vezes esquecemos qual é o nosso propósito.

Quando você pensa no que acarretaria enfrentar essas responsabilidades — o porto aparentemente seguro que você teria de deixar, o compromisso de ser verdadeiro consigo mesmo, apesar da interferência do Tigre, e de se expressar no trabalho — não é por isso que achamos tão inspiradoras as histórias de pessoas que continuaram em frente, apesar do risco de ficarem mais pobres, e finalmente conseguiram alcançar seus sonhos? Contamos as histórias a nossos filhos, mas é raro nos arriscarmos a tentar imitá-las. Os exemplos de Madre Teresa ou Martin Luther King não são complexos em seguir. São "simplesmente" corajosos. Uma falta de capacidade não nos impede; o Tigre, sim.

Então vamos dar uma olhada no estabelecimento de nosso destino, em termos gerais. Ao considerar seu destino, tenha em mente que o Tigre tem um impacto sobre suas aspirações de três maneiras:

- O que você tem como objetivo.
- Como você planeja chegar lá.
- A execução de seu plano no dia a dia.

Enquanto lê isso, o Tigre estará começando a trabalhar na primeira parte — o que você decide que é seu objetivo. Ele vai querer reduzir sua ambição e, portanto, diminuir seu risco. Ele vai reduzir a ousadia de seu plano — aumentando as chances de fracasso, e no momento que você arriscar executar o plano, ele tentará sabotá-lo. As Dez Regras ajudam em todas as três etapas, aumentando sua consciência e lhe dando as ferramentas para combater a interferência do Tigre.

126 | VENÇA O TIGRE

Aqui estão alguns indicadores para encontrar seu objetivo. Lembre-se, não vou dizer a você como encontrar seu caminho. Não posso fazer isso e não acredito que alguém possa, portanto seria desonesto de minha parte prometer o contrário.

Indicadores para estabelecer objetivos livres do Tigre

1. O LUGAR AONDE VOCÊ QUER CHEGAR NÃO PRECISA SER "TRADICIONAL"

Ficar em grupo não é garantia alguma de segurança (regra 6). A posição que você está trabalhando diariamente para alcançar pode ser desde uma fabulosa conquista pública até o ganho de riqueza material, passando pela criação de um hábito novo e permanente, como: "Eu faço as pessoas sorrirem quando as encontro.", ou "Eu recuso todos os encontros que são uma perda de tempo.", "Eu ajo com amor no mundo, e não na defensiva." Todos esses são clímaces que valem a pena para cada capítulo de sua história, e todos envolvem domar um Tigre e mudar seu mundo e sua história para melhor. Todos o ajudarão a acordar e descobrir seu verdadeiro propósito.

2. VOCÊ NÃO PRECISA VIAJAR PARA LONGE PARA ENCONTRAR E ENFRENTAR O TIGRE E SE TORNAR LIVRE

Muita gente acha que, para domar um Tigre no trabalho, é preciso largar o emprego e encontrar outro, ou abrir seu próprio negócio. Você não precisa fazer isso. Seu Tigre não é causado por seu trabalho. Ele está dentro de você. As circunstâncias de seu trabalho — ou melhor, a percepção dessas circunstâncias e a maneira subsequente como as tratamos — apenas o provocam.

Você alguma vez já saiu de férias se sentindo desanimado, na esperança de se divertir em uma praia, apenas para descobrir que ainda se sentia do mesmo jeito ao chegar lá? O problema foi junto. Precisamos domar o Tigre *antes* de ir em frente — e não *por* estarmos indo. O rugido é mais alto quando ao tentar endireitar o que já está com você.

De maneira semelhante, não é preciso ter como objetivo subir uma montanha alta no trabalho ou fora dele. Comece pequeno, interrompa padrões, seja ouvido e entre na integridade. Leve 100% de você para trabalhar. Aproveite!

Pensar com cuidado em uma conversa honesta e madura com seu chefe sobre o que tem em mente, e buscar a opinião dele sobre suas ideias para melhorar as coisas, pode ser um bom ponto de partida para domar seu Tigre.

3. Tudo que é alcançado foi primeiro imaginado

Agora pense por um momento em algo que você fez — qualquer coisa, desde passar em um teste difícil até montar um cavalo ou cuidar do jardim.

Você imaginou isso primeiro.

Você pode não ter se sentado em um quarto escuro com uma música suave e pintado o resultado em sua mente, mas criou a possibilidade de passar no teste, de montar o cavalo ou de melhorar o jardim. Isso não existia, mas você pensou nisso como uma possibilidade.

128 | VENÇA O TIGRE

Portanto, imaginou isso.

Pense em um arquiteto. Quando trabalham, os arquitetos vão para um nível de imaginação totalmente novo. Eles têm clientes que precisam entender, projetistas que devem aprovar, construtores que necessitam de suas instruções para executá-las. Portanto, levam a imaginação para uma realidade bidimensional, desenhando o que está em suas mentes. Depois, eles a trazem para um modelo tridimensional. E então, um dia, veremos a construção concluída e vamos suspirar (de horror ou de prazer).

Para alguns, essa imaginação se tornou um objetivo que eles ansiavam realizar. Para outros, tornou-se realidade. A possibilidade imaginada pôde se materializar porque eles, pessoalmente, tiveram a responsabilidade de lhe dar vida.

Não devemos subestimar a importância da imaginação, nem a facilidade com que ela pode ser esmagada quando "especialistas" nos dizem para "cair na real", ou quando enfrentamos o desafio sozinhos e começamos a "cair na real" em relação ao tamanho da tarefa.

Use sua imaginação. Faça uma longa caminhada por uma área rural. Dedique algum tempo para imaginar e então decidir sobre o futuro que você criará. Aproveite. É a sua história.

4. CONFIE EM SI MESMO

Conforme escrevi acima, você muito provavelmente sabe qual é seu objetivo. Tire algum tempo para refletir sobre isso, para ouvir a si mesmo e para notar quando é motivado a "se afastar de" coisas que teme no esforço por seu objetivo. Note quando o Tigre ataca as ideias que lhe atraem. Pergunte por quê. É o Livro de Regras lhe dizendo que isso não é para pessoas como você? É o Livro de Regras avançando o DVD e mostrando o desastre "certo" que lhe aguarda?

A batalha com o Tigre começou.

Outra ideia importante para a confiança em si mesmo é estar aberto a pequenas aleatoriedades. Às vezes, vemos uma nova pedra para pisar em nossa travessia pela água e ela nos atrai. Esta pode não ser a rota mais direta, mas mesmo assim nos atrai. Pense em confiar na pedra a ser pisada. Permita que a aleatoriedade lhe chame de vez em quando — mesmo que você acabe decidindo não responder.

Todas as aventuras que me levaram a crescer pareciam aleatórias e "tolas" para outras pessoas, de início. Quem é que passa um ano trabalhando em sua carreira e tendo, ao mesmo tempo, a imposição de se tornar um jóquei? Quem é que tira folgas não remuneradas para bater um recorde de mergulho livre? Quem é que deixa a carreira de direito depois de dez anos? Não estou dizendo que estas foram as melhores decisões que eu poderia ter tomado. Podem não ser decisões sábias de acordo com a "sabedoria convencional". Mas foram decisões minhas, e não de meu Tigre. Não me arrependo nem um pouco. Se não as tivesse tomado, não teria escrito a minha história — teria escrito a história que eu e outros esperávamos de "alguém como eu". Foram também algumas das melhores decisões que já tomei e me levaram a acordar e crescer.

Olhando para frente, as pedras indiretas a serem pisadas podem não fazer um sentido lógico, racional. Olhando para *trás*, podem fazer todo o sentido. As decisões ligeiramente inesperadas, não lineares, com frequência levam a um lugar realmente incrível.

Pode ser que continuemos sendo lineares e evitando a aleatoriedade por causa do rugido do Tigre.

130 | VENÇA O TIGRE

"Mas eu não tenho tempo para tentar algo que não tenha garantias." "Mas, e se der errado?" "Mas ninguém toma esse caminho — arriscar-se não é algo bem visto." Sim. É um risco. Mas, de novo, tudo pode dar errado se você ficar parado — e o caminho não linear pode dar a você ou a seu negócio uma perspectiva muito melhor mais adiante, destacando-o de todos os produtos "eu também" criados em processos lineares.

E se isso deu certo e transformou você?

Confie em si mesmo.

5. Estabeleça objetivos EMARC [sic]

O trabalho feito por Sir John Whitmore, presidente executivo da Performance Consultants, nos deu muitos dos princípios do *coaching* moderno. Você pode ler isto em seu livro *Coaching para performance*.

Há apenas uma área em que discordo da visão de Whitmore. Eu não acho que os objetivos devam seguir sempre os princípios EMARC. Um objetivo EMARC é:

Específico
Mensurável
Alcançável
Realista
Com prazo determinado

Na minha experiência, somos incapazes de definir o que é realista para nós mesmos, e ninguém é capaz de nos aconselhar. Entender o que significa "realista" depende de uma ou de uma mistura dessas três coisas:

- O que eu penso que é realista.
- O que meus amigos, colegas ou assessores pensam que é realista.
- O que a história sugere que é realista.

Eu não confio em nenhum desses princípios para definir o que é "realista" para mim e para minha história. Você confia?

Não estou sugerindo que "você pode fazer qualquer coisa". Nem você nem eu podemos. Mas quase todo mundo com quem compartilhei a ideia da corrida de cavalos ou do mergulho livre me disse que eram impossíveis. Se eu perguntasse a um consultor se eu conseguiria formar e dirigir o grupo *Vença o Tigre* da maneira como fiz (e ainda faço), tenho certeza de que ele me diria que não seria possível. Não há nada de realista nisso, teoricamente. Mas tudo foi imaginado e depois tudo foi criado.

Se os objetivos dos clientes do *Vença o Tigre* sempre *parecessem* realistas no início, faltariam a eles alguns extraordinários saltos para frente. Acontece que eles eram *completamente* realistas — mas ninguém os teria aconselhado no início.

Existe um grande risco, porém, quando você retira a palavra realista. Pode acabar ficado decepcionado — ou estabelecendo objetivos que não seja capaz de alcançar por motivos que estão além de seu controle. Algumas pessoas não têm voz para se tornarem *pop stars* — seria completamente irrealista para elas seguir esse caminho. Para evitar essa decepção sem ignorar completamente o resultado de seu sonho, tente ter um objetivo grande, mas estabelecer passos pequenos, alcançáveis, realistas para chegar até ele. Ponha sua escada de mão junto à parede que deseja escalar, mas tenha por meta subir um degrau de cada vez para testar a si mesmo. Se não conseguir vencer o primeiro degrau, pode ser que seja necessário reposicionar a escada.

Vou repetir: existe uma filosofia "você pode realizar seus sonhos, quaisquer que sejam eles" que não é saudável e que está sendo vendida às pessoas. Ela não faz parte do *Vença o Tigre*, e não a considero verdadeira.

6. Use a roda "Por que não?"

A ferramenta favorita do *Vença o Tigre* para explorar o que é "realista" — ou melhor, se um objetivo tem chances de ser alcançado — é a nossa roda "Por que não?". Você pode baixá-la e assistir ao vídeo que o orienta a usá-la no Taming Tigers campus, em tamingtigers.com.

A roda "Por que não?" é um diagrama de uma roda de raios. Você escreve do lado de fora de cada raio uma coisa que precisa realizar para alcançar seu objetivo, ou para subir o primeiro degrau da escada. Depois de fazer isso e de ter um conjunto de coisas do lado de fora de sua roda, você dá a si mesmo uma pontuação de um a dez que reflita sua posição atual em relação àquilo que almeja realizar. Em seguida, marca seus pontos no raio correspondente a cada tarefa. Dez é a margem de fora da roda e zero é o meio, o eixo. Depois de fazer isso, desenhe uma linha juntando os pontos marcados nos raios. A linha circulará pela parte interna da roda e terá uma aparência bastante irregular — como uma teia de aranha danificada.

Em minha roda de jóquei, no início, marquei assim:

Tarefa a ser realizada	Pontuação atual
Morar em Lambourn	0
Ser capaz de montar um cavalo de corrida	0
Perder dois quilos	0
Ser capaz de correr 6,5 quilômetros em 40 minutos	2 (eu conseguia caminhar)
Entender como as corridas de cavalo funcionam	0
Conseguir uma permissão para correr sob as regras do Jockey Club	0
Ser forte o bastante para correr "páreos" inteiros no *equicisor**	0
Tempo livre na agenda para andar a cavalo e ter aulas de equitação	1

Depois de fazer sua roda "Por que não?", você precisa ver a tarefa que tem pela frente. Pode sombrear o espaço onde já tem pontos e deixar o restante — entre seus pontos e a área "dez" — sem sombreado. Esta é a área na qual terá que progredir — *se decidir se comprometer com o objetivo.* Lembre-se, nessa etapa você está apenas se perguntando "Por que não?"

Agora que é possível ver o que resta para ser feito — sem ter se comprometido nessa etapa — você pode tomar uma decisão. A pergunta importante é:

Existe alguma coisa a ser feita para aumentar esses pontos que eu acho que não consigo ou não quero fazer?

---

*O *equicisor* é uma máquina na qual os jóqueis ganham força e resistência. (N. do A.)

134 | VENÇA O TIGRE

No caso da roda da corrida de cavalo que fiz com os pontos acima, avaliei que podia chegar a dez em todos os elementos com dedicação e disciplina suficientes. Portanto, eu podia fazer se quisesse. E eu queria. Se no lado de fora da roda tivesse que escrever "conseguir fazer enterradas no basquete", e em seguida "em 5 minutos e 7 segundos", provavelmente eu teria de admitir que havia um bom motivo "por que não".

Um objetivo pode não parecer realista quando você diz em voz alta; ou quando o põe à prova entre colegas da equipe. Experimente, porém, a roda "Por que não?" antes de decidir abandoná-lo. Pode ser que mude de ideia.

7. LEMBRE-SE QUE ALGUÉM ESTÁ ESCREVENDO A HISTÓRIA QUE ACONTECE NESTE MOMENTO

Sua história até hoje é formada pela soma de suas escolhas, suas decisões para agir ou deixar de agir. Ou a caneta está escrevendo com propósito ou está rabiscando. Se está rabiscando, não há qualquer necessidade de enfrentar o Tigre em etapa alguma. Por que você iria lutar com ele sem motivo algum? Isso significa que o Tigre está escrevendo sua história. Só pode ser. Não enfrentamos o Tigre sem uma motivação para isso. Boa sorte quando nos encontrarmos na casa de repouso, meu amigo — isso será memorável para os netos!

8. EU SEI QUE VOCÊ NÃO TEM TEMPO

Ninguém tem. Essa é a resposta mais comum a uma introdução para domar o Tigre. Passei por salas inteiras cheias de vendedores que não estão atingindo suas metas, quase todos gritando que "não têm tempo" para criar o plano ou praticá-lo, para consertar o desastre que estão tão "ocupados" em criar. Por favor, leia as regras 2, 8 e 1, nessa ordem, se você crê que "não tem tempo". Se realmente não acredita, jogue fora a muleta hoje.

Seguindo na sua nova e inspirada direção — todos os dias

Há uma segunda parte na regra 3. Você é solicitado a seguir na direção aonde quer chegar *todos os dias*. Esta é uma grande área em que a maioria dos programas de mudança corporativa começa a dar errado. É onde os objetivos pessoais começam a afundar. A realidade do trabalho diário se interpõe no caminho. Leia alguns estudos de casos neste livro, porém, e leia as outras Dez Regras, particularmente a regra 8. Elas ajudarão você a se manter no caminho e alcançar seu propósito. É possível. Histórias de sucesso estão à nossa volta, as histórias de pessoas comuns com um "porquê" forte o bastante para criar a força para o "o que" sobreviver. Você vai acrescentar sua história a essa lista inspiradora?

Pondo o plano em prática

Eis alguns passos firmes, práticos, para ajudá-lo a criar um plano poderoso, para incentivá-lo a domar seu Tigre quando ele rugir, e que levarão você, todos os dias, na direção aonde quer chegar.

Passo 1: procure o que o desanima

Olhe com cuidado, pense com cuidado, imagine com cuidado. O que realmente fará esse projeto parar? Para mim, com o plano da corrida de cavalo, não teria problemas com cavalos ou peso. Seria ter que passar cinquenta horas por semana trabalhando para ganhar o pão de cada dia, 18 horas por semana indo e voltando de carro para estrebarias em

136 | VENÇA O TIGRE

Lambourn, 18 horas por semana sentado sobre cavalos de corrida e seis horas por semana correndo. A matemática não funcionava. Se eu não lidasse com isso, não faria sentido começar o projeto. Esse foi um ponto de partida fascinante para mim. Ainda estava preso à ideia de que a falta de habilidade para montar um cavalo seria um obstáculo. Meus treinadores, Gee Armytage e Michael Caulfield, não tinham preocupação alguma quanto a isso. Temiam que eu não tivesse tempo nem mesmo para chegar às aulas. *E estavam certos.*

Então, caia na real. Caia na real desse processo de planejamento e comece a verificar o que vai desanimá-lo. É o deslocamento? É a falta de apoio de sua família? É como você encaixa isso em sua carga de trabalho diária — é necessário delegar? É ter a aprovação do chefe ou obter financiamento? Tem que recrutar ou treinar novas habilidades? Estes não são motivos para desistir. São coisas com as quais você precisará lidar logo. Ponha-as no plano agora antes de pôr a parte que mais o atrai lá.

PASSO 2: USE AS REGRAS PARA VENCER O TIGRE

Você encontrará as respostas sobre como lidar com as questões apresentadas acima dentro deste livro. Elas podem não ser óbvias — você terá que pensar — mas estão aí. Você as encontrará dentro deste livro porque enfrentei questões semelhantes no caminho para o hipódromo ou para bater o recorde britânico de mergulho livre, ou porque os grandes domadores de Tigres cujas histórias são contadas neste livro as confrontaram para alcançar seus objetivos. Tudo o que você lê sobre isso nestas páginas foi escrito por praticantes, não por teóricos ou pessoas que ganham a vida escrevendo "livros persuasivos". Pode depender do que está sendo dito aqui, pode confiar nisso e pode adaptar o que lê ao seu mundo.

Passo 3: escreva sua disciplina

Você precisará pôr em ordem certas coisas que fará todos os dias — seus novos princípios e sua nova disciplina — para conseguir alcançar um novo objetivo estimulante. Eu percebi que isso era tão importante para o ano da corrida que se tornou a regra 9 — havia apenas oito regras quando fiz a aposta (a regra 10 foi o segundo acréscimo).

Passo 4: escreva o "porquê"

Por que está fazendo isso? Do que você vai se livrar? Quando estiver lá, concentrado, pensando em trapacear na disciplina ou em desistir completamente do projeto, qual é o grande motivo que poderá ver em sua mente para incentivá-lo a permanecer no caminho? Preste atenção, isso não é "o que" você está fazendo — isso é óbvio e também insuficiente para sustentá-lo. POR QUE você está fazendo isso? Qual é seu ganho? Como sua vida será diferente?

Passo 5: ponha tudo em sua agenda
e proteja esses registros

Seu plano não faz sentido em uma folha de papel qualquer. Ele precisa estar em sua agenda, e os elementos desse plano precisam ser os *registros menos alteráveis* que você faz nela. Ali você está escrevendo a história de sua vida, escrevendo o próximo capítulo. Ali você tomou de volta a caneta do Tigre.

138 | VENÇA O TIGRE

Não deixe que um encontro com um cliente elimine um pedacinho sequer de sua agenda. Elimine alguma outra coisa para encontrar esse cliente — ou delegue. Ponha na agenda o seu planejamento e também seu tempo para pensar.

PASSO 6: DECIDA SOBRE SUA AÇÃO OUSADA

O último passo (se você já não concluiu isso depois do desafio apresentado na regra 1) é planejar sua ação ousada para hoje e começá-la.

Você precisa interromper suas atitudes automáticas e hábitos e começar.

O ideal é que essa ação ousada envolva outra pessoa, porque é aí que os Tigres são domados. A ação ousada não é ir à livraria. É telefonar para alguém que pode ajudá-lo e anunciar sua intenção a essa pessoa, ou sentar-se com o seu parceiro ou sua parceira e dizer o que você gostaria de alcançar e qual é seu plano para chegar lá e pedir apoio. Isso o ajudará a consolidar tanto seu plano quanto a determinação para segui-lo.

Você saberá qual é a ação ousada que deve tomar porque é a coisa que menos quer fazer e o que mais provavelmente o levará até seu objetivo. Faça isso hoje se possível ou, se já é tarde da noite, amanhã de manhã antes das dez horas.

PASSO 7: TRABALHE COM OUTRAS PESSOAS

Isso não pode ser feito sozinho. Pouca coisa de valor pode. Voltaremos a esse tópico em detalhes muito em breve, já que a regra 5 é dedicada a esse imperativo.

Passo 8: pare de ler e faça alguma coisa

Agora!

A regra 3 e o plano para chegar à pista de corrida

"Deixe a parte da corrida para mim", instruiu-me Gee quando começamos. "Tudo o que tem que fazer é o que eu pedir para você fazer esta semana." Então é fácil, pensei...

Acredito que a sorte pode às vezes ter o seu papel na vida, mas não vou dar a ela o crédito pelo fato de ter tido Michael Caulfield e Gee Armytage para trabalhar comigo na criação de um plano para chegar à pista de corrida. Esse crédito vai para as regras 1 e 5 das Dez Regras para *Vença o Tigre* e para o fato de que as pessoas, em geral, são ótimas. Trabalhar com Gee e Michael significou que eu pude pôr em prática um plano com o qual eu podia lidar.

Gee e Michael foram capazes de decompor as tarefas envolvidas. Por quê? Porque sabiam o que eram essas tarefas, e eu não (veja a regra 5). Michael é um bom cavaleiro e trabalhou muitos anos em corridas, mas deixou que Gee assumisse a liderança sobre equitação, dieta e exercícios. O que mais poderia haver, você pode se perguntar. Bem, havia uma série de coisas que eu nunca percebera que existiam e que tornariam o plano um fracasso desde o primeiro dia se não fossem tratadas. Especialmente o fato de que eu precisava pagar a prestação da casa e todas as outras contas, e estava a um passo de introduzir uma atividade nova e enorme em minha semana de trabalho. Em segundo lugar, na época eu morava em East Sheen, no sudoeste de Londres. Ir de carro até Lambourn para começar às 6 horas provaria ser

140 | VENÇA O TIGRE

algo bastante difícil. Uma semana depois, meu desempenho no trabalho caía às 14 horas, todos os dias.

O bom de ter um senso de propósito — o que descobri quando apertei a mão de Gee em Lambourn, naquela primeira noite — é que depois que os passos são decididos, é possível agir com determinação para fazê-los acontecer. Você tem clareza. Então, quando eu estava no chalé de Michael, perto de Lambourn, trabalhamos os passos práticos que eu precisaria dar logo para o projeto ter alguma chance de sucesso. O primeiro foi me mudar para Lambourn. O segundo foi transformar o modo como eu organizava meu trabalho em um processo extremamente otimizado.

Quando estou falando no palco, não tenho tempo para incluir todos esses pequenos detalhes, portanto é sempre frustrante me ver falando com as pessoas depois e perceber que elas ficaram com a impressão de que tirei um ano sabático para fazer isso e aquilo; portanto, é claro que a vida é diferente para elas já que nunca seriam capazes de tirar um tempo livre. Isso não foi um luxo que tive ou queria ter tido. Eu amo meu trabalho.

Michael destacou as coisas que poderiam dificultar e acabar com o projeto muito antes que qualquer queda de cavalo acontecesse no caminho. O encontro também me deu passos administráveis. De repente, eu não tinha que temer chegar à pista de corrida. Gee, Michael e Tina Fletcher eram especialistas e acharam que valia a pena tentar. E *eles* haviam ditado quais deveriam ser meus primeiros passos. As regras 1, 3 e 5 envolviam trabalhar juntos aqui, e juntos eles estavam mudando meu Livro de Regras e fazendo o sucesso parecer possível.

Meu plano, combinado com Gee e Michael naqueles primeiros dias, era:

1. Conversar com Meregan e Charles Norwood sobre o chalé deles, que poderia estar disponível para aluguel.

Duas semanas depois, eu havia deixado minha propriedade em East Sheen e me mudado para o chalé. Charles e Meregan me receberam muito bem em uma terra nova e estranha e sempre serei grato a eles por isso.

2. Criar um plano para otimizar meu trabalho a fim de sobrar mais tempo.

Esse plano está em prática ainda hoje, e afetou profundamente o modo como dirijo meu negócio. Costumava passar 34% de meu tempo viajando para encontros sobre vendas ou participando deles. Tempo perdido. Essa conversa me forçou a imaginar uma maneira diferente de trabalhar, fazendo uma parceria com outras empresas para que elas cuidassem da parte de vendas, que é como trabalhamos até hoje. Retirei todos os encontros especulativos de minha agenda e os substituí por trabalho produtivo. Minha sessão de planejamento com Michael permitiu diminuir minhas horas de trabalho e aumentar minha renda.

3. Ir à loja de Candy e Billy Morris no sábado de manhã para comprar equipamentos.

Candy e Billy se tornaram amigos e acabamos sendo vizinhos, morando na mesma vila, East Garton. Candy me apresentou a seu irmão, Gary Moore, o único treinador de Brighton que me deu uma chance de montar na pista, em uma corrida beneficente, sobre um cavalo chamado Theatre of Life, no qual treinei durante o ano de 2007.

142 | VENÇA O TIGRE

4. Assistir ao trabalho de Martin Bosley nos galopes.

Martin Bosley, ex-jóquei de provas de saltos e excelente treinador de cavalos de corrida, e sua mulher, a ex-jóquei Sarah Bosley, não apenas se tornaram e continuam sendo amigos, como seus pacientes ensinamentos, conselhos e incentivos tiveram um papel enorme, ajudando-me a vencer a aposta. Três curtas semanas depois desse encontro e da primeira lição com Tina, Martin me deixou participar dos galopes montando Franklin Lakes, um belo cavalo de corrida plenamente treinado, com Sarah atrás gritando conselhos em tempo real — e alto! Frankie fez tudo sozinho — mas eu estava no mundo das corridas de cavalo, e aprendendo rápido.

5. Ter uma aula de equitação com Tina Fletcher.

Tina Fletcher é uma das principais participantes britânicas de provas de saltos internacionais e uma treinadora de nível olímpico. Em 2011, tornou-se a primeira mulher em 38 anos a vencer o prestigiado Hickstead Derby. Como eu consegui uma aula de equitação com Tina? Não foi por talento ou dinheiro, devo dizer. Acho que, depois de me ver tentando andar a cavalo, Gee telefonou para uma de suas amigas mais antigas e disse "Você precisa ver isso!". Depois de ver o tamanho do desafio, acho que Tina não conseguiu resistir.

Assim fomos nós, dia após dia, semana após semana, desafio após desafio, em direção ao lugar aonde queríamos chegar. Mais ou menos uma semana antes de eu achar que estava pronto para avançar, Gee apresentava o desafio seguinte. Cada semana tinha um objetivo, cada dia tinha uma meta. Clareza era vital, o progresso encorajava e a construção de confiança e o senso de propósito eram estimulantes. O Tigre não teve a menor chance.

Você está escrevendo a história de sua vida. Qual é o capítulo que você vai se comprometer a escrever em seguida?

Um senso de propósito inspirado: o "porquê", néctar para a alma humana

O maior efeito que as apresentações e seminários do *Vença o Tigre* pelo mundo têm tido é ajudar as pessoas a descobrir ou redescobrir seu senso de propósito. As regras têm feito o mesmo por mim ao longo da última década. Identificando o Tigre e como domá-lo, você também pode descobrir que está livre para escrever a história que quer para si mesmo, sua família, seus colegas e seus negócios.

Você conheceu pessoas com um senso de propósito inspirado. Talvez tenha sido essa pessoa ou seja hoje. Sabe o brilho que irradia de alguém que tem propósito. Viu o otimismo em seus olhos, se admirou com sua capacidade de tomar decisões claras baseadas em um fundamentos sólidos. Você talvez a tenha considerado "corajosa" porque ela se dispunha a lidar com Tigres para ir adiante. Provavelmente se referiu a ela como "inspiradora" ou "um sopro de ar fresco".

Essas pessoas "inspiradoras" existem em todos os formatos e tamanhos. Alguém de 65 anos que de repente decide enfrentar o rugido do Tigre e aprender a dirigir um carro para participar ativamente da vida de seus netos. Um professor modesto que discretamente dedicou quatro décadas de sua vida a disseminar a paixão pela literatura em uma escola local. O homem que vai para a prisão em

144 | VENÇA O TIGRE

1964 declarando sua disposição para morrer pela causa de uma "sociedade democrática e livre em que todas as pessoas vivam juntas em harmonia" e repete essa mesma intenção no momento em que ressurge no mundo, em 1990.

Todas elas têm um senso de propósito e são lembradas por isso; nós as amamos por isso. Elas nos inspiram. Elas nos mudam e modificam nossos mundos.

O senso de propósito dá um novo sentido às nossas vidas e a cada amanhecer. Impulsiona nossas decisões e nos oferece motivos para sermos corajosos e firmes quando o momento nos desafia de repente e de forma inesperada e nossa determinação oscila.

Agir de acordo com nosso senso de propósito nos põe diante da última tábua das regras da integridade. Agir de acordo com a regra 3 hoje lhe trará um dia inteiro mais perto das coisas que você quer alcançar.

É a sua vez.

Coisas que o Tigre quer que você esqueça sobre a regra 3

Regra 3: Siga na direção aonde você quer chegar — todos os dias

É maravilhoso, e saudável, ter um senso de propósito inspirado. Isso permite a você enfrentar desafios e crescer.

Ou somos motivados a nos afastar de alguma coisa ou somos instigados a alguma coisa. A segunda opção é um estado saudável e inspirador para se cultivar.

Ninguém pode estabelecer seu objetivo para você — você precisa encontrá-lo. Se está confuso, comece com um objetivo pequeno, e a experiência de alcançá-lo aumentará sua autoconsciência e a probabilidade de encontrar seu propósito.

Dicas para estabelecer seu objetivo:

- Não precisa ser algo "tradicional".
- Tudo bem começar no nível local, você não precisa ter um enorme objetivo que desestabilizará a vida.
- Tudo que é alcançado foi primeiro imaginado — dê a si mesmo tempo para refletir e imaginar.
- Ouça e confie em si mesmo.
- Estabeleça objetivos EMAC.
- Use a roda "Por que não?".
- "Ninguém tem tempo", aparentemente — mas algumas pessoas conseguem. O que isso lhe diz?

Como permanecer no caminho do sucesso em seu objetivo — todos os dias:

- Procure o que lhe desanimará — planeje-se para isso.
- Use as Dez Regras — elas funcionam.
- Escreva sua disciplina (regra 9).
- Conheça seu "por que" — e lembre-se dele.
- Ponha seu plano na agenda e proteja esses registros — eles são a sua história.
- Trabalhe com outras pessoas (regra 5).
- Decida sobre sua ação ousada e faça-a.

Agora conecte-se ao site tamingtigers.com e assista ao filme intitulado *The "Why Not" Wheel.*

Estudo de caso 3:
Tenente Dennis Narlock

Assim como muita gente, conheci Jim quando ele estava dando uma palestra em uma conferência. No meu caso, foi em Londres, em abril de 2009. O universo estava realmente se alinhando naquele momento, porque quase faltei à sessão para ir ao pub tomar uma cerveja. Em vez disso, acompanhei até o fim uma sessão que me encheu de energia e mudou minha vida para melhor nos últimos dois anos. Apanhei um livro, conversei por alguns instantes com Jim e embarquei em uma viagem para vencer meus Tigres. Tive grande sucesso utilizando as regras em minha vida diária. As mais importantes para mim foram a regra 1 e a regra 5. Na verdade, fazer a ação ousada foi o que me levou a acessar muitas das ferramentas que estavam à minha volta.

Nos primeiros meses de 2010, assumi o cargo de diretor de qualidade de uma organização com mais de trezentos técnicos que realizavam manutenção programada e reparos não planejados em apoio à indústria da aviação. Pouco depois de me instalar no escritório e conhecer a equipe de inspetores de qualidade que trabalharia comigo, houve uma examinação para avaliar nosso desempenho em diversos programas reguladores. Recebemos um índice de conformidade de 43%. Nossa inspeção seguinte seria apenas cinco meses depois.

Enfrentando pressão de níveis superiores da organização para melhorar radicalmente nosso índice de conformidade e incentivado por meu sucesso pessoal, mais uma vez recorri ao *Vença o Tigre* e às Dez Regras para melhorar o índice.

O desafio que enfrentei foi que eu não era Jim; não tinha uma história convincente para ilustrar as Dez Regras, nem carisma para falar em público e energizar a equipe. A essa altura, devo admitir que deixei que os Tigres assumissem o controle nessas primeiras semanas de trabalho. Então, recebi a primeira postagem do site na internet. Examinando as regras, notei que eu havia me deixado ficar paralisado pelo medo da rejeição. "E se minha equipe não suportasse o caminho pelo qual eu a estava conduzindo?" Quando analisei as Dez Regras, entendi que precisava realizar aquela ação ousada e fazer algo assustador.

Comecei a encaminhar as postagens de Jim à minha equipe e a falar sobre as regras nas reuniões com a equipe de manhã e à tarde. Isso me permitiu relacionar nossa situação às Dez Regras e interpor minhas experiências pessoais. De início, pouca coisa pareceu resultar desses e-mails e discussões, mas isso mudou uma semana depois de iniciado o processo, quando meu gerente de qualidade, Joe, procurou-me e quis discutir as Dez Regras. Eu lhe dei meu livro e ele o devolveu alguns dias depois, afirmando que comprara um para si. Eu já não era um contra muitos; em vez disso, havia um núcleo na equipe disposto a mostrar o caminho para o sucesso.

Compartilhar as postagens tornou-se uma boa rotina e, conforme o tempo passou, comecei a acrescentar minha própria interpretação do que Jim escrevia. Eu conseguia relacionar cada uma delas aos nossos desafios na área de qualidade na época. Ao fim dos primeiros trinta dias no cargo, quatro dos 12 inspetores de qualidade haviam lido o livro, todos os 12 liam e discutiam rotineiramente as postagens encaminhadas e estávamos discutindo nossos Tigres nas reuniões matinais

148 | VENÇA O TIGRE

e vespertinas. A equipe se unira em torno das Dez Regras e senti que estava pronto para começar a aplicá-las em nossa preparação para a inspeção que viria, agora dentro de apenas quatro meses. Eu e Joe passamos alguns dias formulando um plano de ação que, imbuído das Dez Regras, levaria ao sucesso. Embora todas as regras tenham sido utilizadas, as regras 8, 3, 9 e 10 formariam o caminho conforme nos aproximávamos da inspeção.

"Entenda e controle seu tempo para criar a mudança." (regra 8) serviu como ponto de partida: tínhamos uma margem de tempo para a realização da inspeção. Organizamos os critérios que seriam avaliados e os resultados da inspeção anterior. Para comunicar onde estávamos e o que precisava ser feito, foi criado um gráfico que retratava a situação dos programas, qual inspetor era responsável por cada um e o tempo que faltava para a inspeção. A ajuda visual era exibida claramente no escritório e o tempo que restava para criar a mudança era comunicado a todos na organização.

"Siga na direção aonde você quer chegar — todos os dias." Depois de toda a equipe adquirir uma compreensão segura da regra 8, era hora de avançar, mas para qual finalidade? Precisamos começar com o destino em mente e estabelecer com clareza nosso objetivo. Em vez de apontar qual seria esse objetivo, eu e Joe pedimos recomendações a cada um dos doze inspetores. Suas sugestões eram de que 80% a 90% dos programas fossem avaliados como estando em conformidade. Isso foi excelente, porque abriu a porta para uma intensa discussão de equipe sobre se era bom ou não decidir que uma falha de até 20% em nossos programas era aceitável. A segunda parte da discussão foi se era aceitável ou não permitir que programas que afetavam a segurança de funcionários e aeronaves fossem avaliados como não estando em conformidade. O resultado final foi que, como éramos a força impulsora por trás da qualidade, não podíamos aceitar que programa algum fosse avaliado como não estando em conformidade. A direção que escolhemos foi chegar a 100% de conformidade. Isso foi expresso em uma declaração de missão da equipe exibida com orgulho na mesa de cada pessoa no escritório. Essa declaração lembraria a cada um de nós nosso propósito e a direção que estávamos seguindo. E transformou a regra 3 em nossa bússola para os meses seguintes. Quando combinamos a regra 3 à 8, tivemos tanto direção quanto progresso.

"Crie disciplina e faça o básico de forma brilhante." Cada programa é avaliado por meio de uma lista abrangente de equipamentos, licenças e pontos de contato entre funcionários que chegavam a milhares. Para alcançar o objetivo que a equipe estabelecera, uma abordagem metódica foi aplicada para avaliar cada programa. Foi nesse momento que eu e Joe começamos a discutir com nossa equipe o básico do dia a dia. Em vez de exercitar o método padrão de direcionar aqueles que lideramos dando a eles o básico, utilizamos as ferramentas que estavam à nossa volta; desafiamos os 12 membros da equipe a desenvolver os conceitos básicos que orientariam nossas tarefas diárias. Três curtos dias depois, a equipe apresentou seus conceitos básicos para aprovação. Eles eram:

150 | VENÇA O TIGRE

- seja pontual;
- esteja preparado;
- seja proativo, não reativo;
- seja flexível;
- apoie;
- ajude seus colegas de equipe;
- comunique;
- cumpra suas intenções;
- não hesite em convocar uma reunião;
- obtenha as expectativas dos clientes;
- planeje tarefas com antecedência;
- tenha a cabeça aberta;
- divida a carga de trabalho;
- não lidere apenas — delegue poder.

A equipe chegou a um consenso ao recomendar os conceitos básicos; foi capaz de definir cada um deles e eu dei meu total apoio para que fossem adotados. Eles foram adicionados às declarações de missão na mesa de cada pessoa. Minha promessa a cada uma delas foi de que as faria cumprir o básico. Combinar os efeitos dessas três regras fortaleceu a equipe; eles sabiam o objetivo, a direção e como iríamos alcançar o sucesso.

"Nunca, nunca desista." Como equipe, chegamos à regra final que aplicaríamos diariamente. Apoiávamos, dávamos força e conhecimento uns aos outros. Era como se todos fossem uma única entidade concentrada em alcançar o objetivo. Isso lhes deu a força para superar os Tigres que existiam dentro da organização — os outros membros que trabalhavam fora do escritório de qualidade. Nossa equipe era desafiada diariamente pelos colegas da linha de produção. Vencemos essa resistência com os pés firmemente fincados na base criada pelas Dez Regras. Quando a semana da inspeção chegou, estávamos cautelosamente confiantes e trabalhamos bem com a equipe de inspetores. Depois de cinco dias febris, os resultados foram apresentados. Havíamos alcançado 95% do índice de conformidade. Embora não tivéssemos alcançado nosso objetivo de 100%, nenhum programa que afetava a segurança de aeronaves e pessoal foi avaliado como não estando em conformidade. Superamos os resultados de organizações semelhantes avaliadas naquele ano. Havíamos domado muitos de nossos Tigres. Nos meses que se seguiram à inspeção, vários membros da equipe, inclusive eu e Joe, foram transferidos para outras áreas da organização. O novo desafio que cada um de nós enfrentaria seria melhorar o desempenho das novas equipes das quais estávamos encarregados.

Antes dessa experiência, eu não havia pensado em usar as Dez Regras como líder de uma organização ou de parte de uma. O que aprendi é que essas regras simples podem ser usadas para unir uma equipe, para estabelecer um método de interagir e de se relacionar com a organização como um todo e, por fim, para alcançar o sucesso!

Entender o Tigre,
Intervalo: entender a nós mesmos

Agora que você leu as regras de integridade, precisa conhecer melhor seu Tigre. Agora posso explicar isso um pouco mais a você do que quando nos conhecemos. Começarei aumentando sua consciência sobre o medo e o desconforto. Em seguida, tentarei convencê-lo de que essas coisas são atraentes, e não devem ser evitadas. Pode ser que briguemos um pouco no início, mas vamos nos dar bem depois. Por fim, examinaremos como sua percepção do medo e do desconforto cria o rugido do Tigre e dita a qualidade das decisões que você toma e, portanto, a qualidade da história que escreve.

"Viver com nós mesmos"

Quem são as duas pessoas envolvidas nessa afirmação? Há muitas teorias. Por hora, vamos considerá-las como sendo seu verdadeiro Eu e seu Tigre. Os dois com frequência entram em conflito. É necessário um equilíbrio entre eles para vivermos em harmonia com nós mesmos e no mundo. Em nossa era atual, tendemos a ter mais Tigre do que Eu ativo em nossas cabeças e em nossas tomadas de decisão. Deixe-me explicar:

Seu verdadeiro Eu é aquela parte do seu cérebro que tira seu valor de fontes internas. Ele lhe diz:

- Aja de acordo com seus valores pessoais.
- Desenvolva e siga seu senso de propósito pessoal.
- Tenha sentido em sua vida.
- Tenha ligações reais, autênticas, com os outros.
- Cresça — um senso de que você está evoluindo e avançando, e não está estagnado.

Já seu Tigre procura mais valor em fontes externas. O Tigre procura *garantir* que o básico da vida seja dado, em vez de confiar que você será capaz de fornecê-lo. Ele procura proteger seu "estoque" externo, reduzir qualquer risco para sua reputação ou status — o que eles pensam de mim e como posso "salvaguardar minha reputação"? Será que sou "aceitável", ou "necessário", ou devo comprometer meus valores e meu propósito para me tornar isso para essas pessoas?

Como regra prática, quanto mais ouvimos nosso Tigre, mais comprometemos nosso verdadeiro Eu e, portanto, nossa história. Repito: um equilíbrio dos dois é necessário para escrevermos nossas histórias de vida. É claro que precisamos considerar nossa segurança financeira. Existem, porém, aqueles que passam a vida inteira reverenciando pessoas que eles não respeitam para ter isso. Seu principal objetivo e sentido na vida profissional é proteger essa segurança.

154 | VENÇA O TIGRE

O que acontece com o verdadeiro Eu dessa pessoa? Ele é sacrificado, considerado menos importante e até indulgente consigo mesmo. Talvez esses indivíduos nunca tenham aprendido a ver a si mesmos como merecedores de uma grande história, de ter propósito, sentido, valores, ligações ou crescimento. Mas o verdadeiro Eu não desaparece. Geralmente, surge uma "vítima" ressentida e zangada para compensar a angústia de saber que há outra história, sufocada pelo rugido do Tigre.

Dor, medo e desconforto

Os seres humanos não gostam de dor, medo ou desconforto. Mas é preciso enfrentar o medo e um pouco de desconforto para nos libertarmos do Tigre e crescermos, para viver de acordo com nossos valores e escrever a *nossa* história.

A dor é o sinal de advertência vital, o motivador da mudança pessoal. Quando sentimos a dor, queremos nos afastar dela. Mas, como espécie, temos trabalhado duro para mascarar a dor. Isso significa que permanecemos presos! Não há motivação alguma para nos afastarmos da sensação de que estamos dormentes.

No século XXI, há uma série de opções para mascarar a dor — todas elas com preços acessíveis em nosso atual período de relativa tranquilidade econômica (mesmo na conjuntura atual, a maioria tem uma riqueza que nossos avós não poderiam imaginar), para nos anestesiarmos contra a dor de saber que estamos passando a vida adormecidos.

Podemos beber, fumar maconha, acessar sites suspeitos na internet, nos entregarmos a algumas pessoas encantadoras e agradáveis, mas falsas (e depois nos queixamos com outros sobre como somos usados), ficar dormentes em frente à televisão, usar drogas pesadas, fazer compras e desfrutar o prazer inebriante da terapia do consumo. Além de nos jogar em nosso trabalho, comer demais ou nos privar de comida, podemos fumar um cigarro, liberar a tensão brigando com o parceiro, os pais, os filhos ou o cachorro.

O que nos resta depois de perdermos todos os nossos "prazeres"?

A vida real, o amor real e a aventura real! "Real" significa aceitar as realidades da vida, incluindo a dor, o medo e o desconforto; incluindo o Tigre.

COMO VOCÊ SE SENTE EM RELAÇÃO À DOR, AO MEDO E AO DESCONFORTO?

Refleti sobre isso. É assim que eu costumava me sentir também.

Quero lhe contar um segredo muito importante. Todo crescimento, toda aventura, tudo que vale a pena, que lutamos para alcançar implica ou implicou alguma forma de medo e desconforto pessoais para que pudéssemos sair da sensação de dor. Esses sentimentos são extremamente antiquados, é claro, na era das promessas de conserto rápido.

Quando você pensa em eliminar as opções usadas para mascarar as dores relacionadas citadas, como se sente? Um pouco inquieto? Mas todos esses passatempos viciantes nos mantêm adormecidos.

Acorde!

Há uma aventura inteira para ser vivida; você é capaz de alcançar coisas que estão bem além de seu nível atual de imaginação. Todos nós somos capazes. Mas há algo que

156 | VENÇA O TIGRE

precisamos reconhecer antes de termos permissão para embarcar nessa jornada.

O medo e o desconforto quase sempre são sua bússola. Siga na direção deles e se afaste da fonte da dor.

Quando crianças, éramos constantemente empurrados para situações novas, muitas vezes assustadoras. Em geral, nós as aceitávamos sem hesitar. Não tínhamos muita escolha. O perigo começa quando chegamos à vida adulta e assumimos o leme de nossos pequenos navios. Decidimos quais os desafios a enfrentar. Podemos esquecer logo a habilidade de lidar com a dor e o desconforto — então, quando eles surgem, nós os evitamos porque podemos. Estamos agora na "rotina" sobre a qual tanta gente fala — apesar de vivermos na época mais fascinante, pacífica, economicamente rica, liberada e saudável que a maior parte do mundo já conheceu.

Acorde!

Por que você continua falando de dor e desconforto?

Às vezes, a única coisa a temer é um pouco de desconforto. Não há nada provocando o que geralmente experimentamos como medo. Não chegamos perto do desconforto porque não queremos experimentá-lo; ele nos assusta.

Imagine que você queira uma nova qualificação profissional. Que finalmente deseje desvendar os mistérios de um balanço geral. Não é difícil fazer isso. Não é algo por si só assustador. Há pouco risco de danos. Mas há desconforto. Você terá que separar o início da noite livre para frequentar aulas e realizar exercícios com afinco. É só isso. Mas já é um desconforto.

Grande parte de meus treinamentos para mergulho livre e corrida de cavalos não teve medo algum associado, apenas desconforto. E lidar com ele foi o mais difícil. Experimente acordar às 5 horas durante uma semana para encaixar seu treinamento e você verá o que quero dizer com desconforto. Mas seria esse um bom motivo para não correr ou mergulhar? Eu tive que me debater com essa pergunta mais de uma vez, posso lhe garantir!

A ideia desse desconforto faz muita gente desistir de escrever sua história. Mas o desconforto sempre se torna confortável — porque crescemos, evoluímos e nos adaptamos. Mudamos.

O Tigre vai rugir quando pensarmos em nos comprometer com qualquer coisa que nos deixe desconfortáveis. É por isso que o medo e o desconforto são a dupla dinâmica que as Dez Regras para vencer o Tigre nos ajudam a aceitar de novo. Nossa relutância em enfrentar o medo e o desconforto é a principal barreira para escrevermos nossas histórias incríveis.

O MEDO É BOM PARA MIM — ME MANTÉM A SALVO!

Um comentário que muitas vezes é feito durante os workshops e apresentações do *Vença o Tigre* é: "O Tigre é uma força do bem! Ele me mantém a salvo. É o que me impede de cair da beira de um precipício."

Bem, eu não sei você, mas eu não preciso do rugido do Tigre para me manter afastado da beira de um precipício. O bom senso faz seu trabalho muito bem para mim. Poucos de nós precisamos sentir o coração palpitar, as palmas das mãos suadas, a boca seca e ter a sensação de que o cérebro se transformou em uma esponja para nos protegermos desse

158 | VENÇA O TIGRE

perigo. Entretanto, muitos de nós temos essas sensações quando entramos em uma reunião de líderes importantes, nos sentamos diante de um membro importante da organização de nosso cliente ou apanhamos o telefone para ligar pela primeira vez para um contato novo e importante. Por causa do sentimento de medo, podemos escolher não pegar o telefone — ou agir de maneira defensiva e não natural na sala de reunião.

Dizem que a maioria dos trabalhadores tem mais medo de falar em público do que da morte. Pare aqui e pense nisso por um instante!

Durante um dia de trabalho, o medo da perda de prestígio é, em geral, um motivador muito maior do que o desejo de triunfar e alcançar, de liderar, de ser um modelo raro no trabalho e em casa, de escrever nossas histórias.

O Tigre não mantém você a salvo da beira do precipício, o seu intelecto sim. O Tigre o mantém a salvo de aprender a entrar em áreas de atuação novas e intimidantes atualmente. Mantém você a salvo de melhorar, crescer, aprender e ser mais bem-sucedido em seu trabalho e na vida como um todo.

Acorde!

O MEDO E O CICLO DO TIGRE

A sensação de medo é a resposta física criada pela liberação de hormônios nas glândulas adrenais, quando o cérebro percebe uma ameaça a seu bem-estar — por exemplo, uma reunião com o chefe para pedir aumento de salário.

A resposta física desencadeia uma intensidade mental aumentada, o que por sua vez cria uma resposta física maior. Quando esse processo sai do controle de uma pessoa, observamos o pânico. A propósito, é por isso que o mergulho livre e as corridas de cavalo são testes muito bons para as ideias do *Vença o Tigre*. O pânico a 101 metros sem ar é letal. Ao que parece, os cavalos de corrida conseguem farejar uma liberação de adrenalina — e recompensam você com um belo disparo. Você precisa aprender logo a interromper o ciclo do Tigre.

A resposta de medo é destinada a preparar nosso sistema para sobreviver a um ataque físico de um predador por meio da fuga, da luta ou da paralisação. Era muito útil quando vivíamos na natureza selvagem. Poderia ser muito útil se você tivesse que correr para encontrar ajuda em uma emergência. Mas é de pouca ajuda para encarar o chefe e pedir um aumento de salário.

As adrenais liberam seus hormônios quando o cérebro percebe um risco. O risco pode ser imaginado, as adrenais não se importam. Elas bombeiam. O resultado terrível que criamos em nossas mentes para a reunião com o chefe amanhã, por exemplo, é imaginado. Mas as adrenais não se desenvolveram de modo a diferenciar isso da realidade — portanto, é real o medo que sentimos quando criamos mentalmente uma ameaça distante, possível.

O Tigre e o seu processo de tomada de decisão

Você se lembra que escrevemos nossas histórias tomando decisões, agindo e obtendo resultados? Para muita gente, esse mecanismo hormonal antiquado orienta suas tomadas de decisão. A fonte do Tigre, o motivo pelo qual percebemos a situação como um risco, tem raízes profundas e é complexa. Porém, essa liberação de hormônios é o rugido que nos faz recuar de uma

160 | VENÇA O TIGRE

oportunidade. Em *Vença o Tigre*, trabalhamos para não deixar que o rugido nos impeça de escrever nossas histórias, em vez de trabalharmos na fonte complexa do rugido — que muitas vezes diminui de intensidade quando vemos que podemos passar pelo Tigre (ou que ele pode ser tratado por meio de uma série de intervenções psicoterapêuticas).

É realmente importante entender esta parte se você quer melhorar sua tomada de decisões.

Se você evita a ameaça percebida, o medo e a liberação de hormônios diminuem. Portanto, somos motivados a evitar a ameaça! O rugido diminui. O Tigre escreve uma frase de sua história.

Concordamos que a maior ameaça no dia a dia do mundo moderno é o medo de prejudicar a reputação — o que tem uma pequena ligação potencial com o medo de prejuízo financeiro (posso fracassar, parecer tolo e, portanto, não conseguir a promoção e o aumento de salário). Assim, as ameaças que evitamos para silenciar o Tigre são a inovação, a posição de liderança, a oportunidade de vendas, o comentário ousado e sincero que poderia estimular ou orientar um colega, a decisão de demitir alguém com baixo desempenho e uma atitude ruim.

É por isso que a regra 3 é tão vital. Você precisa saber *por que* é necessário enfrentar o medo e o desconforto, em vez de evitá-los. Sem um ponto final definido, ninguém enfrentaria o Tigre quando, em determinado momento, tivesse que decidir abrir a boca e falar ou continuar em silêncio.

Eis a parte mágica de ser um ser humano e a base de toda a dominação do Tigre:

Não somos como os outros animais; podemos nos tornar autoconscientes e interromper o ciclo do Tigre para tomar decisões melhores, e essa decisões são como escrevemos nossa história e alcançamos sucessos. Podemos romper o ciclo do Tigre!

Rompendo o ciclo do Tigre

Vamos examinar juntos o ciclo do Tigre e como rompê-lo e gerar crescimento e mudança. Dê uma olhada no diagrama da p. 162. Nós nos deparamos com algum tipo de desafio: "Fazer uma apresentação para um grupo de vinte pessoas segunda-feira!"

O desafio e o Livro de Regras

Imediatamente, começamos a avaliar o risco que esse desafio representa para nós. Fazemos isso, é claro, à luz de nosso Livro de Regras (regra 2), o modo como vemos o mundo. Vamos supor que você tem uma regra que diz: "Sou um mau apresentador. Eu sei disso porque tive o retorno de que sou assim. Na verdade, agora que temos um retorno de 360°, todo mundo tem me dito como sou um mau apresentador."

A resposta emocional e física — o ataque do Tigre

A informação contida no desafio interage com essa regra de nosso Livro de Regras que construímos para nos manter a salvo do "perigo". Isso cria uma mudança fisiológica no corpo — que percebemos como medo.

É claro que, conforme vimos, não somos animais. Você e eu podemos interromper essa emoção — até mesmo recanalizar a energia que ela cria para trabalhar a nosso favor. Cada uma das Dez Regras é feita para incentivar e ajudá-lo a interromper esse ciclo. Mas poucas pessoas se importam em desenvolver a autoconsciência e a coragem para fazer isso. Então a resposta cresce e se torna mais física. Já está se sentindo tenso?

Rompendo o ciclo do Tigre

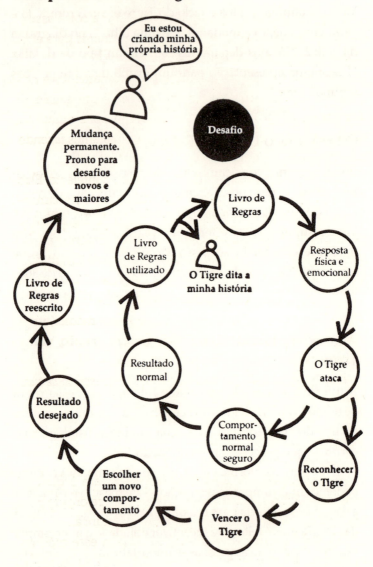

Momento e decisão — que ação tomar?

Agora você tem uma escolha. Prefere evitar a coisa assustadora e o rugido do Tigre ou seguir diretamente para eles, domando-o com habilidade enquanto avança?

Podemos escolher domá-lo, buscar treinamento e nos preparar com a ajuda de um colega que é um excelente apresentador. Podemos escolher ensaiar à noite diante da filmadora portátil da família até sentir que estamos fazendo um trabalho excelente.

A maioria das pessoas não escolhe usar o intelecto. Elas não querem enfrentar o medo e o desconforto do crescimento e da mudança. Querem evitar o rugido do Tigre. Então permitem que sua resposta emocional se sobreponha ao desejo de fazer um bom trabalho. Elas correm com a multidão, evitam se envolver com a plateia, deixam que o PowerPoint ocupe o centro do palco e fazem o que no programa *Vença o Tigre* chamamos de "apresentação do gerente médio", uma apresentação desprovida de personalidade, paixão, visão, comprometimento, liderança ou compostura.

Elas encontraram o Tigre e permitiram que ele escrevesse suas histórias.

Decisão, ação — resultado

A segunda ação gera a habitual resposta fraca à qual as pessoas se acostumaram. O Livro de Regras é reforçado pela experiência. Elas estão mais presas do que nunca.

"Coitado de mim, por que eu nasci sem esse módulo encaixado corretamente? Quem me dera que eu fosse natural como (insira o nome da pessoa que trabalhou com coragem suas habilidades de se apresentar em público)."

164 | VENÇA O TIGRE

Essas pessoas vão morrer de medo do próximo convite para se apresentarem. O ciclo do Tigre continua.

A primeira ação causou um desconforto menor na forma da preparação e causou medo na sala quando o orador, corajosamente, tentou uma maneira nova, exposta e engajada de fazer a apresentação ao grupo. Pode ter dado errado, é claro. E daí se em algum momento ele titubeou? Também pode ter dado certo — e, se isso acontece, um novo resultado é alcançado e uma nova regra é escrita no Livro de Regras.

Enfrentando o Tigre — e algum medo e desconforto — o ciclo do Tigre de resultados fracos foi rompido.

Isso não pode ser alcançado fazendo afirmações diante do espelho. Também não é alcançado ouvindo um CD ou lendo um livro.

O resultado novo e ousado é conseguido por meio de coragem, bravura e ação heroica. É conquistado enfrentando nossos medos e desconfortos e vencendo-os para encontrar um novo eu. Esse resultado novo e ousado está disponível hoje para você, se decidir encarar seu Tigre e vencê-lo, em vez de fugir. É possível fazer isso. Todo mundo pode. A questão é se você escolherá domá-lo e escrever a sua história ou se escolherá deixar o Tigre ditá-la.

Coisas que o Tigre quer que você esqueça sobre ele e sobre si mesmo

Seu verdadeiro Eu busca valor em fontes internas — quem você é. Seu Tigre busca valor no exterior — como "eles" veem você. Ele vai rugir ao ver essa fonte de valor ameaçada. Precisamos equilibrar ambas, mas tendemos a nos concentrar na segunda.

A dor é o estímulo para vencer o medo e o desconforto. Enfrentar o medo e o desconforto — lutar contra o Tigre — para se afastar da dor pode trazer grandes recompensas.

O medo começa como resultado da maneira como nosso Livro de Regras vê uma situação. Torna-se uma sensação física quando nosso corpo reage a nossos processos mentais e libera hormônios para nos ajudar a lidar com a "ameaça" A liberação de hormônios pode criar uma confusão mental maior. Por fim, chegaremos ao pânico se esse ciclo não for interrompido. Você é responsável por sua resposta de medo.

O ciclo do Tigre mostra como o fracasso ao lidar com ele leva repetidamente ao mesmo resultado e a um Livro de Regras fortalecido. Lida-se com o Tigre e rompe-se o Ciclo com as Dez Regras deste livro.

Se você quer começar a alcançar resultados diferentes na vida, ataque o Tigre, enfrente o medo e o desconforto de tentar uma nova abordagem e você acabará criando uma nova regra em seu Livro de Regras. Esse estado é chamado de "confiança" para lidar com a situação antes assustadora.

A confiança pode ser obtida por todos que estão preparados para enfrentar medo e desconforto menores — todos que querem domar o Tigre em vez de apaziguá-lo.

Parte 2

As regras da liderança

Regra 4 **Tudo está na mente**

Eu e meu "Sabotador" sobre a sela no cânter para a largada

A voz na minha cabeça — aquilo que chamo de meu "Sabotador" — era intensa momentos antes de minha primeira corrida. Na verdade, passou pela minha cabeça que, se eu ficasse em pé na sela quando estivesse no boxe de largada e levantasse as mãos, conseguiria me segurar no alto do boxe. Então, quando fosse dado o sinal de largada, os portões fossem abertos e o cavalo saltasse para fora, eu desceria e iria para casa em segurança.

Por que essa voz — o Sabotador — era tão ativa? Bem, o primeiro trabalho de um jóquei é levar seu cavalo para o boxe de largada e parar ao chegar ali. Isso parece bastante básico, se você nunca montou um cavalo de corrida — apenas use os freios. Mas há uma falha no design do cavalo de corrida puro-sangue: não há freios. Apenas duas tiras de couro e a palavra "Oa".

Jóqueis melhores do que eu já perderam o controle a caminho da largada. E se eles

170 | VENÇA O TIGRE

podem viver com isso, eu também posso. E quando seria a melhor oportunidade de isso acontecer do que no cânter, a caminho da largada, na primeira vez que você leva um cavalo para uma pista de corrida?

Enquanto era conduzido pela rampa por Caroline Grimes, no hipódromo de Southwell, em 22 de novembro de 2004, meu cavalo, Airgusta, estava certamente inquieto e ansioso para pôr os cascos na areia. Quando chegamos à pista, tivemos que virar à esquerda, fazer o cânter diante da tribuna, parar depois de passar pela multidão, fazer uma volta em U e retomar o cânter até os boxes de largada. Excelente. Eu tinha duas oportunidades de não conseguir fazê-lo parar.

Quando passei pela tribuna, ouvi o comentarista elevando a voz:

"E ali está o número dez, Airgusta, montada hoje por Jim Lawless. Jim está montando pela primeira vez no hipódromo de Southwell esta tarde, e aqueles que não leram o *Racing Post* hoje poderão se interessar em saber que Jim tem montado cavalos há apenas 12 meses. Portanto, agora não é hora de ir ao bar, senhoras e senhores. As coisas podem estar prestes a ficar interessantes na pista!"

A voz do Sabotador estava ficando mais alta.

Airgusta era um anjo. Mantivemos um cânter estável até o boxe de largada e paramos direitinho, então o Sabotador mudou o discurso: "Tudo o que você fez até agora foi montar um cavalo até os boxes de largada." Andamos em torno de um círculo com todos os outros competidos, à espera de que os encarregados dos boxes nos pusessem ali dentro.

Os boxes são os lugares mais perigosos da pista de corrida, então, quando começam a nos pôr dentro deles, tudo acontece com rapidez e eficiência. Estar dentro do boxe de

JIM LAWLESS | 171

largada é intimidante para um novato. Você fica trancado em uma gaiola de aço em formato de caixão, com meia tonelada de puro músculo equino muito tenso sob você. Os boxes são muito estreitos e seus pés e suas pernas ficam apertados contra os dois lados. Se os cavalos dão pinotes, chutam ou tentam fugir por baixo dos portões à frente dessas gaiolas de aço, tudo pode ir por água abaixo, então os encarregados dos boxes e o *starter* ficam ansiosos para nos pôr ali dentro e nos tirar dali o mais rápido possível.

À medida que põem cada cavalo no boxe, os encarregados gritam "Dez para carregar, nove para carregar, oito para carregar", e por aí em diante. Quando o último cavalo é posto no último boxe, o encarregado libera a área em frente aos portões e faz um sinal para o *starter* de que todos os animais estão em seus lugares.

O *starter* grita "Jóqueis", abaixa a bandeira e os portões são abertos. Você passa de zero para quase 50 quilômetros por hora em pouco mais de 20 metros. Meu principal foco nessa etapa era ainda estar em cima de Airgusta, e não estendido sobre o chão do boxe número um. Portanto, era imperativo que estivesse equilibrado sobre o cavalo e pronto para a aceleração — que, haviam me avisado, seria muito mais rápida do que qualquer coisa que eu já experimentara praticando nos boxes do haras — assim que o *starter* apertasse o botão. Meus olhos estavam grudados na mão que segurava a bandeira enquanto ouvia os encarregados dos boxes contarem os cavalos que faltava carregar.

Nessa etapa, o Sabotador não estava me fazendo nenhum favor. Eu estava batalhando duramente para me concentrar em não cair de Airgusta ou bater o freio em sua boca por segurá-lo firme demais quando ele saltasse para frente. Mas a voz ficou ainda mais alta quando — justamente na hora

172 | VENÇA O TIGRE

em que anunciaram que faltavam apenas dois cavalos para carregar — eu vi não uma, mas duas ambulâncias estacionando atrás do *starter*.

Eu sabia que os regulamentos de saúde e segurança exigiam que houvesse uma ambulância na pista, mas o Sabotador me informou imediatamente que "a segunda ambulância está aqui porque eles leram que um idiota que está montando há apenas um ano vai participar da corrida". Esta foi a última coisa que pensei quando os portões foram abertos. Fiz exatamente o que havia praticado e tive uma largada excelente, perseguindo a posição que o treinador de Airgusta, Charlie Morlock, havia nos dito para alcançar — na frente do campo, contra a grade interna. Concentrando-me na tarefa. Sem deixar espaço algum para o Sabotador. Claro e focado.

Regra 4: Tudo está na mente

Ontem é informação, amanhã é imaginação, nenhum dos dois é realidade. Não existe Tigre algum no "agora".

Cada avanço criado pela humanidade e cada avanço de um indivíduo são resultados da maior das batalhas: a batalha que acontece em nossa cabeça entre o verdadeiro Eu e o Tigre.

Escrevemos nossas histórias tomando decisões, agindo e obtendo resultados. A diferença na qualidade de nossas histórias está na qualidade de nossas decisões e, portanto, na qualidade de nossas ações.

Só podemos criar a história que queremos escrever se vencermos a batalha em nossa cabeça. Se não conseguimos, o Tigre dita nossa história para nós.

Como lutamos essa batalha e optamos por agir é, no fim das contas, como somos definidos. A vitória é heroica. Esta é a batalha que cria os heróis e as heroínas nacionais e internacionais, reais e fictícios, que nos inspiram. Mais importante: esta é a batalha que pessoas de nossas famílias e vizinhanças lutam numa escala menos épica — mas ainda assim heroica e inspiradora para nós. Todas as Dez Regras ajudam a nos prepararmos para essa batalha ou a lutá-la. Quando nos voltamos para a primeira das regras da liderança, porém, nós a enfrentamos de frente.

O DESAFIO DE VENCER A BATALHA NA MENTE

Por que a batalha é difícil? Por que o heroísmo é um teste complicado de passar? Porque:

- É quando ou enfrentamos nossos medos e temos que aceitar os terrores e desconfortos da incerteza e da mudança, abrindo mão de nossas seguranças, hábitos e apegos, ou voltamos atrás em nossa procura.
- Há um enorme incentivo da sociedade para que tenhamos medo de nos afastar da rotina habitual, o que torna intimidante progredir e torna fácil voltar atrás.
- Em sociedades modernas, é aceito que nos entreguemos a várias atividades que não são saudáveis para nos protegermos da frustração de ficar preso — podemos recorrer a isso em vez de crescer. O herói moderno tem que resistir ao caminho socialmente aceitável de se anestesiar.
- Nossas emoções são envolvidas e adrenalina e cortisona são liberadas quando lutamos a batalha em nossas cabeças com tanta força quanto se estivéssemos lutan-

174 | VENÇA O TIGRE

do uma batalha de verdade — o medo é real, embora a ameaça seja imaginada.

- As "vozes" em nossas cabeças parecem reais em momentos cruciais da batalha e tentarão impedir nossa ação heroica.
- Não estamos acostumados a cuidar de nós mesmos, a nos treinar ou a buscar, corajosa ou autenticamente, a ajuda de outras pessoas (em vez de chavões para desculpar derrotas). Não nos ensinaram a fazer isso. Na verdade, buscar essas fontes de força vitais muitas vezes é visto, nos dois sexos, como um sinal de fraqueza.

As perguntas centrais com as quais estamos lutando são: o que farei com essa situação? Quem eu descobrirei que sou, quando eu decidir e agir? Isso nunca levará a um período fácil. Só descobrimos algo dessa magnitude quando a pressão está sobre nós.

A boa notícia é que nenhum teste da vida real com o qual nos deparamos é nem de perto tão intimidante quanto a fase em nossas cabeças em que estamos refletindo se damos ou não o passo heroico.

A má notícia é que a maioria das pessoas nunca começa a se empenhar nos testes de transformação e crescimento, de liderança, inovação ou criação no trabalho. A maioria das grandes batalhas é perdida enquanto ficamos sentados no quarto nos preocupando — deixando o Tigre roubar nossa história durante essa fase de reflexão. É por isso que *Vença o Tigre* começa com "Aja com ousadia hoje — o tempo é limitado", e não com a regra 3 — Siga na direção aonde você quer chegar.

Para entender melhor esse teste que enfrentamos antes de conseguirmos mudar e progredir, conecte-se ao campus em tamingtigers.com e assista ao filme intitulado *The Hero's Journey*.

As vozes

Você ouve vozes em sua cabeça? Eu ouço.

Se acha que não, a voz a que estou me referindo é aquela com a qual você está tendo uma conversa agora:

"Hum, eu me pergunto se realmente ouço vozes?"

"Não seja ridículo."

"Não, é sério, será que nós ouvimos vozes?"

"Como assim 'nós'?"

Vamos tentar de novo. Você já se levantou diante de um grupo para falar, seja no trabalho, em casa ou no colégio? Quando estava diante do grupo, ouviu uma voz na cabeça lhe dizendo:

"Uau, você é ótimo! Eles adoram você!"?

Ou você tinha uma voz em sua cabeça dizendo:

"Você é realmente péssimo. É melhor fazer isso o mais rápido possível e sentar logo"?

Agora vamos dizer por um instante que essa voz que fica no seu ombro e o faz desistir de fazer as coisas, ou o critica quando você está no meio de algo, é a voz do Tigre. Isso é um sintoma da batalha heroica se acirrando. Quantas vezes por dia essa manifestação do Tigre dita uma decisão e em seguida uma ação para você? Quantas vezes por dia o medo e o desconforto vencem a ação que seu verdadeiro Eu gostaria de ter feito?

Se essa voz dita suas ações cinco vezes por dia, 35 vezes por semana, quantas vezes é isso em um ano? 1.820. Multiplique 1.820 por setenta anos e você chega a incríveis 127.400.

São 127.400 vezes durante sua vida em que o Tigre ditou a decisão e a ação para você, em vez de seu verdadeiro Eu.

Mas isso fica mais alarmante. Essa voz não interfere quando você está sentado com sua família tendo uma boa

VENÇA O TIGRE

refeição depois de uma ótima semana de trabalho. Se ela faz isso, você precisa de uma ajuda que está fora de minha área de expertise e eu lhe desejo sucesso nessa jornada.

A voz só fica alta quando estamos diante de uma oportunidade e sob algum tipo de pressão. Portanto, é provável que estas sejam nossas 127.400 decisões mais vitais.

Quem está escrevendo essa história de sua vida? Você? Ou seu Tigre?

Esta é a batalha heroica. A batalha para descobrir quem somos, de que somos "feitos". Somos nosso Tigre ou somos nosso Eu?

ESTA É A SUA VOZ

O primeiro passo para lidar com essa voz é reconhecer que é você, que é a *sua* voz. Sempre foi sua. Se esta é a sua voz, isso significa que tem o poder de mudá-la para dizer coisas que o ajudarão.

A voz em sua cabeça, o rugido mais alto do Tigre, manterá você na zona de segurança e impedirá seu crescimento e progresso. É uma resposta natural ao medo. Podemos aprender a lidar com isso, mas a maioria das pessoas prefere não o fazer. Exploraremos como lidar com isso nas páginas seguintes.

Se está tentado a pensar que o Tigre só ataca *você* assim, repense. Se por acaso está sentado em algum lugar próximo a um computador, procure no Google o termo "psicologia do esporte". Dê uma olhada em quantas páginas e livros se dedicam, em parte, a lidar com a voz quando a pressão está agindo. Uma coisa é acertar uma tacada de golfe a 4 metros de distância num belo campo verde quando você está sozinho. Outra bem diferente é quando um adversário está na sua frente. E é outro esquema ainda quando há uma aposta de mil libras esterlinas entre vocês dois. E tudo muda, mais uma vez, quando é uma tacada para vencer o US Open que está sendo televisionado ao vivo para o mundo inteiro. E, conforme a pressão aumenta, a vozinha fica mais alta. Quando assistimos a um bom esporte, é a uma batalha heroica que precisamos, ao vivo. É por isso que, em parte, o esporte nos inspira.

Se todos esses atletas e, de fato, todas as outras pessoas que se põem sob pressão diariamente lá fora podem lidar com a voz, você também pode.

Autoconsciência, aceitação e a batalha na mente

Diferente da maioria dos animais, nós humanos temos a capacidade de nos auto-observar. É lamentável que esta seja uma atividade da qual muitas pessoas nunca participam. Felizmente, esse fato por si só lhe dá uma vantagem — se você tem a coragem de aproveitá-la.

Eis um exercício. Na próxima vez que estiver prestes a mandar um e-mail difícil no trabalho, pare sobre a tecla de enviar e pergunte a si mesmo por que você não telefonou para a pessoa em vez disso. Esta é uma pergunta pequena que pode levar a uma resposta grande, iluminando a presença do Tigre.

A autoconsciência inclui notar nossos processos de pensamento e, depois de percebê-los, sorrir para eles e refletir sobre. Por que escolho enviar um e-mail, em vez de dar um telefonema? Por que eu não falo nas reuniões? Por que culpo os outros/o governo/a indústria/a economia por minha falta de oportunidade ou progresso? Esses processos de pensamento estão me servindo? Esta não é a

178 | VENÇA O TIGRE

hora de dar à voz um poder extra, criticando a si mesmo. Admita seus processos. Você é o que é nesse momento. Sorria para si mesmo.

Aceite que seus processos de pensamento não são a realidade. Nós os confundimos com a realidade porque eles acontecem dentro de nossas cabeças, então estamos acostumados a eles. Parecem bastante reais.

A autoconsciência inclui notar nossa resposta emocional. Você pode ter pensamentos preocupantes agora enquanto está sentado lendo este livro. Pode projetar em sua mente todo tipo de horror imaginado sobre a incerteza das próximas horas (comportamento humano padrão) ou pode projetar amabilidades fofas ou enormes conquistas que geram pressão (a abordagem do pensamento positivo). Nem uma coisa nem outra é real, e acho que nenhuma delas é útil.

A alternativa é a rota que as práticas espirituais nos incentivam a seguir. Aceite que nem uma coisa nem outra é real e que ambas são imaginação. Acredite que conseguirá lidar perfeitamente bem com qualquer uma das realidades quando ela se apresentar. Sempre conseguiu, não? Você ainda está aí, fazendo coisas boas e interessantes, embora nunca tenha sido capaz de prever o futuro. Agora age com determinação para se preparar para a tarefa, mas sem a pressão de estar atrelado a um resultado. Você ainda pode desejar o resultado, mas aumentar a pressão para alcançá-lo não vai ajudar a consegui-lo.

Ao admitir essa incerteza, você fica mais forte. Pronto para confiar em si mesmo e em sua capacidade em vez de se preocupar em forçar seu resultado. Não tem nada a temer porque está no presente. No momento presente, não tem com o que se preocupar, tem? O medo está em seu futuro imaginado.

Deixe-me explicar. Você não está preocupado com os terrores que preenchem o vácuo da incerteza do futuro porque soltou esses desastres imaginados. Não está preocupado em criar um resultado perfeito — embora se esforce para isso — porque aceitou que não há garantia alguma. Não há nada a temer, nada para forçar, nada para falhar, *nesse momento no tempo*. Você pode confiar em si mesmo para executar o que se preparou para fazer.

Se acabar falhando em seu esforço, pode encontrar conforto na regra 10 e ir adiante para tentar de novo. Mas preencher sua cabeça com essa possibilidade antes de fazer (chamaremos essa voz de "o Diretor da Escola") ou no momento de fazer (chamaremos essa voz de "o Sabotador") não influenciará o resultado. Apenas suas ações até agora, sua disposição e sua atual preparação mental podem alcançar isso para você.

A vantagem maravilhosa e única que os seres humanos têm é a capacidade de se tornar consciente desses processos e, uma vez assim, trabalhar devagar para mudá-los para processos que sejam úteis.

Você conhecerá muitas pessoas que não têm interesse algum nessa prática de consciência. Na verdade, elas não se interessam em domar qualquer Tigre ou em mudar a situação em que estão. Elas lhe dirão o tempo todo o quanto gostariam de fazer isso, mas não fazem. Adoram falar sobre seus medos, amam um drama e reluzem ao ganhar a atenção de outras pessoas dessa maneira.

E você? Está disposto a se tornar consciente de seus próprios processos e trabalhar para melhorá-los?

A autoconsciência é vital para ir em frente e usar as ferramentas do *Vença o Tigre* contidas neste capítulo. Quando você ler sobre o Sabotador e o Diretor da Escola nas pró-

VENÇA O TIGRE

ximas páginas, sua autoconsciência aumentará. Ela está aumentando desde que você abriu este livro na página um e foi apresentado ao Tigre e às Dez Regras para vencê-lo. Na verdade, aumentar sua autoconsciência é a tarefa mais importante deste livro.

Os tipos de voz em nossas cabeças

Há três tipos de voz em nossas cabeças. O Sabotador, o Diretor da Escola e o nosso Eu. As duas primeiras serão usadas pelo Tigre em uma tentativa de ditar nossas histórias para nós. A última delas surgirá quando aprendermos a silenciar as outras.

O Sabotador

Essa voz nos ataca "no momento" em que menos precisamos de interferência. Ela surge quando estamos fazendo alguma coisa, levando-nos a perder o foco momentaneamente ou, pior, a deixar de dar nossa melhor tacada em alguma coisa e, em vez disso, dar uma tacada de segunda categoria.

O Diretor da Escola

A segunda voz é o Diretor da Escola. Essa é a voz que pode se disfarçar como a voz da razão ou do bom senso. É ela que lhe diz "Quem você pensa que é para tentar participar de uma corrida de cavalos/conseguir uma promoção/mudar o modo como sua empresa opera/passar nesse exame/abrir seu próprio negócio pequeno com sucesso/liderar outras pessoas?"

Precisamos ter muito cuidado aqui. É necessário distinguir a voz do Diretor da Escola da voz sábia do Eu. Elas podem soar bastante semelhantes, e recomendo a você testar seus pensamentos com outras pessoas antes de agir. Os exemplos que dei acima são perguntas do tipo que muitos de nós ouvimos do Diretor da Escola. São negativas, e muitas vezes agressivas. Perguntas para treinar a si mesmo, como "Será que estou pronto para participar de uma corrida de cavalos/conseguir uma promoção/mudar o modo como a empresa opera/passar nesse exame/abrir meu próprio negócio/liderar outras pessoas/o que eu deveria estar fazendo para garantir uma chance maior de sucesso?" — bem, essas perguntas são muito diferentes. Merecem uma reflexão e uma avaliação diferentes, e a ajuda de outras pessoas da regra 5 para serem bem respondidas. Mas, a não ser que o Diretor da Escola esteja agindo nos bastidores aqui, é raro essas questões não pedirem para interrompermos nossos planos. Elas apenas nos ajudam a decidir o caminho certo a tomar para alcançá-los com segurança.

A voz do nosso Eu

Reconhecer essa voz é uma parte vital de toda prática espiritual. Descobrir essa voz é o propósito da meditação e dos retiros e, para mim, meu propósito ao escrever, falar em público, praticar equitação, mergulho livre e yoga Kundalini.

Você está ouvindo essa voz enquanto lê *Vença o Tigre*. Está trabalhando para fazer a distinção entre essa voz e a do Tigre enquanto lê cada uma das Dez Regras. Esse processo continuará ao longo deste livro.

Uma advertência sincera: no início, prometi ser sincero com você. Estas páginas lhe darão um conhecimento

182 | VENÇA O TIGRE

introdutório de um livro, mas isso não é suficiente. Não existe livro, CD, DVD ou curso de treinamento de dois dias que possa ajudá-lo a transformar esse conhecimento em sabedoria. Virá da experiência. E essa experiência virá da ação e do risco — enfrentando medos e desconfortos. Virá do uso das ferramentas abaixo para sair lá fora e enfrentar intencionalmente o Tigre (veja também a regra 7).

Eu estimaria que 80% dos leitores deste livro jamais vão querer fazer uma coisa assim. Eles desejarão agradar a si mesmos com os tradicionais pensamentos para "se sentir bem". Mas esse não é o caminho para o crescimento ou a mudança nem o aprendizado para derrotar o Tigre. A decisão é sua.

Você quer estar nos 80% ou quer estar nos 20%?

Lidando com o Sabotador

FERRAMENTA 1: EVIDÊNCIAS

Você saberá a essa altura que não entramos em "atalhos". Isso porque os atalhos raramente funcionam, a não ser que você esteja viajando fisicamente de A a B. Se tiver evidências sólidas em sua cabeça indicando que o que está prestes a fazer vai dar terrivelmente errado, você terá medo — o Sabotador vai enlouquecer. É muito importante perceber que isso não é um Tigre fictício lhe causando momentos difíceis; é o bom senso lhe dizendo que você não está pronto para assumir o desafio que está prestes a enfrentar.

Se alguém me entregasse as chaves de um novo e reluzente Boeing 447 e dissesse que me pagaria 10 milhões de libras esterlinas para levá-lo do aeroporto de Heathrow, em

Londres, ao JFK, em Nova York, e eu concordasse, o Sabotador começaria a fazer um barulho de estádio de futebol quando eu me sentasse na cabine.

Procure evidências de que tem capacidade para realizar a coisa bem — adquira essas evidências. Se você não sabe o que esta fazendo, vá treinar. Peça conselhos. Leia. Consiga uma orientação. Ensaie. Faça exercícios práticos. Faça o que for preciso para assegurar que, quando seu momento chegar, possa fazer bem o que precisa ser feito. Prepare uma lista de tudo que fez numa folha de papel, olhe para ela, maravilhe-se consigo mesmo e leve todas essas evidências para a batalha.

Não espere que alguma dessas evidências impeça o ataque do Sabotador quando decidir entrar na briga. O que elas farão por você são duas coisas. Primeiro, reduzirão a ferocidade do ataque de seu Sabotador quando você estiver diante de seu desafio real. Segundo, quando estiver ali e o Sabotador começar a assumir o controle, você poderá reagir e lutar. Será capaz de reconhecer que ele é o Tigre disfarçado. Que esse é o seu instinto natural agindo para forçá-lo na direção da mediocridade e para longe de um resultado maravilhoso — um resultado que você sempre foi capaz de alcançar, mas que agora trabalha para merecer chegar lá. Se buscar oportunidades para enfrentar o Sabotador (com evidências de que pode fazer isso previamente reunidas), aprenderá a interrompê-lo.

Ferramenta 2: construir autoconfiança

Você poderia comprar aqueles CDs que prometem lhe dar confiança instantânea enquanto os ouve dormindo. Mas isso me deixa confuso. Dar-lhe confiança instantânea em quê? Em sua capacidade de manter uma conversa com uma bela

184 | VENÇA O TIGRE

desconhecida? Em sua capacidade de montar um cavalo correndo ou pilotar um 747?

Pense por um instante nas áreas em que gostaria de dizer que é "confiante". Essa confiança surgiu como resultado da reprogramação subliminar da sua mente? Ou veio como resultado de sua vontade de investir no trabalho? Surgiu graças à sua vontade de desafiar o Livro de Regras (a rota para todo desenvolvimento pessoal) até ter o direito — concedido por si mesmo — de criar um novo Livro de Regras no qual você pode acreditar (e vamos chamar a posse desse novo Livro de Regras de "confiança")? Sua confiança surgiu por não desistir quando o caminho ficou difícil? Apareceu porque você saiu dia após dia e praticou o que tinha de praticar? Se é pai ou mãe, você estava mais confiante 52 semanas depois do nascimento de seu filho do que na primeira semana? Como isso aconteceu? Seria possível ter alcançado isso na primeira semana com um CD? Foi uma reprogramação? Ou foi a prática, a dedicação, o amor e a persistência que lhe trouxeram autoconfiança?

Nós nos tornamos confiantes em nós mesmos enfrentando o medo e o desconforto e os vencendo. Repetidamente. Vamos encontrar essa ideia novamente na regra 7.

Quanto mais confiante você está ao enfrentar um desafio, menos o Tigre ousa soltar o Sabotador dentro de sua cabeça e mais capaz você é de derrotá-lo.

Mas haveria uma falha aqui? Como pode estar confiante na *primeira* vez que faz essa coisa "ao vivo"? A resposta é que você não estará. Este é o momento de recorrer à ferramenta um: reunir evidências para enfrentar o Sabotador antes de ir para o teste — todo aquele treinamento, todos aqueles ensaios. Reunir evidências suficientes para começar a sentir que você tem algum direito de estar "confiante" de que conseguirá. Este foi meu desafio no dia de minha primeira corrida. Tive que ir sem qualquer evidência de que conseguiria lidar com a pista de corrida — eu nunca havia estado ali antes. Mas que desastre seria se o Sabotador nos impedisse de fazer coisas novas. Este também é o momento de aprender a ferramenta 3 para combatê-lo.

FERRAMENTA 3: A TAREFA EM QUESTÃO

Quando nos concentramos na tarefa em questão, e não em até que ponto poderemos ou não realizá-la, o Sabotador desaparece e começamos a desempenhá-la melhor.

Vamos analisar isso de novo, e vamos usar a sala de apresentação mais uma vez, já que este é um lugar onde comumente se sente medo e onde o Sabotador se faz ouvir.

Quando você está diante de seus amigos e lhes conta uma história divertida, o Sabotador não aparece em sua mente. Você está concentrado na tarefa em questão. Não tem qualquer crítica na cabeça minando sua confiança em tempo real enquanto está diante deles. O que fez com suas mãos? Como usou a voz? Você nunca saberá e nunca se importará. Estava absorvido na tarefa, e não nessas irrelevâncias. Tudo o que importa é que seus amigos gostaram da história e riram, e a noite prosseguiu alegremente.

Quando nos apresentamos à diretoria, quando falamos a um grupo de desconhecidos, começamos a fazer perguntas irrelevantes a nós mesmos. Surgem questões do tipo: "Como estou indo? Eles gostam de minha aparência? Estão notando que estou nervoso? Estou falando com uma voz enjoada? Será que vou esquecer meu... ih!" O Sabotador está agindo.

E então estamos arruinados.

186 | VENÇA O TIGRE

Se o Sabotador assume o controle de um jóquei no meio de uma corrida, o cavalo percebe o medo e a dúvida e começa a compartilhá-la. Um cavalo que percebe e, em seguida, sente o medo e a dúvida não é um animal sobre o qual você vai querer estar sentado enquanto se aproxima em velocidade de um grande salto. Jóqueis falam sobre estarem tão preocupados com a tarefa em questão que "jogam seu coração por sobre o obstáculo e seu cavalo o acompanhará". Suas mentes estão ocupadas em cuidar para que o animal salte na marcha certa, no ritmo certo, com a distribuição de peso certa, para que eles possam se mover rapidamente ao aterrissarem do outro lado. Há pouco tempo para autocríticas, e não há lugar para elas — até a corrida acabar.

Se você deixa o Sabotador entrar durante um mergulho livre, começa a se preocupar e isso causa uma liberação de adrenalina. Esta, por sua vez, poderá matá-lo, se você estiver em profundidade. Não se pode entrar em pânico a 101 metros de profundidade e esperar que o oxigênio de seu sistema o mantenha vivo até você alcançar a superfície. Acabará queimando todo o combustível.

Quando estamos absorvidos numa tarefa, não temos tempo para nos preocupar com as consequências do fracasso — e, portanto, aumentar a pressão — e não temos tempo para nos preocupar com erros que cometemos no passado e que guardamos em nosso Livro de Regras como evidências de que somos fracos nessa habilidade. Nós apenas a realizamos — e o Sabotador é deixado de lado.

Ontem é informação, amanhã é imaginação, nenhum dos dois é realidade. Não existe Tigre algum no "agora".

Na próxima vez que o Sabotador estiver lhe causando dificuldades e você tiver trabalhado para criar evidências de por que tem o direito de executar essa tarefa com sucesso, e tiver construído sua confiança, pare de ser tão indulgente consigo mesmo! Continue a fazer o trabalho para o qual treinou e a coisa se resolverá sozinha.

Saia de seu próprio caminho e se permita brilhar.

FERRAMENTA 4: TREINAMENTO MENTAL

O treinamento mental foi vital na minha preparação para a primeira corrida de que participei. Eu o usei para me ajudar a chegar àquele boxe de largada. Talvez seja este o motivo pelo qual não me agarrei ao alto do boxe e deixei o cavalo correr sem mim.

Eis como isso funciona. Você examina o evento — conforme quer que aconteça — com sua imaginação e com tantos detalhes quanto possível. Pensa que está dando certo, nos detalhes daquilo que está fazendo que permitem que dê certo, em ficar concentrado na tarefa e em desfrutar a sensação, observando o resultado se revelar e gozando o sucesso.

Encontre um lugar tranquilo, feche os olhos, examine a coisa em sua cabeça com tantos detalhes quanto possível e trabalhe os pontos acima.

Vou contar a você por que isso foi tão importante para mim quando eu estava prestes a participar de minha primeira corrida. Eu estava preocupado com duas coisas enquanto a corrida se aproximava. Às vezes, eu deitava na cama imaginando que meus planos dariam errado e ficando mais ansioso à medida que via todas as minhas muitas e variadas possibilidades dando errado. Muito útil.

As duas coisas com as quais eu estava preocupado eram a largada e o cavalo disparar por perceber meu nervosismo ao iniciarmos o cânter em direção à largada. Eu estava traba-

188 | VENÇA O TIGRE

lhando para encontrar evidências, para construir confiança. Esperava ser capaz de me concentrar na tarefa em questão. Apesar disso, estava preocupado de que o Sabotador ainda pudesse me dominar.

Então fui falar com Michael Caulfield, que nós já conhecemos e que, a essa altura, havia passado a se dedicar em horário integral à sua nova profissão de psicólogo de esporte e estava obtendo excelentes resultados. Foi Michael quem me convenceu a usar o treinamento mental. Não como um atalho, devo assinalar — treinar mentalmente para aquele voo no 747 não me ajudará (nem a meus passageiros) — mas como uma ferramenta a mais. Eu havia passado muitas vezes pelo boxe de largada em casa, é claro, preparando-me. Eu passara pelo boxe de largada na British Racing School, em Newmarket, sob a orientação de especialistas. Mas eu não passara pelo boxe de largada numa pista de corrida com mais 13 cavalos.

Michael me aconselhou a ir a corridas de cavalos tantas vezes quanto pudesse nas semanas seguintes, e ir à largada de cada páreo. Ele me aconselhou a ouvir o que os encarregados dos boxes de largada gritavam, a ver como eles se moviam, qual era a ordem em que punham os cavalos ali dentro de acordo com o sorteio, a ouvir o que o *starter* dizia, a observar como os jóqueis e os cavalos ficavam apertados dentro dos boxes e como havia pouco espaço para manobras, e a observar como os jóqueis faziam de tudo para conseguir posições enquanto corriam depois de sair dos boxes.

Então eu fiz isso e, munida de todas as novas cores que isso me deu, minha imaginação foi capaz de ensaiar a largada numa corrida de cavalos.

É claro que eu cheguei lá sem confiança de verdade — você não pode ter muita confiança em sua capacidade de realizar algo que nunca executou antes — mas o fiz com muitas evidências me dizendo que eu seria capaz de cumprir a tarefa. E cheguei lá depois de ter passado com sucesso pelo boxe de largada dezenas de vezes em minha mente. Saímos bem e consegui pegar a posição que Charlie havia me instruído a pegar. A confiança aumentava. O Sabotador estava quase em silêncio.

Lidando com o Diretor da Escola

Ferramenta 1: treinando a nós mesmos

Quando você está sentado dentro de um avião e a pessoa que dá as instruções de segurança o orienta a pôr a sua máscara em caso de despressurização antes de ajudar as pessoas à sua volta — até mesmo as crianças — a fazer o mesmo, sente-se desconfortável ou pensa "é claro!"?

O primeiro dever de um ser humano é cuidar bem de si mesmo. Muitos de nós somos educados a pôr os outros em primeiro lugar, então esse conceito parece muito desconfortável. Mas pense nisso. Qual sua utilidade para outras pessoas se está com fome? Que interesse você tem para outras pessoas se está aflito por não ter onde morar? Bem, vamos subir na pirâmide das necessidades. Que eficiência terá interagindo com outros indivíduos para ajudá-los se sua autoestima está se arrastando no chão? Você poderá não apenas ser de pouca ajuda para eles como — se estiver procurando ajuda para suas próprias necessidades enquanto os "ajuda" — poderá ser até um impedimento.

A maioria aprendeu com a vida a tratar mal a si mesmo. Aprendemos a nos criticar duramente, a ver nossos

190 | VENÇA O TIGRE

erros e defeitos. Precisamos dar um tempo a nós mesmos. Há sempre espaço para o crescimento, mas temos muito mais talento, alcançamos coisas muito mais maravilhosas, somos mais amados, respeitados e valiosos do que jamais reconheceríamos.

Como não aprendemos a nos treinar, a nos cuidar mental e espiritualmente (uso essa palavra em referência ao nosso espírito humano, e não em qualquer contexto religioso), geralmente fazemos isso mal. Mas quando estamos envolvidos numa batalha contra o Tigre na regra 4, decidindo se assumimos uma ideia e se a levamos à diretoria, perdendo a fé em nós mesmos nos dias sombrios, precisamos dessa habilidade, senão o Diretor da Escola poderá nos impedir de levar a ideia que tivemos adiante.

As Dez Regras para vencer o Tigre são uma excelente ferramenta de treinamento, mas complexas. Podem ser usadas por um treinador, ou por você ao treinar outras pessoas. Também servem como ferramenta de autotreinamento. Tudo que estamos fazendo juntos neste livro é uma forma de autotreinamento. Sim, eu escrevi as palavras, mas não estou com você. Não posso ouvir suas respostas. Não o estou treinando. Você está treinando a si mesmo.

Como isso está acontecendo?

Você está fazendo perguntas a si mesmo. Fiz algumas perguntas cruciais para iniciá-lo nos processos de pensamento, mas você está tendo muitos pensamentos, não? Nem todos têm a ver com minhas perguntas. Teve que acrescentar muitos por sua conta. A chave para treinar a si mesmo se encontra nessas perguntas. Todas essas ferramentas exigem autoconsciência, mas o que se pede a você, sobretudo, é para praticar a habilidade de ter consciência de si mesmo.

As perguntas que você está fazendo, guiado e provocado pelo livro, muito provavelmente seguem os dois princípios fundamentais do treinamento:

- Você está de posse do "problema" e das oportunidades — pensando o que *você* pode fazer, e não o que os outros devem ou não devem fazer.
- Sua autoconsciência está aumentando (sim, acho que posso... afinal de contas, talvez seja apenas o Tigre que esteja me impedindo — posso ver isso agora!).

Ferramentas como a roda "Por que não?" são excelentes para aumentar a autoconsciência. Este é o propósito delas.

Quando treinar a si mesmo, siga esses princípios. Não culpe os outros, e então você poderá ver até onde consegue ir para resolver o problema ou obter o resultado desejado. É possível que ache que esta é uma ferramenta poderosa contra a voz funesta do Diretor da Escola. Veja a si mesmo como a pessoa boa que realmente é, dando o melhor de si para enxergar o caminho — e não como um "idiota". Tente remover esse tipo de vocabulário de sua conversa interior. Não esperaria ouvir isso de um treinador, esperaria? Tente retirar isso de seu discurso real. Não precisamos nos chamar de nomes depreciativos quando falamos com nós mesmos ou de nós mesmos.

Na próxima vez que se sentir frustrado com uma atitude que tomou ou por não ter tomado, faça uma pausa. Em vez de criticar a si mesmo, respire fundo. Pergunte-se como você poderia ter agido se estivesse no corpo de seu modelo de vida, um no trabalho ou na esfera global.

192 | VENÇA O TIGRE

Pergunte a si mesmo por que você não agiria assim no futuro. Há bons motivos? Há uma pergunta do tipo "e se der errado?" para você lidar? Muitas vezes isso precisa ser encarado de frente e refletido. Voltarei a isso no fim do capítulo. Quando observada à luz do dia e com honestidade, a consequência de "e se?" raramente é tão terrível — principalmente quando comparada ao resultado de não tentar.

Em seguida, pergunte qual das Dez Regras — relacionadas na página 43 — mais teria ajudado você. Pergunte com qual das Dez Regras você gostaria menos de trabalhar (o rugido do Tigre costuma ser uma boa indicação de que você encontrou a regra com a qual *deve* trabalhar). Qual é o desafio do Livro de Regras da regra 2 que talvez tenha necessidade de fazer aqui — em relação a si mesmo ou aos outros ou ao "modo como o mundo funciona"? Pergunte se você tem medo de uma determinada coisa, ou de um desconforto ao qual teria de se submeter para vencer.

Provavelmente achará que há motivos claros para ter dado errado e que poderia ter agido de maneira diferente. Pouco adianta recriminar-se por causa disso — prepare-se de maneira diferente da próxima vez!

E, por fim, pergunte: "Quem pode me ajudar?"

Ferramenta 2: obtenha apoio — siga a regra 5

No fim das contas, cabe apenas a nós vencer ou perder a batalha em nossa cabeça. Mas ninguém disse que não poderíamos obter apoio e conselhos para nos ajudar a lutá-la. Abordarei isso na regra 5

"Mas, e se...?"

Muitas vezes perdemos a batalha mental por causa de perguntas "mas, e se...?" que não foram feitas. É aí que simplesmente "pensar de forma positiva" não nos adianta muito.

Se não fazemos as perguntas "mas, e se...?" que nos incomodam, por medo de que elas nos assustem ou sejam um "pensamento negativo", deixamos espaço para o medo legítimo e para um ataque do Sabotador. O vácuo da incerteza provavelmente será preenchido por terrores imaginados e o Tigre dará a resposta para a pergunta enquanto fingimos ignorá-la.

E se essas coisas acontecerem? E se? Seria tão ruim? Alguma coisa realmente mudaria?

Podemos listar as perguntas "mas, e se...?" e decidir se realmente elas são tão inaceitáveis para nós por impedirem a ação.

Às vezes, o lado negativo é inaceitável, e então não devemos agir, a não ser que — ou até que — possamos levá-lo para um nível aceitável.

Geralmente, as perguntas "mas, e se...?" são bastante aceitáveis se as olharmos nos olhos e perguntarmos qual seria o problema se esse resultado acontecesse. E — o que é importante — quais serão as prováveis consequências para nossa história se deixarmos de agir.

Treinamento no Egito para prender a respiração — uma conversa com o Sabotador

Há muitos elementos para um mergulho livre bem-sucedido: os elementos técnicos do mergulho em si; lidar com os efeitos da pressão extrema sobre o corpo humano; manter a mente serena e clara em profundidades extremas; e

194 | VENÇA O TIGRE

prender a respiração por tempo suficiente para completar o mergulho e voltar em segurança.

Em fevereiro de 2010, estava em Sharm el Sheikh, começando meu treinamento com Andrea. Certa manhã, cheguei ao Only One Apnea Centre e soube que permaneceríamos secos naquele dia — íamos fazer um treinamento para prender a respiração. Não era o meu favorito.

Depois de fazermos duas horas de yoga juntos, Andrea colocou um sensor em meu dedo mindinho e me preparei para prender a respiração por tanto tempo quanto conseguisse. Quando você começa a prender a respiração (por favor, não faça isso sem supervisão e treinamento), o mundo parece muito calmo. Depois de algum tempo, torna-se um pouco nebuloso. Com o passar de minutos, esse período relaxado pode ser ampliado. Nos primeiros dias, não dura muito. Eu sempre achava que depois de alguns minutos eu voltava vividamente para meu corpo e começava uma batalha mental contra a necessidade de respirar. Naquele dia não foi diferente. Tive uma conversa frustrantemente familiar, e urgente, com o Sabotador.

"Eu quero respirar."

"Você não precisa respirar ainda."

"Pra você tudo bem dizer isso, não está mais aqui. Parece bastante urgente — afinal de contas, é natural."

"Vá com calma, é claro que estou aqui também. Sim, é natural, mas as pessoas prendem a respiração pelo quádruplo desse tempo. Você está bem. Relaxe e continue."

"Vou respirar!"

"Ainda não — você pode respirar em trinta segundos — ainda não!"

"Vou respirar agora!"

"Está bem, pode respirar daqui a dez segundos. Consegue aguentar mais dez segundos?"

"Quieto, estou contando."

"Você pode contar até vinte?"

"Quatro... três... nosso acordo era dez! Dois... um..."

Abri meus olhos e vi Andrea dando uma gargalhada silenciosa.

"O que é tão engraçado?"

"Sua cara! Se você gastasse um pouco menos de energia na guerra consigo mesmo, prenderia a respiração por muito mais tempo."

Andrea tirou o monitor de meu dedo.

"Sua saturação de oxigênio é de 99,8%. Você realmente tinha que respirar?"

Eu resisti à tentação de soltar algum sarcasmo britânico. "Sim."

"Bem, nada em seu corpo precisava respirar. Apenas sua mente."

"Quanto tempo eu fiquei?"

"Dois minutos e trinta e dois segundos."

Não era bom. Eu faria o mergulho em menos de dois minutos e trinta e dois segundos. Essa não era a questão. Se eu não conseguisse manter meu Sabotador acuado para prender a respiração por quatro minutos deitado quieto na superfície, era improvável que conseguisse prendê-la por dois minutos e trinta num mergulho a 101 metros de profundidade no oceano.

Eu precisava usar as ferramentas da regra 4: construir aceitação, confiança, e obter evidências. Não adiantava ver isso como um fracasso. Eu estava onde estava mas precisava sair dali e avançar. Tinha de praticar essa habilidade todos os dias — até poder operar bem dentro de meu tem-

196 | VENÇA O TIGRE

po máximo com a respiração presa no dia da tentativa de bater o recorde. Então eu poderia reunir evidências contra o Sabotador.

Cinco meses depois eu estava de volta a Sharm. Havia trabalhado em minha batalha mental todas as manhãs. Consegui me forçar para além de minha zona de conforto (meu ponto de desistência desejado inicial) quando estava escrevendo, correndo, trabalhando, fazendo exercícios de yoga Kundalini. Eu aprendera a ir bem além do ponto onde minha mente queria que eu parasse.

Mas, ao ir além, eu assimilar algo muito mais importante do que simplesmente batalhar. Aprendera a confiar mais em mim mesmo e, quando a coisa ficava realmente desagradável, eu simplesmente parava antes de a luta começar.

Estava desistindo? Não. A única coisa da qual eu desistira quando estava prendendo a respiração era de lutar comigo mesmo. Compreendi que se mantivesse a mente quieta e evitasse a batalha por cada vez mais tempo, a luta para respirar chegava cada vez mais tarde. Quando chegava, eu respirava. Se precisasse ir até onde a batalha acontecia para assegurar o recorde, eu sabia que ainda teria pelo menos um minuto de tempo prendendo a respiração (sabia que podia lutar por um minuto) além de meu tempo em terra firme.

Também fiz outra descoberta extraordinária. Tenho dois canais de pensamento, ao que parece, mas nenhum espaço para mais nada. Se consigo ocupar um canal ficando completamente concentrado na tarefa técnica que precisa ser realizada no momento e ouvir uma trilha sonora de fundo no outro, não deixo espaço algum para o Sabotador em minha mente. Antes, tanto montando cavalos de corrida quanto praticando mergulho livre, eu achava que se alguma coisa me distraísse de minha tarefa técnica — principalmente um problema imaginado — esse canal desocupado em minha mente poderia começar a passar um filme catastrófico comparável a *Inferno na torre*.

Isso exigiu prática. Levei a mesma música para cada sessão de yoga, cada corrida, cada cavalgada e cada mergulho. Você também pode ouvi-la no Taming Tigers campus, na internet. É claro que tenho que conseguir ouvir a música em minha imaginação.

Então lá estava eu, cinco meses depois, mergulhando em "imersão livre". Isso significa que puxei a corda para baixo para começar a mergulhar, atingir uma flutuação neutra e afundar — de início devagar, depois aumentando a velocidade. Quando cheguei à profundidade planejada, dei meia-volta e retornei à superfície, mão após mão. Foi um mergulho de aquecimento antes de levar o lastro a 90 metros de profundidade pela primeira vez.

Andrea sugeriu ir a 30 metros. Eu não tinha a menor ideia da profundidade em que estava agora, porém. A água passava ondulada por meu corpo enquanto eu concentrava um canal de minha mente em relaxar meus músculos, examinar se havia alguma tensão em mim, verificar minha posição na água. A música estava tocando alto, belamente, e não queria que o mergulho terminasse — não tinha vontade alguma de olhar para o meu computador e ver em que profundidade estava. Mas eu estava me movendo muito rápido — o ritmo da descida significava que eu devia ter ido bem além dos 30 metros. Hora de voltar.

Comecei a subida, uma mão de cada vez. Não tinha a menor ideia de até onde descera, nem de o quanto tinha de subir. Estava gostando e escolhera cometer um erro primário. Mas ficar concentrado no erro não poderia me ajudar.

198 | VENÇA O TIGRE

Estava ansiando por respirar, mas não havia medo algum nem tensão. Por que haveria? A que propósito isso poderia me servir?

Na superfície, abri os olhos e meu computador indicava 52 metros e um tempo de mergulho de dois minutos e quarenta segundos.

Andrea sorriu. "Pronto para 90 metros?"

"Pronto."

127.400 decisões

Estamos escrevendo a história de nossas vidas. Mas estamos escolhendo as palavras ou é o nosso Tigre que está ditando? Se as vozes moderam nossas ações cinco vezes por dia, calculamos que 127.400 decisões — e, em seguida, ações — são ditadas pelo Tigre.

Quem gostaria que escrevesse a história de sua vida — você ou o Tigre?

É a sua vez.

Coisas que o Tigre quer que você esqueça sobre a regra 4

Regra 4: Tudo está na mente

A batalha na mente é a batalha humana heroica. É o motivo pelo qual assistimos a esportes, lemos literatura e vamos ao cinema.

Você tem três vozes em sua cabeça:

A voz de seu Eu — que você está ouvindo cada vez mais ao longo deste livro.

O Sabotador — que o critica no momento de sua atuação, ao vivo e em público.

O Diretor da Escola — que o critica e censura seus planos enquanto você reflete sobre eles, antes da ação.

Ferramentas para lidar com o Sabotador:

- Reúna evidências.
- Construa autoconfiança.
- Concentre-se na realização da tarefa em questão com brilhantismo.
- Use o treinamento mental.

Ferramentas para lidar com o Diretor da Escola:

- Treine a si mesmo.
- Obtenha apoio — siga a regra 5.
- Lide com os "e se" de frente e com inteligência.

Agora conecte-se ao site tamingtigers.com e assista ao filme intitulado *The Hero's Journey*.

Estudo de caso 4:
Murray Elliot

Antes de assistir a uma palestra de Jim, eu praticava arco e flecha num clube. Chegara até a representar a Escócia algumas vezes, mas não me esforçara o suficiente para dar esse passo adiante. Há anos vinha falando com algumas pessoas sobre a equipe das Paraolimpíadas. As pessoas sugeriam que, com minha deficiência física, eu tinha chances de me qualificar, mas nunca fizera muito esforço para isso.

Houve um momento na apresentação de Jim sobre *Vença o Tigre* em que ele falou sobre como o tempo é limitado e que, se quer fazer alguma coisa, precisa seguir nessa direção hoje; e também sobre assegurar que você ande com suas próprias pernas e que entre em contato com as pessoas com as quais precisa falar para progredir. Pensei: "Ele está certo". Muitas coisas que ele disse se encaixaram quase como uma filosofia de vida e tiveram um impacto significativo sobre mim.

Depois daquela conversa, dei alguns passos e entrei em contato com pessoas para saber sobre a equipe das Paraolimpíadas. Eu havia iniciado esse processo antes e fizera algumas inscrições sem realmente dar continuidade, mas dessa vez pensei "Vou fazer de verdade, ou então vou sempre ficar me questionando sobre isso". Dessa vez eu não desistiria.

Dois ou três meses depois, fui convidado para um fim de semana de identificação de talentos. Foi quando me disseram que eu era absolutamente adequado para a equipe das Paraolimpíadas e, na verdade, seria um dos caras que desafiaria os atletas já existentes. Em seguida, entrei em contato com várias pessoas com o objetivo de encontrar instalações de treinamento apropriadas e conseguir alguém para me treinar. Arrisquei-me um pouco, disse às pessoas o que estava fazendo e, com isso, consegui instalações de treinamento grátis. Depois disso, fiquei feliz quando me ofereceram um lugar na equipe de desenvolvimento do time das Paraolimpíadas e fui convidado para ingressar numa via rápida da British Paralympic Association, que oferece treinamentos adicionais com a intenção de chegar às Paraolimpíadas. Isso significou que eu estava considerando chegar a Londres 2012. Deixar de ser um arqueiro de clube para imaginar que poderia estar na disputa por Londres foi um salto enorme!

Depois de ouvir essas notícias, fiz mais algumas consultas e consegui ingressar no Eastern Scotland Institute for Sport, que ajuda atletas a receber treinamento adicional, incluindo psicologia, estilo de vida e forma física. Até então, ninguém fizera essas coisas por mim, mas, lembrando da fala de Jim, percebi que precisava falar com as pessoas certas e levar isso adiante por conta própria. O Eastern Scotland Institute for Sport me ofereceu um título de sócio e me deu de graça o treinamento adicional que eu precisava, o que foi extremamente importante.

Tudo o que aconteceu mudou completamente minha vida. Acho que, como resultado, estou assumindo o controle de muitas coisas, como compromissos de trabalho e financeiros, porque você precisa fazer um plano para entrar num ambiente de alto desempenho. Tive que mudar minha dieta também.

Toda a experiência levou a uma mudança fundamental, que tem sido assustadora, mas estimulante. O modo como vejo meu esporte e também a forma como percebo minha vida profissional se alteraram. A quantidade de tempo e esforço que tenho investido em mim como indivíduo aumentou, mas, por sorte, tenho uma esposa que me apoia; ela também compete em arco e flecha, portanto entende o que estou tentando fazer, o que é absolutamente vital.

202 | VENÇA O TIGRE

Fui à palestra de Jim com a mente aberta, uma vez que nunca assistira a oradores motivacionais. Você ouve falar de pessoas que vão vê-los e saem falando deles e isso parece ótimo, mas nada muda de verdade. Pensei que a palestra de Jim seria um pouco de entretenimento leve no meio de uma conferência longa — eu não esperava tomar qualquer decisão que mudasse minha vida. Desde então, já vi outros dois oradores. Um deles me divertiu bastante, mas não me disse realmente nada, e achei o outro interessante, mas não levei muita coisa comigo para aplicar à minha vida.

Acho que meu principal Tigre é minha falta de autoconfiança e de crença em mim mesmo. É aquela vozinha que fica dizendo "Você não é bom o bastante." Há uma parte da palestra de Jim em que ele fala sobre o cara que se aproxima da mulher bonita para falar com ela e a vozinha fica dizendo "Você não é bom o bastante. Volte para o seu lugar." Desde que iniciei esse processo, minha confiança em mim mesmo aumentou imensamente. Meus amigos e minha família me apoiavam, o que é importante, mas pessoas do esporte que não me conheciam me diziam que achavam que eu era sim, bom o suficiente.

Certamente tive alguns reveses ao longo do caminho. Este ano, recebi um bocado de treinamento de pessoas que não me conheciam, ou que não me entendem como ser humano, e, como resultado, meu desempenho caiu na última temporada. Houve momentos em que senti o velho Tigre voltando. Em meu primeiro evento internacional — a primeira vez que vesti a camisa da equipe britânica — atirei tão mal que depois comecei a chorar. Sabia que era mais do que capaz de vencer as pessoas naquele campo, mas estava atirando muito mal. Foi muito deprimente para mim depois de todo o treinamento, mas no fim pensei "Eu posso fazer isso! Eu quero chegar às Olimpíadas de Londres 2012 e, quaisquer que sejam os problemas, vou enfrentá-los e resolvê-los."

Agora estou planejando me recuperar técnica e emocionalmente e me livrar da ansiedade com o desempenho. No fim, mesmo as dificuldades têm sido uma experiência positiva, porque aprendi muitas lições valiosas sobre mim mesmo e sobre meu desempenho. Afinal de contas, são apenas Tigres que preciso vencer

Regra 5 · As ferramentas para vencer o Tigre estão à sua volta

Como você segura um cavalo de corrida?

No início de 2004, esta era uma pergunta que me consumia. Se não conseguisse melhorar nisso, fracassaria em meu objetivo. Ou, pior, acabaria ferindo um cavalo ou uma pessoa. Vou explicar.

Segurar um cavalo de corrida significa não deixá-lo disparar. Quando você está com seus estribos sobre uma tonelada de músculos de um puro sangue em disparada, não há muito que possa fazer. É como estar no banco de uma motocicleta e esta acelerar por conta própria numa estrada, costurando no trânsito (há sempre cavalos à frente para se desviar) enquanto tenta dirigi-la com duas tiras presas às barras de direção e reduzir a velocidade dizendo "Oa".

Isso é profundamente desagradável e extremamente perigoso para o cavalo, para os outros cavaleiros e seus animais e para você, o jóquei. Não há medida de saúde e segurança que o proteja. Você não pode apertar Ctrl+Alt+Del para fazer o cavalo parar. Nem esperar que alguém o salve. Não é um videogame. Muito menos uma cena de proezas cuidadosamente gravada em um filme em que o espectador confia que tudo acabará bem. Você está fora de controle a mais de 60 quilômetros por hora, às 7 horas, embaixo de chuva. É bastante real.

Pouco depois de Gee me apresentar aos Bosleys, ela também me apresentou a um vizinho deles, Charlie Morlock, que gentilmente aceitou me dar uma mão também. Todos os dias, eu fazia dois *lots* (levar um grupo de cavalos de corrida para se exercitar), para os Bosleys, ou dois para Charlie, ou programava cuidadosamente uma corrida de um haras ao outro para fazer um *lot* para cada um deles.

De início, a equipe de Charlie não ficou muito impressionada com o novo "jóquei". E tinha lá seus motivos. A minha presença tornava as coisas um pouco mais animadas do que deveriam ser. Eu também não escondia meu plano de correr na pista e acho que eles viam aquele londrino que não sabia montar como um pouco convencido. Um argumento justo.

Durante uma de minhas primeiras manhãs no haras de Charlie, disseram-me para iniciar um meio-galope atrás de uma fila de cavalos e ficar ali. Estávamos exercitando os cavalos no caminho de Blowing Stone, em Kingston Lisle, que faz uma curva de quase 90° a um terço do percurso. Os cavalos sempre tentam aumentar a velocidade ao sair da curva, e aquele dia não foi exceção. Quando fizemos a curva, meu animal abaixou a cabeça e foi. Eu não o segurei e passamos voando por todos os outros até que me vi tentando enfiá-lo atrás do primeiro cavalo, montado por Leon "Mãos Mágicas". Se eu não conseguisse segurá-lo atrás de

206 | VENÇA O TIGRE

Leon, não haveria nada me impedindo de galopar feito um louco pelo interior de Berkshire.

O problema foi que Leon — um cavaleiro profissional muito talentoso de quase 70 anos — estava sentado sobre um dos cavalos mais difíceis do haras. Enquanto eu tentava segurar minha montaria atrás do animal dele, parecia que os faria esbarrar nas patas um do outro, levando-nos ao chão, num acidente bastante perigoso que poderia facilmente resultar na morte de um cavalo ou um jóquei. Não quis arriscar, então desisti, ultrapassei Leon e — quando o cavalo viu o caminho aberto à frente — acabei perdendo o controle, seguindo em plena disparada. O animal de Leon fez de tudo para escapar de seu controle e nos acompanhar, mas foi mantido num meio-galope constante pelo mestre. Meu cavalo decidiu parar no alto do morro. Claramente eu tinha muito o que aprender.

Voltamos para o haras e desarreamos os cavalos. Eu estava fazendo dois *lots* naquele dia, logo, havia um café da manhã entre os dois, e eu não estava ansioso para ele depois de meu desempenho. Entrei na cozinha do Raceyard Cottages e, sem jamais ter visto Leon antes, estendi a mão para me apresentar. Ele apertou minha mão e disse: "Acho que já nos encontramos esta manhã." Eu e Leon ficamos amigos e ele me ajudou muito, mas não foi um bom começo.

Logo depois, fui convidado pelo então noivo de Gee (hoje seu marido), Mark Bradburne, a visitar o haras de Henry Daly, em Ludlow, onde ele era jóquei permanente. Quando nos aproximamos do caminho do galope, Mark me disse para ficar a 8 corpos de distância dele e não me aproximar. Havia apenas uma dupla atrás de mim e a fila de mais ou menos 15 cavalos estava desaparecendo em meio à neblina do morro à frente. A vista era de tirar o fôlego. Eu me sentia ótimo quando começamos a galopar.

Mantive a égua a 8 corpos de Mark e estava começando a relaxar e aproveitar o passeio quando ouvi um grito de "Vou passar!" — este é o grito de um cavaleiro que está perdendo o controle e avisando a você que está prestes a deixar o seu cavalo atiçado ao passar por ele. Lá se foi minha égua como um raio. Em seguida, eu estava ao lado do próprio Mark, gritando "O que é que eu faço?". Mas não ouvi sua resposta enquanto ele desaparecia na névoa à nossa frente. Costuramos em meio à fila de animais até que, na neblina, comecei a distinguir uma visão assustadora: sete ou oito dos melhores corredores do Sr. Daly fazendo uma curva no alto do caminho. E uma visão ainda pior: o próprio Henry Daly, de boné e galochas, parado ao lado de seu cavalo, assistindo à aventura se desenrolar com olhos arregalados e boquiaberto.

Não estávamos diminuindo a marcha. O que aconteceria em seguida?

Decidi tomar uma atitude e direcionar a égua para fora do caminho. Entramos no campo em meio à neblina. Geralmente os galopes terminam no alto de um morro, e o do Sr. Daly não era uma exceção. E se você galopa para fora do topo do morro, começa a descer. E isso significa que está ganhando velocidade.

Agora seguíamos — em plena disparada — morro abaixo.

Apenas o barulho dos cascos e da respiração de um cavalo na manhã silenciosa e enevoada de Shropshire. Quer dizer, isso até uma terceira presença se juntar a nós: uma cerca viva se aproximando rapidamente. Uma cerca viva enorme, que achei que minha égua não poderia transpor, mesmo que eu tivesse alguma ideia de como saltar sobre uma cerca a cavalo.

208 | VENÇA O TIGRE

Decidi cair fora. Sentado sobre a sela, os dois pés soltando dos ferros, virei-me e saltei.

Quando ergui os olhos, o cavalo estava saindo do campo num trote calmo, rédeas soltas, ferros balançando, e passando por um portão aberto. Fiquei aliviado ao descobrir que conseguia me levantar. Além de não saber onde meus óculos de proteção haviam ido parar, eu estava coberto de lama. Fora isso, estava bem.

Voltei para o haras dez minutos depois e o cavalo já havia sido lavado e estava em sua baia. Decidi consertar as coisas com o Sr. Daly. De início, ele não parecia disposto a fumar um cachimbo da paz comigo. Depois de algum tempo, cedeu. Obrigado, Sr. Daly. Desculpe, Mark.

Chega. Hora da regra 5. As ferramentas para vencer o Tigre estão à sua volta.

No dia seguinte, eu não queria andar a cavalo. Não me sentia seguro. Não era uma questão de "voltar a subir no cavalo", era uma questão de causar danos a uma pessoa ou ferir um animal. Então não fui. Eu simplesmente não sabia fazer aquilo e todo mundo me disse que era "tato". Bem, parecia que eu não tinha "tato" e não tinha muito tempo para adquiri-lo também. Liguei para Gee e lhe contei o problema. Naquela noite, Gee, Mark e eu fizemos um plano.

Pegaríamos emprestado um cavalo de corrida que não tivesse se exercitado naquele dia. Nós o levaríamos para galopar depois de todos os outros cavalos irem para casa. E eu o pararia. E o faria repetidas vezes, até ter controle sobre ele.

Mark veio, Gee veio e Charlie — que nos emprestara um cavalo de corrida — veio também. Charlie estava na frente do galope para me ajudar a começar com firmeza e não entrar numa batalha. Gee iria a meio caminho para aconselhar sobre minha posição na sela e Mark variaria sua posição à frente de Gee para estabelecer diferentes pontos de parada. Não pararíamos no fim do caminho, onde o cavalo sabia que era esperado que parasse, mas no ponto *exato* onde Mark estivesse ao longo do caminho.

Para me ensinar a segurar um cavalo no campo, eu tinha Charlie, um ex-jóquei e talentoso treinador; Gee, uma jóquei campeã; e Mark, um excelente jóquei de provas de salto, que acabara de chegar em segundo lugar na Grand National. Como isso aconteceu?

Regra 5: As pessoas são ótimas.

Depois de meia hora de treinamento intenso, eu estava bem. Não ótimo. Mas eu tinha uma atitude totalmente diferente e estava ficando mais firme em minha técnica. Eu também havia recuperado alguma confiança. Estávamos de volta ao caminho e eu montaria de novo no dia seguinte. A regra 5 havia operado sua magia mais uma vez.

Regra 5: As ferramentas para vencer o Tigre estão à sua volta

A pessoa que mais pode lhe ajudar a fazer aquilo que você quer fazer neste momento está esperando a sua ligação.

Ah, você está pensando: "Pode ser que esteja esperando a sua ligação, Jim, afinal de contas você escreveu um livro e tem um site. Mas não acho que esteja esperando a minha ligação..."

Esta é a resposta mais comum a uma apresentação à regra 5. Não é extraordinário? O Livro de Regras entra em ação e oferece a você o perfeito argumento intelectual para protegê-lo de enfrentar o medo e o desconforto de fazer algo levemente assustador: dar um telefonema. A que preço para sua história?

210 | VENÇA O TIGRE

Ao entrarmos nessa regra juntos, você vai parar de acreditar em mim. Teremos um pequeno abalo em nossa relação de confiança. Provavelmente já o tivemos na primeira afirmação desta seção. Tentarei reconquistar você e então, por fim, lhe farei uma pergunta arrasadora. Espero que, quando eu a fizer, você tenha voltado para mim, e eu e você tenhamos dissipado a dúvida e estejamos voando novamente.

Se eu obtiver sucesso e você decidir usar essa regra para ajudá-lo a domar seu Tigre e escrever o próximo capítulo de sua história, resultados extraordinários se seguirão. Então, lá vai.

O PROBLEMA DE PEDIR AJUDA

Temos enormes problemas culturais em pedir ajuda. Muitos aprendem na escola que é uma fraqueza pedir algum tipo de auxílio. Carregam essa crença — e o consequente medo que atiça o Tigre — de buscar ajuda no local de trabalho: isso é visto como um sinal de incompetência, de imperfeição.

A imperfeição não é, porém, um obstáculo ao nosso sucesso e tampouco um obstáculo a pedir ajuda. Gastamos um tempo valioso tentando nos tornar perfeitos antes de buscar a assistência de outras pessoas. Como a perfeição é impossível, também temos uma probabilidade maior de desistir. A imperfeição não é a barreira. A barreira é buscar a perfeição.

Buscar ou tentar fingir perfeição é também um obstáculo à interdependência. Algo com superfície macia tem dificuldade de progredir em outra superfície. É difícil progredir com pessoas perfeitas porque elas são irreais; estão se escondendo de nós. A regra 5 não funciona bem para alguém que não é autêntico. É por isso que ela ocupa seu lugar como regra 5. As regras de 1 a 3 — as regras da integridade — precisam vir primeiro. Em seguida, os processos da mente devem ser entendidos (regra 4). Esta é a regra da liderança.

DEPENDÊNCIA

Começamos a vida como criaturas dependentes. Não podemos sobreviver sem que outro cuide de nós o suficiente para nos alimentar, vestir-nos e até lidar com nossos dejetos corporais. Quando cresci ao ponto de poder lidar com estes últimos, mas ainda dependendo de meus pais para comer e me vestir, comecei a ficar bastante impaciente para chegar à fase seguinte: a "Independência".

Quando eu estaria lá fora por minha conta?

INDEPENDÊNCIA

Que sensação! A liberdade de chegar em casa à hora que quiser, de voltar a um lugar cuja chave da porta da frente você tem, de talvez ir ao encontro de outra pessoa que, por mais incrível que pareça, se interessa por você.

Quando eu era um jovem advogado, a palavra "independência" era particularmente importante para mim e meus colegas. Tínhamos pressa para provar que não precisávamos que outros advogados cuidassem de nós. Aos 20 e poucos anos, eu finalmente alcançara algum nível de independência no trabalho e fora dele. Eu me sentia livre.

Mas não era livre. Encontrara uma nova prisão. Uma prisão cercada de Tigres. Uma prisão chamada Eu. Uma liberdade de ambição definida apenas por minha imaginação independente. Uma liberdade de agir definida apenas por meu nível de coragem independente. Um ritmo de execução estabelecido simplesmente por minha capacidade independente de fazer as coisas. Em retrospecto, a independência tinha suas limitações.

Não fazia ideia de que a vida tinha outro nível nessa aventura de crescimento particular. Não pensara na tremenda sensação, responsabilidade, alegria e terror de verdadeiramente me juntar a outras pessoas para o que desse e viesse.

Eu me desenvolvi tardiamente nessa área, com certeza. A realidade se tornou clara para mim durante uma de minhas idas regulares ao escritório de Gee, na casa de AP McCoy, para lhe contar como as coisas estavam indo no haras. Nós conversamos e ela tomou uma Coca Diet e comeu alguns Minstrels, meus doces preferidos. Eu tomei água e belisquei um dos Jaffa Cakes da campeã. Conversamos sobre como eu estava indo nos galopes.

Quando estava prestes a sair para ir a uma reunião em Londres, Gee comentou como estava surpresa por eu nunca me assustar com as coisas que ela me pedia para fazer ou com as situações que o ritmo do progresso estava me forçando a enfrentar. Eu me lembro de ter parado e pensado em detalhes sobre se deveria seguir meus instintos e dar uma resposta suave ou se deveria dizer a verdade. Disse a verdade.

"Eu estou assustado boa parte do tempo."

"O quê? Você tem que me dizer se está assustado. Eu tenho que saber!" Ela estava quase zangada. Nunca a havia visto assim. Fiquei pasmo.

"Por quê?", perguntei, arrependendo-me de minha sinceridade.

"Como posso lhe ajudar se não sei no que está precisando de ajuda?"

Foi quando comecei a entender que Gee estava operando num nível diferente do meu. Até então eu achava que ela era hábil em sua área e estava transmitindo essa habilidade para mim. Agora eu percebia que havia muito mais, que ela sabia coisas que eu não havia descoberto.

Gee estava me dizendo que se eu não quisesse ser vulnerável o bastante para ser sincero com ela sobre minhas fraquezas, ela não poderia trabalhar comigo tão rapidamente quanto seria capaz de outro modo. Eu estava frustrando o projeto com meu orgulho. Mas eu nunca havia contado a ninguém essas coisas — minhas preocupações e meus temores, incluindo o suor frio e tudo mais. Com certeza ela cairia fora se soubesse o quanto eu era patético.

Estava sendo o que tinha tanto orgulho de ter me tornado: "Independente." Eu mantivera minhas cartas de verdade perto de meu peito. Precisava entender o passo seguinte: "Interdependência." Precisava mostrar minha mão a Gee — os dois e os três, bem como os ases. Tive que enfrentar muitos Tigres relacionados àquilo. Mas tentei fazer isso. E ela me ajudou a lidar com coisas que me preocupavam. E não caiu fora. Nunca.

INTERDEPENDÊNCIA

Aceitar o valor da interdependência — e se dispor a se empenhar por ela — é o ponto de partida para obter o direito de usar o poder da regra 5. Em parte isso tem a ver com o poder das equipes e do trabalho em equipe, mas tem muito mais — como levamos essa equipe, e nós mesmos, para a interdependência? Tornando-nos vulneráveis; imperfeitos. Tornando-nos parte de — e construindo — uma equipe

214 | VENÇA O TIGRE

realmente boa, com a força de seus membros reconhecida e prezada, e a fraqueza aceita e protegida por outros membros da equipe.

Quando estamos agindo fora de uma equipe, podemos ser autênticos com os outros em nossas atitudes de pedir ajuda e apoio?

Um guia de iniciante para a regra 5

Regra 5: As ferramentas para vencer o Tigre estão à sua volta. O que quer que você queira começar a escrever em seu próximo capítulo, os instrumentos para ajudá-lo a fazer isso estão à sua volta. Por que não faz uma lista deles? Eu não tenho a menor ideia do que eles são para você. Talvez sejam a marca que você tem em seu cartão de visita — já pensou no poder que isso lhe dá? Pode ser que sejam as pessoas que conhece no trabalho, a experiência que está à sua volta, mas que o Tigre o impede de se mostrar vulnerável a ela e de buscar a assistência nela. Quem sabe não seja um amigo de um amigo que você ainda tem que conhecer.

Talvez a ferramenta para você seja sua inventividade, suas habilidades de comunicação, sua educação, sua mãe, o encontro que tem esta tarde com uma pessoa a quem pode acrescentar alguma coisa nova.

Você pode estar lendo a ferramenta certa neste momento. Eu não sei. Mas juro que *você* sabe.

Pense!

Ao longo deste livro, você está pensando nas coisas que não fez — oportunidades que já não estão aí e que foram roubadas pelo Tigre. Mas as ferramentas continuam aí para lhe ajudar. Não repita o erro.

Ao longo deste livro, passam em sua cabeça coisas a que deveria estar dando continuidade agora. O que escreverá no próximo capítulo de sua história.

Ao ler este livro, você decidiu fazer coisas e o Tigre *já* o impediu de fazê-las, não? Não deixe que ele desperdice outra frase de sua história!

Use a regra 5 para encontrar as ferramentas para escrever o próximo capítulo de sua história.

Vamos trabalhar por um instante com pessoas sendo "ferramentas". Pense em alguém de que você precisa para lhe dar auxílio — a pessoa mais ultrajante, poderosa e aparentemente inacessível que poderia lhe ajudar a fazer o que precisa ser feito, ou pelo menos lhe ajudar a começar. Sim, voltamos à afirmação com a qual iniciamos a regra 5:

A pessoa que mais pode lhe ajudar a fazer aquilo que você quer fazer neste momento está esperando a sua ligação.

Agora ligue para essa pessoa. Se ela se recusar, telefone para a segunda da lista. Aquela que mais pode lhe ajudar está esperando.

Prometi que em algum momento brigaríamos durante este livro, que eu forçaria sua confiança e perderia você. Este é o momento. Se sua confiança não está sendo forçada, então imagino que já esteja ao telefone. Se não, você não tem certeza, pense nisso por um instante antes de pular este capítulo.

As pessoas são as "ferramentas" mais estimulantes para ajudá-lo a realizar as coisas. Elas são mais maravilhosas do que você pode imaginar. Veja a ação ousada que escolhi para iniciar o projeto da corrida de cavalos. Michael estava esperando minha ligação. Gee estava esperando minha ligação. Nenhum dos dois sabia disso, é claro. Eles não tinham a menor ideia de que eu existia, assim como eu não fazia ideia de que eles existiam, mas essa não é a questão — embora meu Tigre vá lhe dizer que é. Seis dias depois

216 | VENÇA O TIGRE

de ela ouvir meu nome pela primeira vez, eu estava tendo uma aula de equitação — com Gee Armytage!

Inverta isso por um instante. Se uma pessoa lhe telefonasse e dissesse que você é quem mais poderia ajudá-la, que tem a experiência e sabedoria para oferecer alguns conselhos e que estava disposta a atravessar o país para visitá-lo e receber sua orientação quando você pudesse recebê-la, diria a ela para cair fora?

Então o que o está impedindo de telefonar? O Tigre?

Você não consegue encontrar o número? Tente com mais afinco. Afinal de contas, dizem que existem apenas seis graus de separação entre as pessoas. Procure em sua lista de e-mails, em sua rede social, na internet. Use sua imaginação e sua criatividade para descobrir como chegar a ela.

Eu já o trouxe de volta, ou você ainda não se convenceu? Fique comigo um pouco mais. Temos que chegar àquela pergunta arrasadora.

Ganhando o direito ao poder da regra 5

Esta é uma regra muito potente; fica no centro das Dez Regras porque é um passo crucial. Esses poderes e esse movimento não vêm de graça. Você tem certas responsabilidades a cumprir e manter para ganhar o pleno poder da regra 5.

RESPONSABILIDADE 1: EVITAR O PENSAMENTO X FACTOR

Você precisa ter estabelecido a integridade, avançado para a autossoberania (regras 1-3) e estar no controle de si mesmo em situações de pressão (regra 4) antes de ser bem-sucedido na regra 5. A única exceção a isso é se você não encontrar a integridade e precisar de assistência para usar as regras 1-3.

Deixe-me explicar isso com uma história de algo que aconteceu em março de 2008.

Essa regra sofreu um grande desafio em uma apresentação após um jantar de gala em Leeds, por uma mulher que trabalhava para um órgão do governo britânico.

"Espere aí", interrompeu ela, "você está me dizendo que lorde Andrew Lloyd Webber me daria um papel em um de seus musicais se eu pedisse?"

"Ela é uma atriz amadora", acrescentou alguém ao seu lado.

"Eu não sei", afirmei, "mas acho que se você telefonar para o escritório de lorde Andrew Webber de um jeito bem educado, contar a ele sobre todo o trabalho que tem feito para se tornar atriz de teatro musical, dizer que está disposta a continuar trabalhando duro para ser intérprete e, em seguida, pedir, com muita delicadeza, cinco minutos de orientação, ele provavelmente lhe dará."

Ela não aceitou o desafio. Suponho que não estava preparada para fazer nada mesmo. Acho que queria atacar publicamente a regra 5 porque isso poderia funcionar — e exigiria dela confrontar o fato de que nunca encararia o Tigre e pegaria o telefone, ou nunca trabalharia com as duras regras da integridade 1 a 3. Hora de examinar o problema *X Factor*.[*]

A regra 5 é uma das regras da liderança. As regras da liderança permitem a você assumir o controle de sua história, ou "liderá-la", e trabalhar com outras pessoas para escrevê-la. Seus fundamentos são as regras da integridade,

---

[*] Referência ao programa musical de calouros da TV americana *(N. do T.)*

218 | VENÇA O TIGRE

a coragem de fazer ações ousadas, a vontade de questionar o Livro de Regras (toda aquela sabedoria recebida que nos aprisiona), a coragem de construir um plano e, todo dia, o que quer que aconteça, pôr um pé na frente do outro para atingir nossos prazos finais autoimpostos.

As pessoas que pensam que a regra 5 pode funcionar sem as regras 1 a 4 estão sofrendo do problema *X Factor* — a crença de que isso pode ser possível sem trabalho duro, apenas com alguma sorte e uma mãozinha. Essa convicção é respaldada em nossa cultura de fama e fortuna instantâneas, bem como por alegações de gurus de autoajuda de que seus livros podem nos levar ao sucesso/felicidade/perda de peso. Curiosamente, o estrelato imediato que uma vitória no *X Factor* traz em geral é concedido a alguém que passou muito tempo trabalhando duro e na obscuridade para cantar.

A regra 5 diz: prepare-se para o *X Factor* se você quiser se apresentar. Use qualquer possível caminho legal e ético que encontrar para alcançar seu objetivo. Mas só vá para o *X Factor* se você trabalhou duro para justificar sua presença. Use isso como uma ferramenta da regra 5, sem dúvida, mas não como substituto do esforço — a não ser, é claro, que queira ser ridicularizado na televisão em horário nobre.

RESPONSABILIDADE 2: APOIAR OS OUTROS

Não seria razoável esperar que os outros o apoiem enquanto você está ocupado demais para apoiar os outros. Ninguém fica controlando isso, é claro, e não me pergunte como os mistérios do universo funcionam nesse aspecto, mas geralmente funcionam. Ao fazer sua jornada para a interdependência, você se abrirá à aproximação de pessoas que buscam acesso à sua sabedoria, à sua experiência. Seja íntegro com elas. Aproveite e saboreie a oportunidade.

Responsabilidade 3: Respeitar suas palavras

É comum ouvir pessoas criticando outras. É raro vermos essas mesmas pessoas demonstrarem autenticidade e coragem tendo uma conversa aberta para resolver suas diferenças com os outros. Tornou-se normal, mesmo nos níveis mais elevados das corporações, o surgimento de facções — unidas contra um indivíduo que não tem a menor ideia do que fez para se ver nessa situação. Essa disfuncionalidade e desonestidade prejudica o poder da regra 5 para nós como indivíduos, e tem um impacto muitas vezes maior do que poderíamos supor sobre o desempenho da equipe ou da organização como um todo.

Nós somos humanos, portanto de vez em quando temos críticas duras a respeito de outras pessoas. Eis uma sugestão que você poderá gostar de considerar para ajudá-lo a manter o rumo e se beneficiar do pleno poder da regra 5. Sempre que se vir falando de outra pessoa, imagine que ela está ouvindo a conversa. Tem certeza de que ficaria feliz se ela ouvisse tudo o que você está dizendo? É um teste simples para verificar se sua ação é íntegra, sendo quem você quer ser, e não se promovendo à custa de outra pessoa.

Muitos de nós subestimamos os poderes que temos. Certamente subestimamos o poder das palavras que proferimos. Nossas palavras têm um poder imenso. Com elas, você tem um impacto sobre os outros muito maior do que imagina. Aproveite esse poder de modo positivo; desfrute de suas

220 | VENÇA O TIGRE

palavras. Ponha energia e pensamento nelas. Suas palavras são uma impressão digital única deixada sobre o mundo, seus colegas, seus negócios, seus clientes. Quando deixamos uma impressão digital da qual não nos orgulhamos, geralmente é porque o nosso Tigre está em ação, criando e alimentando nossos medos e inseguranças.

A pergunta arrasadora

É claro que a essa altura você sabe qual é a pergunta e provavelmente está esperando que eu não a faça.

Por que você não deixou o livro de lado e telefonou para aquela pessoa que mais poderia ajudá-lo a escrever o próximo capítulo? Tem certeza de que não é o Tigre impedindo você?

É a sua vez.

Coisas que o Tigre quer que você esqueça sobre a regra 5

Regra 5: As ferramentas para vencer o Tigre estão à sua volta

Aquele que mais pode ajudá-lo a fazer o que você quer neste momento está esperando seu telefonema.

Temos um problema cultural em pedir ajuda — quando foi a última vez que você fez isso? Gostaria se alguém lhe pedisse ajuda?

Desperdiçamos tempo para nos tornarmos perfeitos (fazendo todos os exames ou seja lá o que for) antes de tentar ou mesmo pedir ajuda com a coisa. Seja imperfeito, aceite isso e comece!

A interdependência é mais gratificante, mais divertida e proporciona um nível maior de aventura, além de uma chance mais alta de sucesso do que a independência.

Você tem que obter o direito ao poder da regra 1 com certas responsabilidades. Estas são:

- Evite o pensamento *X Factor* — faça o trabalho duro das regras 1 a 3 antes de esperar que outra pessoa leve sua carga.
- Apoie os outros.
- Respeite o poder das palavras.

Agora conecte-se ao site tamingtigers.com e assista ao filme intitulado ***Seven Billion People***.

Estudo de caso 5:
Peter Winters

Eu trabalhava em pesquisa de mercado farmacêutico havia quinze anos. Nos últimos, começara a pensar cada vez mais no desafio das mudanças climáticas e, em meu tempo livre, comecei a ler sobre isso e pensar: "O que podemos fazer?" Imaginava no que eu podia fazer, mas estava lutando para ver uma oportunidade comercial nessa área.

No ano passado, assisti a uma palestra de Jim Lawless em Malta. Eu não tinha qualquer ideia preconcebida quando fui vê-lo, mas tinha ouvido que ele era bem quisto pelo grupo do evento anterior e pensei: como ele foi recomendado, pode valer a pena ir. Achei a palestra de Jim interessante e motivadora — ele faz você se sentir como se pudesse fazer qualquer coisa — e, no final, levei um folheto para casa. O que me impressionou nele foi sua coragem de assumir um desafio. Uma coisa que ele disse que realmente me marcou foi que ninguém gostaria de ficar velho, em uma casa de repouso, lembrando do passado e sentindo como se tivesse perdido sua chance. É uma ideia poderosa.

Comecei a pensar de novo no que eu poderia fazer em relação às mudanças climáticas. Depois da palestra, falei com outra pessoa que estivera presente. Ela viera especialmente para ver a palestra de Jim e também foi bastante encorajadora. Eu lhe disse: "Tenho uma ideia e preciso fazer alguma coisa em relação a isso." Foi uma combinação da palestra de Jim com a conversa que tive com essa pessoa que me fez começar.

Algumas coisas aconteceram então em minha vida pessoal. Minha mulher é canadense e resolveu que queria voltar para

Montreal. Isso foi o impulso para eu finalmente decidir desistir da indústria farmacêutica e verificar o que poderia fazer em relação à mudança climática. Tive a ideia de abrir uma agência de pesquisa, realizando uma pesquisa consorciada sobre o mercado e as mudanças climáticas para depois vender as informações.

O desafio para mim era o salto para o desconhecido. O primeiro passo foi ir para o Canadá, porque isso me deu a oportunidade de fazer uma mudança. Tive que deixar meu emprego, mas tinha algumas economias e, como o Canadá tem um custo de vida menor que o Reino Unido, havia boas condições para abrir um negócio.

Comecei examinando em detalhes os desafios das mudanças climáticas. Fiz um bocado de pesquisas e preparei um documento de cinquenta páginas contendo um plano para ajudar os clientes a entender como o clima no planeta está mudando. Acho importante apontar para a direção certa e saber onde você está indo. Sem ter um plano, é possível perder a direção. Comecei a enviar o documento e recebi vários comentários positivos. Muita gente estava interessada nele e, potencialmente, em comprar as informações. Três ou quatro pessoas que o leram disseram que queriam trabalhar comigo e consegui formar uma equipe de gerência com quatro ou cinco pessoas.

Jim é bastante confiante e bravo. O jeito dele fica muito evidente, mais do que qualquer outra coisa. Isso faz você desafiar a si próprio e dizer: "Você é bravo?" Parte de meu plano de negócio foi vender minha casa no Reino Unido, o que, na situação do mercado imobiliário, foi um risco, mas valeu a pena por me permitir abrir o negócio.

Acho que tentar fazer alguma coisa assustadora todo dia é um bom lema. Às vezes eu faço, às vezes não. Mas acho que

224 | VENÇA O TIGRE

depois que você se compromete consigo mesmo a fazer alguma coisa, tem que ir até o fim, eu pareceria um tolo se não terminasse o que me comprometi a fazer. A situação em que você se põe quando se empenha em algo produz coisas assustadoras todos os dias, de qualquer modo.

O trabalho realmente fica enrolado em minha vida pessoal. Sou casado e tenho dois filhos pequenos, e me mudar para o Canadá, encontrar uma casa nova, tudo isso levou bastante tempo. Há um pouco de malabarismo, mas, se eu ainda trabalhasse em uma grande empresa, não teria liberdade para fazer isso.

Não me deparei com nenhum obstáculo que me fizesse querer desistir, mas acho que você precisa estar alerta para potenciais problemas no futuro. Ontem, alguém que faria algo bastante importante para o negócio percebeu que não daria certo para ele. Isso poderia ter sido um problema, mas eu tinha uma segunda opção. Nem sempre você sabe o que vai funcionar no planejamento de um negócio, então é uma boa ideia ter um plano alternativo.

Em geral, o projeto tem funcionado muito bem até agora e tenho tido bastante apoio de pessoas que gostariam de fazer parte da equipe.

Regra 6 | Ficar em grupo não é garantia de segurança

Se você quer encontrar os jóqueis mais brilhantes do mundo, vá ao bar de qualquer hipódromo.
Nesse bar, você encontrará a pessoa que *entende* de táticas de corrida, que *sabe avaliar* um espaço entre dois animais correndo a mais de 60 quilômetros por hora, que *consegue interpretar* uma corrida à sua volta e que *percebe* como um animal específico responderá a uma instrução de um cavaleiro.
Ele tem 30 quilos a mais, ou mais ainda. É pesado demais para correr. Nunca montou sequer em um pônei de escola de equitação — "Você está brincando. Essas coisas podem lhe fazer mal!" —, que dirá um cavalo de corrida em treinamento às 6 horas nas estradas de Lambourn ou Newmarket. Madrugadas e possibilidade de queda não são a sua praia. Ele está diante da terceira cerveja do dia às três da tarde, assistindo à corrida pela televisão do bar, porque está frio lá fora perto da pista — e parece que vai chover.

226 | VENÇA O TIGRE

Ele não trabalhou anos para aprender equitação, táticas de corrida, ou para perder peso e ficar em forma. Não passou anos treinando para manter sua integridade, de modo a inspirar confiança ao montar o favorito, quando o grande dia chega.

Mas se um jóquei que fez todo esse trabalho cometer um "erro" diante de nosso especialista, baseado em sua visão da corrida pela televisão (muito diferente da visão que o jóquei tem da corrida, eu descobri), ele irá até a área onde os cavalos são desarreados para dizer ao jóquei o que ele fez de errado.

Enquanto isso, na sala da imprensa, escritores assalariados produzem ou interrompem carreiras com base em suas avaliações sobre o que aconteceu na pista. Apenas um grupo seleto deles já montou em um cavalo. Um grupo ainda menor chegou a participar de corridas — e sempre vale a pena ler o que escrevem aqueles que o fizeram.

Em que lugar de nosso hipódromo metafórico você gostaria de passar a sua vida, meu amigo? No bar? Na sala de imprensa?

Ou na pista?

Com certeza seus heróis — sejam eles quais forem, de Mandela à sua mãe — são seus heróis porque estiveram na pista. Eles direcionaram suas bússolas para um propósito que valia a pena e tentaram chegar lá, o que quer que os negativistas tivessem dito no bar ou nos jornais. Não que tenham ignorado os conselhos dos outros; eles sabiam que não valia a pena serem arrogantes porque havia coisas demais em jogo. Mas tomaram suas decisões, agarraram-se a seus ideais, ousaram sonhar que conseguiriam chegar lá.

As pessoas que admiramos passaram suas vidas evitando a tentação de ficar tempo demais sentadas na tribuna.

Elas preferiram ficar na pista. Sabiam que era ali que teriam de estar para escrever suas histórias, para sua satisfação.

Enquanto os outros assistiam e julgavam, nossos heróis se acostumaram a se sentir expostos ao fazer o cânter diante da tribuna em direção à largada, no grande dia. Há muita gente ali, e muitas câmeras. Na pista, não há onde se esconder do julgamento.

Depois de deixarem os boxes, eles estão se concentrando no equilíbrio perfeito e em encontrar a melhor posição para os cavalos, e não no perigo no qual foram subitamente lançados. Tudo acontece rápido ali. As decisões são tomadas depressa. Mas eles se concentram em manter a respiração estável, tentando realizar tudo o que planejaram, sob a intensa pressão das condições da corrida.

Eles entram na reta final e veem a tribuna e o poste de chegada adiante. Eles ouvem o barulho do comentarista gritando para a pista enquanto se abaixam na sela e começam a trabalhar duro com seus cavalos para produzir uma última aceleração — talvez três ou quatro cavalos enfileirados agora, olho a olho; jóqueis batendo estribos a quase 65 quilômetros por hora; cavalos irrompendo. Espaços se abrindo — e se fechando — e a linha de chegada cada vez mais próxima. O tempo está se esgotando.

Encontram a parede de som — o rugido da multidão — e, assim que é percebida, ela desaparece. Distante e atrás deles, enquanto acalmam o cavalo e o trazem para um cânter suave, e em seguida um trote. Então eles se viram para deixar a pista. Exultantes? Em êxtase? Anos de comprometimento finalmente trazendo o prêmio?

Ou decepção? Um sentimento de ter desapontado grandes patrocinadores, de ter perdido um momento que, em retrospecto, estava ao alcance deles. Uma decisão tomada no

228 | VENÇA O TIGRE

furor da competição que talvez tenha sido errada. Assistir ao vídeo. A análise. A lenta recuperação. A promessa de aprender e melhorar.

Nossos amigos que estão no aconchego da tribuna sabem pouco sobre esse processo, mas são rápidos em avaliar se perderam algum dinheiro na corrida.

Todos os nossos heróis estavam na pista, fazendo as coisas acontecerem.

Você não pode escrever sua história ou domar seu Tigre se está na tribuna. Para você, senhor ou madame, isso talvez não seja novidade. Esteve lá, dando o melhor de si, exposto durante anos, e conhece bem a sensação. Criticaram-no e você suportou os espinhos. Talvez tenha passado dessa fase e pode ser que eles tenham engolido suas palavras agora.

Mas talvez este não seja você. Talvez você, na companhia da maioria das pessoas, prefira a multidão. A tribuna. Acompanhando as aventuras de outras pessoas. Julgando o desempenho dos outros. Assistindo enquanto eles escrevem as histórias de suas vidas. Enquanto fazem as coisas acontecerem.

Regra 6: Ficar em grupo não é garantia de segurança

Nossa mídia nos diz que é. Nossas famílias com frequência nos garantem isso. Nossas escolas quase sempre nos afirmam esse fato (enquanto estamos lá e em seus conselhos sobre a grande aventura que nos aguarda depois que sairmos). Muitas vezes até convencemos a nós mesmos de que essa declaração é verdadeira. Isso é muito mais atraente do que enfrentar as tentativas do Tigre de nos assustar e nos afastar do caminho em que ficamos expostos.

Então por que — quando está claro até mesmo para uma criança que as verdadeiras aventuras não acontecerão se corrermos feito um gnu com o rebanho — insistimos em ficar agarrados à multidão?

O Tigre nos diz para fazer isso.

Deixe-me fazer uma distinção importante aqui. Nenhum aspecto de domar o Tigre exige que corramos contra a multidão apenas por correr. Não se trata de ser rebelde ou de ignorar boas soluções que outras pessoas já criaram quando podemos (eticamente) tomá-las emprestadas ou construir tendo com base o trabalho delas. A regra 6 não é sobre ignorar com arrogância os conselhos, ou o retorno dado por outras pessoas cuja assistência seríamos sábios aceitando-as.

A regra 6 é sobre não temer se levantar e expressar sua opinião quando o momento chegar — mesmo que isso signifique que estarão falando sobre você na tribuna, onde quer que seja a tribuna em seu mundo. A regra 6 é sobre não temer ser julgado pelos outros, ser considerado tolo ou arrogante quando chegar a hora de dar um passo, de tomar sua decisão, de fazer as coisas acontecerem. Na pista, temos que fazer promessas que podemos cumprir. Lá, não há onde se esconder e não há desculpas.

Localizando-se na tribuna

Sempre que se vir julgando os outros, em sua cabeça ou na empresa, pare um instante. Você está se tornando um "jóquei de tribuna"? É divertido, claro. Dissemina negatividade e medo em nossas sociedades, com certeza. Inibe a inovação e esmaga a juventude, certamente. Mas, sobretudo, faz com que a gente se sinta bem. Um sentimento reconfortante de

230 | VENÇA O TIGRE

pertencer a um grupo. Um grupo que sabe o que é melhor. Embora se tenha quase certeza de que ninguém do grupo pisou algum dia na pista.

Quando comecei a conhecer atletas profissionais, notei como eles agiam pouco como "jóqueis de tribuna". Como ficavam impressionados e satisfeitos com conquistas em qualquer campo, talvez por saberem o custo de uma conquista. Como eles eram generosos em suas congratulações. Como tendiam a ser compreensivos com alguém que tomara uma decisão errada, porque conhecem a autocrítica e a angústia que advêm de uma decisão ruim com a melhor das intenções.

Esportistas profissionais têm em comum uma humildade que os impede de julgar e que talvez só possa advir da percepção de o quanto uma pessoa está perto, pessoalmente, em qualquer momento, da humilhação que advém de se pôr à prova, bem longe da zona de conforto, em um fórum público.

Portanto, qualquer domador de Tigre precisa desenvolver uma consciência de quando está se desviando para a tribuna a fim de se integrar à vida fácil em grupo. Ver-se na tribuna é um sinal certo de que você não está na pista. É difícil estar em dois lugares ao mesmo tempo. Para aprender mais sobre a emoção de sair dali, entrar na pista e ser o líder de sua história, acesse o campus em tamingtigers.com e assista ao filme intitulado *The short walk to the better view.*

O JÓQUEI DE TRIBUNA NO LOCAL DE TRABALHO

No ambiente de trabalho do século XXI, o jóquei de tribuna é mais nocivo do que nunca. Ele prejudica não apenas a si próprio, como também à sua equipe, e tem um impacto negativo sobre o sucesso da organização. A mudança está acontecendo. O jóquei de tribuna apenas atrasa a organização. Ao fazer isso, ele ameaça não apenas o seu próprio futuro, mas também o de todos os seus colegas.

Todos nós podemos nos sentar na tribuna de vez em quando, portanto vale a pena ter em mente as consequências disso quando somos tentados a integrar a corte sedutora do Rei Cínico, que está sendo mantida no bar depois do trabalho, ou ao lado da máquina de expresso.

O jóquei de tribuna e a inovação 'segura'

Inovação exige coragem por parte do indivíduo ou da equipe para apresentar ideias que podem ser ridicularizadas. E exige coragem por parte da organização para concretizar essas ideias no processo interno e no produto externo. Isso só é possível dentro de uma estrutura de confiança muito frágil — que o jóquei de tribuna pode derrubar erguendo a sobrancelha com ar de quem sabe tudo.

Quando se trabalha com uma equipe superior em uma questão de inovação, é fácil identificar o jóquei de tribuna. No momento em que a conversa começa a levar todos os membros da equipe para a pista, ele luta e se contorce e tenta desesperadamente recuar para encontrar sua posição de espectador de novo. Nem toda a equipe reconhecerá isso, é claro. Mas o medo dele é contagioso. A diferença entre esse medo e a crítica franca, vital, à ideia é a honestidade com que se expressa isso. Críticos honestos estão na pista, não na tribuna. Assistir a essa equipe trabalhando é como assistir a um navio navegando com a âncora baixada ou a um *dragster* tentando acelerar com o paraquedas aberto atrás de si.

Por definição, inovação exige se afastar do grupo. Demanda desafiar regras pessoais, da equipe e da organização — do Livro de Regras corporativo e coletivo que encontra-

232 | VENÇA O TIGRE

mos na regra 2. Mas nosso jóquei de tribuna sempre tem certeza. E ela não está disponível na inovação.

Então o que acontece?

Há três opções. A equipe pode persuadir o jóquei de tribuna a mergulhar com suavidade os dedos dos pés nas águas da mudança. Isso com frequência é bastante ameaçador para ele e surpreendentemente difícil, muitas vezes levando a conversas bastante exaltadas.

A equipe pode rejeitar o jóquei de tribuna e seguir adiante sem ele — isso é excepcionalmente raro, já que é comum a equipe não ver a importância do que está se revelando para ela no contexto de sua história geral a longo prazo.

A opção final e mais atraente é manter o Tigre de todo mundo acuado. Isso é feito na forma de uma versão de inovação anêmica e "conduzida por uma comissão". Alguém lá fora, porém, não teme deixar a segurança do grupo e correr para a vitória. Em algum lugar, a disputa está começando a escrever a história da equipe.

Quando você considera todos os grandes negócios inovadores, pode verificar como eles foram destemidos ao deixarem a tribuna e ir para a pista, apesar dos julgamentos dos outros e o fato de estarem contrariando a sabedoria convencional com frequência. Em alguns casos mais antigos, como o do First Direct Bank, uma divisão do grupo bancário HSBC, uma equipe foi formada num local totalmente novo para reduzir a influência de colegas quando se definisse como o novo banco operaria. O mesmo está acontecendo agora, também nas finanças, com a operadora de telefone celular O2 — e você pode ler as experiências do diretor-geral da O2 Money, James Le Brocq, em seu estudo de caso (veja a página 316). As duas equipes receberam parâmetros amplos e tiveram pouca interferência da matriz. Estavam livres para adotar um raciocínio radical, criar valores ousados e uma abordagem inovadora para o serviço ao cliente. O resultado do First Direct foi um sucesso extraordinário e gerou muitos imitadores. Mas consegue ver? Até mesmo o método para estabelecer essa equipe foi desmantelar a tribuna em torno deles para poder desfazer a tribuna da atividade bancária para eles próprios.

Outras empresas que deram passos bem inovadores por não buscarem a segurança no grupo são: EasyJet, Google, Amazon, Apple, John Lewis, RyanAir, Innocent Drinks, Virgin Group, Toyota, Swiftcover.com, Dell Computers e Direct Line. Pare um momento para pensar em sua marca de destaque favorita. Como você acha que essas pessoas se sentiram ao se comprometerem a se distanciar do grupo — será que elas sabiam com antecedência que seriam o sucesso que você agora admira?

É muito importante lembrar, ao pensar em uma "empresa" ou "corporação", que estas não são entidades sem rosto. Homens e mulheres com Tigres como o seu tomaram essas decisões, persuadiram outros e depois — o que é vital — executaram o plano. Eles enfrentaram o medo e o desconforto ao fazerem isso e passaram pelo rugido do Tigre. Você faz parte de um grupo de homens e mulheres assim. Seja você um novato ou um veterano, sua participação é vital para moldar o que esse grupo será amanhã.

O JÓQUEI DE TRIBUNA E A VISÃO, OS VALORES E O BRANDING 'SEGUROS'

A natureza "eu também" da maioria dos exercícios de "visão e valores" corporativos é uma oportunidade desperdiçada de ir para a pista. No mundo inteiro, nos fins de semana, nós, seres humanos, demonstramos nosso desejo de fazer

234 | VENÇA O TIGRE

parte de uma tribo. Adoramos isso. Usamos lenços de futebol, camisas e bonés de beisebol, e fazemos nossa parte gritando para que nossos times tenham sucesso. Não reconhecer e não trabalhar com essa característica humana é uma das maiores tragédias da velha maneira de dirigir uma corporação. Uma tragédia não apenas porque isso impede o crescimento bem-sucedido da organização, mas porque isso nega às pessoas dessa organização uma das principais ferramentas para encontrar sentido e propósito no trabalho que fazem. Uma visão sem sentido, com valores "eu também", definida pelo isolamento da diretoria e ditada por um exercício de comunicação escalonado, não inspirará lealdade à causa.

Como a regra 6 ajuda a superar isso? Dando aos membros da organização permissão para contemplar a criação dos produtos e a oferta de serviços que eles realmente querem levar para o mercado. Quando a diretoria fica nervosa por estar se afastando dos caminhos mais utilizados — tanto na liderança interna quanto nos produtos voltados para o mercado — a visão "eu também" é inevitável. Como essa visão é fraca (e muitas vezes sem sentido), os produtos e serviços que se seguem com frequência são assim também. Se os líderes da corporação estivessem dispostos a sair da tribuna e ir para a pista, a se afastar da linguagem "eu também" e dos processos da maioria dos exercícios de visão e valores e a caminhar para a neve fresca...

Bem, como eu saberia o que pode acontecer em sua organização? Mas pode ser que você saiba.

Vale a pena ir para a pista e ter uma conversa com alguém hoje? O Tigre está rugindo? Ele vai escrever essa frase de sua história? A decisão é sua, a ação é sua, o resultado é seu.

Deixando a tribuna

Chega um momento no processo de preparação para vencer o Tigre em que a pessoa treinada decide se alcançou a clareza e quer avançar para a pista, talvez pela primeira vez. Este é um momento muito estimulante tanto para o treinador quanto para quem está sendo instruído. O Tigre é identificado e domado, e não será mais capaz de rugir muito alto.

Quando chegamos ao ponto em que podemos ver o mundo e o Livro de Regras segundo o qual a sociedade quer que vivamos pelo que eles são — e não com a visão de dentro para fora — então podemos escolher ir para a pista e olhar todos os rostos na tribuna.

Para qualquer pessoa que está na pista, a solidão vem e vai. A autocrítica aparece. Mas se você tomar a decisão de não correr com o grupo, encontrará outros domadores de Tigres. Correrá com um novo grupo. Ganhará novos patrocinadores e admiradores. São pessoas que atenderão seu telefonema tarde da noite quando você estiver sentindo dor, porque elas também foram feridas.

Você estará escrevendo a sua história.

Regra 6: A última regra da liderança

A regra 6 é a última regra da liderança. Está no final porque é a mais difícil das três para se trabalhar. É uma grande mudança para a autossoberania. Se você deseja escrever sua história, liderar sua vida, influenciar, causar impacto, ser um modelo e líder para outras pessoas, precisará deixar o assento da cadeira da tribuna fechar

236 | VENÇA O TIGRE

quando você se levantar, precisará deixar o copo plástico com cerveja e o cachorro-quente de lado e caminhar para a pista. Pule a grade e você sentirá a grama da primavera sob seus pés.

O Tigre vai rugir a cada passo que der, mas a libertação, a liberdade produzida pela derrota daquele rugido, e por ser você mesmo, é uma recompensa muito grande. Uma recompensa heroica para uma ação heroica.

E então vem aquela sensação quando você acerta. Quando sabe que tomou a decisão acertada e a sustentou com a sua reputação, perdeu sono com ela e a cuidou profundamente.

E você a fez acontecer.

E você venceu.

Coisas que o Tigre quer que você esqueça sobre a regra 6

Regra 6: Ficar em grupo não é garantia de segurança

Você encontra os jóqueis mais brilhantes do mundo no hipódromo — no bar e na sala de imprensa. Onde — em seu hipódromo metafórico — você quer escrever sua história?

Todos os seus heróis estiveram na pista, dando o melhor de si para fazer aquilo que importava para eles, ignorando os comentários ferinos dos espectadores — pense com cuidado e decida se você concorda com essa afirmação.

O jóquei de tribuna no trabalho reprime a inovação, o progresso e a mudança.

A visão "eu também" do jóquei de tribuna e as declarações de valores que são listadas em cartazes impedem a empresa de se engajar com seus funcionários e escrever sua própria e grande história.

Para escrever a sua história você tem que estar na pista, exposto. O Tigre vai rugir e será necessário ter coragem. As recompensas serão grandes.

Agora conecte-se ao site tamingtigers.com e assista ao filme intitulado *The short walk to the better view.*

Estudo de caso 6:
Isobel Ryder

Minha história começa realmente quando eu tinha 2 anos e fui posta sob assistência social. Passei por alguns orfanatos antes de ser adotada por uma família muito boa dos 11 aos 15 anos, quando voltei a morar com minha mãe — isso teve um efeito catastrófico sobre minha educação. Entrei para o exército aos 18 anos com o incrível total de três certificados de conclusão do ensino médio. Tive vários trabalhos, incluindo um período numa empresa de defesa privada e em uma conhecida confeitaria. Na vida pessoal, casei-me e tive uma filha que me deu a oportunidade de entender e dar a ela a relação entre mãe e filha que talvez eu devesse ter tido.

De setembro de 2002 a fevereiro de 2004, fiz um curso técnico de administração, recebendo distinção na maioria de minhas tarefas. Eu estava trabalhando em horário integral; adorava meu trabalho e minha vida. Minha intenção sempre fora conseguir um diploma para melhorar minhas perspectivas de emprego e provar minha capacidade para mim mesma.

Mas tive que suspender minha educação quando problemas surgiram à minha volta. Em março de 2004, minha mãe foi diagnosticada com uma doença terminal e meu marido pediu o divórcio, tudo isso em um intervalo de 48 horas. Continuei a trabalhar em horário integral, cuidava da minha filha sozinha, e tentei assegurar que minha mãe e eu resolvêssemos qualquer mal entendido no tempo que restava a ela. Foi um ano particularmente difícil, já que eu teria recorrido à minha mãe para apoiar meu casamento e a meu marido para apoiar minha mãe. Mas descobri, é claro, que não podia recorrer a nenhum dos dois. Ainda sinto muita falta de minha mãe. Na noite em que ela faleceu, instruída por ela, minha cunhada me deu um retrato de minha mãe recebendo seu diploma aos 56 anos.

Mudei-me para uma casa própria com minha filha e, em março de 2006, fiquei desempregada — parecia que todos os acontecimentos que mudam uma vida tinham acontecido comigo no espaço de dois anos.

Porém, no mês de agosto anterior, meu empregador havia oferecido um dia de "Workshop para Carreiras" que me levara a pensar de novo em meus estudos com a ideia de recomeçar de onde eu havia parado. De início, pensei que havia perdido a oportunidade de aprimorar minha educação, mas refleti que a escolha era minha. Fui de férias à Austrália visitar meus pais adotivos e decidi me matricular em um mestrado em recursos humanos quando voltasse, usando o dinheiro que recebera da demissão. Consegui um cargo de meio expediente, com um contrato de trabalho com prazo determinado, para me ajudar com as despesas de sustento.

Os dois anos seguintes foram uma montanha-russa de empregos temporários e desafios emocionais e intelectuais, mas foi perto do fim do curso que *Vença o Tigre* entrou em minha vida. Eu sempre sofrera com dúvidas pessoais e insegurança — tenho certeza de que psicólogos atribuiriam isso à falta de apoio e incentivo dos pais durante meus primeiros anos de desenvolvimento. Estava tentando concluir minha dissertação. Nunca fizera algo assim, que dirá nesse nível e nessa escala. Eu estava assustada, sentindo no fundo que assumira coisas demais e me convencendo disso — ninguém me culparia por parar, com certeza. Estava procurando desculpas para parar ou adiar a conclusão por um ano, apesar do apoio e incentivo do gerente de meu programa e

240 | VENÇA O TIGRE

de amigos próximos — mas o que eles sabiam? Obviamente eu não passaria. Não tinha formação de nível avançado ou curso superior. Quem eu estava querendo enganar?

Em uma conferência local sobre carreiras, ouvi uma palestra de Jim Lawless sobre *Vença o Tigre*; aquelas vozes me dizendo que eu não conseguiria, que estava condenada ao fracasso, que era muita areia para meu caminhão etc. Fiquei bastante impressionada com o comentário de que a Grand National não muda sua data só porque um jóquei específico não está se sentindo bem naquele dia — que duro! Prepare-se e esteja pronto ou perca a oportunidade; pode ser que você não vença a corrida, mas participar significa que tentou e pode se orgulhar de que o trabalho árduo não foi em vão.

A fotografia de minha mãe ficava na parede atrás de mim enquanto eu estudava durante o curso. Acredito mesmo que ela sabia o que estava fazendo quando pediu para que eu ficasse com essa foto — estava me dizendo para ir em frente. Então eu tirei aqueles Tigres das minhas costas. Como minha dissertação era movida por dois prazos finais — o ano escolar e a data de apresentação — eu foquei. Decidi que não tinha nada a perder se tentasse, mas tudo — meu dinheiro, minha autoestima e meu orgulho — se desistisse. Em última análise, eu tinha três pessoas pelas quais fazer aquilo: minha mãe, minha filha e eu mesma.

Mais recentemente, consegui um cargo (e salário) novo, em horário integral e em um nível mais alto, e minha vida está progredindo a todo vapor — estou indo na direção que queria ir.

Quando olho para trás, percebo que sou uma lutadora e uma sobrevivente e que lidei com Tigres a vida inteira — só não sabia que eles eram chamados assim. Também acredito em destino. A palestra de Jim sobre *Vença o Tigre* entrou na minha vida naquele momento por um motivo. Mudei de atitude, parei de sentir pena de mim mesma. Formei-me em dezembro de 2008 e sei que minha mãe estava assistindo.

Parte 3

As regras da mudança

Regra 7 — Faça algo assustador todo dia

A regra 7 nas corridas — um domador de Tigres fora de sua zona de conforto

Vinte e três de dezembro de 2003, meu aniversário de 36 anos. São 5h45, está escuro como o breu e o gelo às margens da pista está brilhando à luz de meus faróis. Viajei de Londres até as ruas laterais de Upper Lambourn e estou completamente perdido.

Meu atraso e o fato de que estou indo visitar o famoso haras de Jamie Osborne pela primeira vez, de que não vou conhecer ninguém ao chegar lá e de que terei de montar em um cavalo diante de cavaleiros experientes está me deixando nervoso. Estou praticando equitação há um mês e um dia.

Viro uma esquina, e meus faróis captam uma nova visão: uma fila de 15 cavalos de corrida descendo a rua em minha direção, no escuro. Nunca esquecerei a primeira vez que ouvi aquela massa batendo os cascos no asfalto. Ainda é um som que me dá arrepios quando

246 | VENÇA O TIGRE

ouço. Consigo algumas indicações de direção resmungadas pelos cavaleiros e descubro que estou bem perto do haras de Osborne. Paro o carro no estacionamento às 6h05. Cinco minutos atrasado. É um mau começo. Haras não gostam de atrasos.

Agora estou perdido em um haras enorme, tentando encontrar a pessoa que está me esperando, o treinador assistente de Jamie, Roddy Griffiths. Em mais ou menos metade das baias há uma luz acesa e alguém trabalhando. Sinistramente, há também um cavalo totalmente arreado em cada baia, pronto para ir assim que gritarem "para fora". Não encontrei sequer minha rédea. Mas finalmente encontro Roddy, que não parece surpreso por eu estar atrasado, e é bom o bastante para me deixar relaxado com um sorriso e um aperto de mão.

"Hoje você montará Victor, o *cob* de Jamie."

"Ótimo, obrigado."

"Ele é mais fácil do que um cavalo de corrida, mas é um pouco teimoso e tem atitude. Acha que consegue lidar com ele?"

Ah, Gee! O que você armou para mim aqui? Será que estou pronto para um animal com "atitude" depois de apenas um mês de montaria? Roddy está olhando como se também estivesse se perguntando o que Gee armou para ele.

"Para fora!"

Os cavaleiros recebem ajuda para montar e a fila começa a seguir em direção à pista de trote coberta, para aquecer os cavalos. Roddy e eu nos aproximamos da baia de Victor. O treinador está levando o arreio e, felizmente, começa a arrear Victor, em vez de esperar que eu o faça.

Ele leva Victor para fora da baia, me ajuda a montar e me diz para checar a cincha. Checar a cincha? Quando já estou sentado no cavalo? Não tenho a menor ideia de que é bem comum os cavaleiros profissionais apertarem e afrouxarem suas cinchas quando já estão sobre a sela. Olho para Roddy alarmado. Ele retribui o olhar, um pouco mais alarmado.

Ele aperta a cincha para mim e diz para eu me juntar aos outros na escola de trote. Roddy se adianta ligeiro para a escola e começa a dar instruções aos cavaleiros.

Atravessamos a manhã escura e congelada em direção à bem iluminada área de trote, à distância. Posso ver os cavalos sendo aquecidos lá dentro. É como uma pista de corrida de areia, mas com uma cerca alta dos dois lados e um telhado.

Vejo cerca de 25 cavalos seguindo num trote ligeiro. É a primeira vez que vejo algo assim. Fico impressionado com o quanto todos eles parecem à vontade e como estão relaxados. Eu achava que era para ser perigoso! Talvez tudo fique bem. Alguns estão se levantando sobre as selas, outros se erguendo no trote; uns estão conversando entre si e outros estão cavalgando sozinhos ou falando com seus cavalos. Todos estão tão embrulhados em balaclavas, lenços, luvas e várias camadas de roupa sob seus casacos que parecem bolinhas de futebol sentadas em cima de seus cavalos.

Victor pisa na areia, e tento estabelecer um ritmo de trote. Ele não trota. Sem que eu saiba, ele compreendeu, desde o momento em que entrei na baia, que eu não sei como lidar com a personalidade astuciosa que ele se orgulha de ter. Victor troca o caminhar por um cânter num piscar de olhos, costurando seu caminho entre os cavaleiros profissionais, que gritam para mim sua desaprovação, já que atiço seus cavalos ao passar por eles cortando-os.

Exceto que não sou quem está cortando. Não estou dirigindo essa coisa nem um pouco. Victor está no comando.

248 | VENÇA O TIGRE

Devagar, começo a puxar as rédeas e percebo que estão compridas demais — eu não estava pronto para o cânter — então rapidamente troco de mão para encurtar as rédeas. Mas isso — conforme aprenderei nas próximas semanas — é um sinal para os puros-sangues aumentarem sua velocidade. Se você vir jóqueis se aproximando da linha de chegada em uma corrida, sempre os verá encurtando as rédeas e trocando de mão. É como apertar o acelerador de um cavalo de corrida.

Você poderia pensar que não seria a mesma coisa com um *cob*, mas acontece que Victor convive com cavalos de corrida há muito tempo e interpreta a troca de mão como um sinal muito claro para aumentar a velocidade. Até agora eu só sentia um constrangimento total. Aqueles cavaleiros experientes parecem ser capazes de ficar sentados em seus animais inquietos de 3 ou 4 anos de idade, mesmo que eu e Victor estejamos passando entre eles em um cânter firme, portanto não estou temeroso demais nessa etapa. Mas a explosão de velocidade que esse pequeno *cob* me dá quando troco de mão aumenta os riscos consideravelmente. Começamos a galopar e agora estou preocupado.

De repente, noto como o vento está soando alto ao passar por meus ouvidos. Não há muitas outras coisas que eu possa perceber ali de cima. Não consigo parar o cavalo, e a visão que estou tendo é mais ou menos como aquela que você tem em um jogo de computador, sentado em um carro que está cortando e costurando entre outros carros em alta velocidade na pista, deixando para trás um rastro de destruição. Estou acordado, tendo um pesadelo.

Agora estou na terceira volta. Encontro-me, pelo menos, duas voltas à frente da maioria dos cavalos ali quando me dou conta. Roddy decide que é preciso tomar uma atitude.

Ele está em pé no meio da escola com os braços esticados — ele é louco?

Roddy olha diretamente nos olhos de Victor. O cavalo o encara de volta. E eu olho de um para o outro e me pergunto o que vai acontecer com todos nós em seguida.

Victor é claramente fã de esportes. Ele não apenas convive com cavalos de corridas como sabe enganar um adversário. Ele se esquiva para a esquerda, mas Roddy não é bobo e salta para fora da pista diante dele. Victor aumenta a velocidade e, ao chegar a Roddy, esquiva-se para a direita. Ele derrotou aquele último adversário e não há nada entre ele e o caminho. Suas orelhas estão em pé e ele desfruta sua vitória.

Victor não consegue pensar em algo mais divertido do que aquilo. Ele está deixando para trás todos os cavalos de corrida que estão se exercitando, e suas orelhas pontudas e atrevidas estão perguntando aos puros-sangues que estão trotando: "Quem é o melhor aqui?" Ele ainda deu uma desviada que deixaria Phil Bennett orgulhoso. O cavalo impõe a si mesmo um trote, dá um pinote ao parar para a grande vitória, me joga no chão e trota para o lugar onde Roddy está esperando para apanhá-lo. Eu caminho de volta à pista para me encontrar com o treinador e meu inimigo equino.

Às vezes, ao domar o Tigre, são as pequenas coisas que parecem difíceis, como ter uma fila inteira de cavaleiros lançando olhares de completa repugnância para você. Uma garota sorriu para mim quando eu caminhava até Roddy. Obrigado, Sam.

Roddy é um cavalheiro completo, se esforça para sorrir também e me diz para eu não me preocupar. Ao voltarmos à baia, enquanto o resto da fila segue sinuosa para o cânter matinal, ele pergunta se eu poderia chegar na hora na manhã seguinte.

250 | VENÇA O TIGRE

Oh, Deus. Apenas 24 horas para eu ter que fazer toda essa "coisa assustadora" de novo. E de novo. Será que consigo fazer isso durante um ano?

Até que finalmente chega o dia 23 de outubro de 2004 e falta menos de um mês para a corrida. Saindo de minha casa nova, em East Garston, entro no carro e dirijo 15 minutos até a casa de Charlie Morlock. O dia está radiante e isso é animador. Há outra "coisa assustadora" para fazer hoje. Trabalharei pela primeira vez com Airgusta, que estarei montando em minha corrida. Já me exercitei nele, mas nunca trabalhei com ele.

Partimos para Kingston Lisle. O caminho de Blowing Stone está à frente, serpenteando morro acima, em meio à neblina. Mas não vamos para lá. Estamos trabalhando num caminho que é plano em qualquer época do ano, onde podemos ganhar alguma velocidade.

Começamos com um cânter longo e firme de uma extremidade do caminho à outra. E com isso e o trote, Charlie acha que os cavalos estão prontos para o trabalho rápido. Caminhamos de volta ao início.

Num haras, "trabalho" significa montar os cavalos lado a lado, ou um após o outro, em um galope rápido. Tenho feito esse trabalho com Charlie, com Martin Bosley e na British Racing School, em Newmarket, mas ainda preciso pensar muito bem nas etapas de antemão para não esquecer nada. A primeira vez que você faz um trabalho é sensacional. A velocidade que alcança — por estar em cima de um cavalo e não numa máquina — é diferente de tudo o que já experimentou antes, e cavalgamos tão perto um dos outros, com os estribos se tocando, que de início você não acredita que vai dar certo.

Charlie dá instruções a mim e a Leon. Leon vai sair na frente e devo ficar bem atrás dele, seguir num ritmo bom antes de me juntar a ele no segundo arbusto e deixá-los galopar, lado a lado, durante o resto do caminho. Está bem. Abaixo os óculos de proteção e checo a cincha de novo. Os cavalos estão inquietos — sabem exatamente o que vai acontecer e não poderiam estar mais animados.

Leon parte e eu o sigo bem de perto. Airgusta balança a cabeça e faz força para correr, mas volta para mim e se acomoda rapidamente. Agora estamos seguindo juntos, árvores ficando indistintas à direita, grama à esquerda e o barulho dos cascos e do vento. O cavalo está me dando uma ótima sensação — um movimento suave e bem equilibrado — de que será ótimo correr com ele. Também está enfrentando muitos reveses ali — os cascos do animal em frente estão jogando areia. Ele terá que lidar com a mesma coisa em Southwell, e parece nem notar isso ali.

Primeiro arbusto. Tiro Airgusta de trás de Leon, tentando prever o arranco que ele dará ao tomar nosso movimento como um sinal para aumentar a velocidade. Ele é um cavalo de corrida e conhece seu trabalho. Eu quero velocidade, mas apenas o suficiente para me juntar a Leon no segundo arbusto — a partir daí seguiremos juntos. Se ele ganhar velocidade demais agora, nós nos distanciaremos muito de Leon e o trabalho estará totalmente arruinado. Ele volta para mim de novo, mas só um pouco. Estou balançando sobre seu lombo enquanto chegamos a Leon. Preciso ficar lado a lado com ele, botas se tocando, antes de acelerarmos juntos. Então permaneceremos assim. Trabalhando para o cavalo mais fraco — ninguém "vence" esse trabalho.

Leon sorri quando meu estribo bate contra o dele no momento em que alcançamos o segundo arbusto — ele me ajudou muito a chegar ali.

"Pronto?", grita ele em meio ao trovão.

"Pronto!"

252 | VENÇA O TIGRE

Uma leve aliviada com o peso para frente, 1 centímetro a mais de rédea e ele voa! Avançamos juntos por cerca de 200 metros até ele sentir que está prestes a enfraquecer. Um estalo no fundo da boca, uma troca de mãos, uma inclinação maior sobre a sela e ele está de volta.

Passamos como um raio por Charlie e só consigo ver que ele está rindo. Airgusta está indo realmente bem.

"Está bem!", grita Leon. Nós dois relaxamos as rédeas, nos erguemos um pouco sobre as selas com um "Oa!" e os cavalos diminuem o ritmo e trotam para entrar no círculo e fazer a volta no fim.

"Muito bem. Levem-nos para 'casa'!", grita Charlie para nós. E eu e Leon iniciamos o percurso de volta a Raceyard Cottage, passando por Kingston Lisle.

Quem poderia pensar, quando acrescentei "Faça algo assustador todo dia" às Dez Regras, que me levaria a fazer isso?

Regra 7: Faça algo assustador todo dia

"Ei, amigo! Você pode me dizer como chegar ao Carnegie Hall?"

"Claro. Pratique!"

Lidar com o medo e o desconforto é uma habilidade aprendida, que exige prática. Se não praticá-la, você estará despreparado quando a vida lhe atirar uma oportunidade — juntamente com algum medo e desconforto — e lhe convidar para tomar uma decisão e uma ação ousada — e assegurar um resultado audacioso para sua história. Aqueles que evitam essa prática têm grandes chances de ser intimidados pelo rugido do Tigre, quando a oportunidade surgir. O Tigre está ditando a história deles.

Lidar com o medo e o desconforto é uma habilidade aprendida.
Pense nisso por um instante — é vital que você não passe por cima disso.

Lidar com o medo e o desconforto é uma habilidade aprendida.
Medo e desconforto são palavras extremamente fora de moda, porém. É por isso que a regra 7 está inserida nas Dez Regras.

A regra 7 é a primeira regra de mudança, porque tratar de nossa atitude em relação ao medo e ao desconforto é a mudança de longo prazo que precisamos fazer antes de todas as outras poderem vir em seguida.

PRATICAR MEDO E DESCONFORTO? VOCÊ ESTÁ FALANDO SÉRIO?

Ah, sim. Você está falando sério em relação a querer domar o seu Tigre? Nada que vale a pena vem de graça, certo?

Apresentei a você um segredo muito poderoso um pouco antes. Deixe-me lembrá-lo disso. Todo crescimento, toda aventura, tudo que lutamos para alcançar, tudo que foi alcançado, implica ou implicou enfrentar medo e desconforto.

O Tigre ruge para nós quando seguimos na direção do medo e do desconforto. Mas é claro que não é realmente um Tigre. Por mais real e barulhento que possa parecer, o Tigre não está realmente ali. Somos apenas nós, tentando dar o nosso melhor para tirá-lo dali e lutando contra nosso antiquado sistema de fuga ou luta que está liberando uma dose de hormônios no processo para torná-lo mais interessante.

As decisões que toma durante um dia de trabalho são, quando você as acrescenta, o modo como escreveu a história de sua carreira até então. Você pesa o resultado desejado versus o risco da ação. "Eu quero falar com aquele desconhe-

254 | VENÇA O TIGRE

cido na sessão de comunicação, mas tenho medo de que ele possa pensar que sou um chato e de que eu ache a conversa desconfortável." Ou "Quero estudar para aprender novas habilidades, mas também gosto de assistir à televisão."

Uma parte vital de *Vença o Tigre*, que é crucial para nosso processo de treinamento "sem limites", é frisar os riscos e as consequências da *inação* — considerar o que estamos sacrificando ao evitar o Tigre. Podemos usar isso como motivação para enfrentar o Tigre de frente e avançar. Você vai agir para isso?

Lembre-se: conforme vimos na regra 3, ou somos motivados a nos afastar de uma coisa ou somos motivados a seguir na direção dela. A maioria das pessoas passa sua vida profissional inteira se afastando de coisas que teme, em vez de lidar com esse medo enquanto segue em direção ao que quer alcançar. No século XXI, isso já não é uma opção. A quantidade de mudanças no local de trabalho é grande demais para nos permitirmos esse luxo e esperarmos sobreviver em nosso nível atual, que dirá avançar.

Temos que ser capazes de lidar com nosso Tigre quando ele ruge inesperadamente ou quando uma oportunidade aparece por um breve período e o medo tenta nos impedir de agarrá-la. Isso está se tornando uma habilidade exigida no trabalho. Temos que acompanhar.

Acorde se você quer acompanhar!

Não se permita ler essas palavras em estado dormente e concordar sabiamente. Acorde! Se estamos lidando com a soma dessas decisões ao considerar a nossa história e essas decisões são fortemente influenciadas por nossa atitude diante do medo e do desconforto, então o aprendizado para lidar com isso terá um papel enorme no resultado de nossas vidas e, portanto, na história que optarmos por escrever.

Como eu uso a regra 7?

A regra 7 não é sobre busca de emoções, embora você possa usar emoções para ajudá-lo a ficar mais confortável com o risco e lidar com sua resposta mental e física se quiser. A regra 7 não é sobre agir de maneira irracional, precipitada, negligente ou sem consideração pelos outros.

Essa regra é sobre ficar um pouco mais confortável com o risco e o medo todos os dias, em um ambiente controlado que é escolhido e pensado por você. Experimente fazer a pessoa que lhe vende um jornal ou que abastece seu carro rir amanhã. O risco é pequeno, porque você não enfrentará uma grande perda de prestígio se fracassar. Mas, a não ser que seja um piadista nato, você experimentará o ciclo do Tigre inteiro mostrado na figura da página 162 — incluindo a tentação de tomar aquele caminho por dentro e não tentar — para evitar completamente o Tigre, depois que as adrenais começarem a trabalhar em você e a produzir medo enquanto avança na fila para chegar à pessoa que pretende divertir.

Você pode ir mais longe, se quiser. Faça uma aula que o "assusta". Comece a encarar desafios que adiou durante anos por lhe darem uma leve sensação de intimidação. Pode ser no campo dos esportes. Pode ser se envolver em teatro amador ou em política local. Qualquer que seja sua bagagem pessoal, expanda a si mesmo e use essa expansão para praticar o medo e o desconforto.

A regra 7 e mudanças pessoais — as vantagens da prática

Que vantagens a prática regular da regra 7 lhe dará?

A regra 7 o mantém consciente do Tigre. Você não pode mais deixá-lo à espreita no perímetro de suas atividades, incentivando-o discretamente a permanecer dentro de seus limites atuais. Nós o invocamos todos os dias quando fazemos uma coisa assustadora, e todos os dias percebemos que ele não tem dentes. Você sobreviveu!

A regra 7 leva você ao ciclo do Tigre (veja a página 162) todos os dias. Você sente as emoções criadas quando as glândulas adrenais começam a responder ao desafio que atinge seu Livro de Regras. Experimentará as mudanças físicas, sentirá o Diretor da Escola e o Sabotador atacando sua história. Você estará interrompendo essa resposta "animal" instintiva ao sistema de alerta antiquado (destinado a um ataque de um tigre real, vivo) e criando uma reação diferente todos os dias. Quanto mais fizer isso, mais depressa aprenderá a habilidade de lidar com o medo e o desconforto.

A regra 7 gera uma nova energia e excitação em relação a fazer algo diferente todos os dias: leva você a superar uma resistência emocional e mental à mudança. Aumenta sua confiança e o ajuda a se afastar do grupo e construir sua própria carreira, sua própria história.

A regra 7 torna a prática, o aprendizado, o progresso e o avanço parte de todos os dias. Quando assumimos um risco, aprendemos alguma coisa. Sempre. Se você tem disciplina para fazer isso de maneira controlada e cuidadosa, então está numa trajetória de crescimento pessoal admirável.

A regra 7 se torna divertida. Você conhecerá pessoas novas ao praticar suas conversas espontâneas ou ao enfrentar alguns desafios que antes eram intimidantes — e viver algumas situações inusitadas!

Aprenda a habilidade de lidar com o medo e o desconforto

A regra 7 nos muda. Ela nos ensina a lidar com o medo e o desconforto — mostra que, na verdade, eles são aceitáveis. Esse efeito de crescimento contínuo decorrente de estar apenas um pouco fora da zona de conforto, todos os dias, foi o fato mais importante para me capacitar a bater um recorde britânico de mergulho livre e a chegar a uma pista de corrida de cavalo em um ano. E continua sendo o princípio que uso em minhas atividades diárias dirigindo o *Vença o Tigre*.

Gee, minha mentora para a corrida, administrou isso brilhantemente. Ela sempre me apresentava um novo desafio mais ou menos um mês antes da hora em que eu poderia achar que conseguiria fazer. Andrea, meu treinador de mergulho livre, sempre me recebia com um alegre "Ciao" quando eu chegava para treinar — e então, com aquele mesmo sorriso confiante e tranquilizador, anunciava que me forçaria ainda mais naquele dia.

Nem sempre eu sorria diante da ideia de um desafio. Mas eu sempre sorria quando me lembrava disso três horas, três semanas ou três meses depois. E, à medida que eu praticava lidar com o medo e o desconforto, cada desafio ficava mais fácil de enfrentar.

Coisas que o Tigre quer que você esqueça sobre a regra 7

Regra 7: Faça algo assustador todo dia

Lidar com o medo e o desconforto é simplesmente uma habilidade aprendida — pratique-a.

Somos motivados a nos afastar de coisas que tememos ou a nos aproximar de coisas que desejamos. Você quer escrever uma história baseada em evitar o medo e o desconforto ou fundamentada na habilidade aprendida de passar pelo medo e o desconforto para chegar ao que queria alcançar e contribuir?

Você pode usar aventuras cheias de adrenalina como parte da regra 7, mas isso não é necessário. Tente o teste mais assustador de se comunicar com alguém de maneira autêntica, por exemplo.

A regra 7 lhe dá as enormes vantagens de:

- Aumentar sua consciência sobre o impacto do Tigre e sobre as maneiras de superá-lo.
- Ajudar a entender e interromper o ciclo do Tigre (página 162).
- Gerar energia e excitação e aumentar a confiança.
- Tornar a prática dessas habilidades parte de todos os dias.
- Deixar as coisas mais agradáveis e interessantes.

Agora conecte-se ao site tamingtigers.com e assista ao filme intitulado *How do you get to Carnegie Hall?*.

Estudo de caso 7:
Chris Pierce

Assisti à palestra de Jim na conferência do itSMF (IT Service Management Forum) para profissionais de gerenciamento de serviços de tecnologia de informação em Birmingham, em novembro de 2006. Gosto de apresentações em conferências, mas já me frustrei com oradores que não usam uma linguagem simples ou não dão dicas práticas. Com Jim, fiquei logo impressionado com o que vi — em particular com sua ideia de fazer algo assustador todos os dias. Na verdade, fiquei tão inspirado que decidi ali, na ocasião, fazer uma palestra na conferência do ano seguinte. Mencionei isso a uma colega que estava comigo, e ela não acreditou que eu levaria essa ideia adiante. Eu lhe assegurei que levaria — embora fosse ser a coisa mais assustadora que eu já teria feito — e que ela era minha testemunha!

Trabalho há quase trinta anos em tecnologia de informação, em um importante serviço de policiamento, e, para ser franco, eu me acostumara a ficar em minha zona de conforto, portanto era um grande passo me pôr em evidência. Primeiro expus uma sinopse de minha apresentação. Chamei minha palestra de "Pense nisso assim...! (O poder das analogias e dos donuts de transmitir sua mensagem)". Eu estava certo de que seria interessante e de que não seria uma "morte por PowerPoint". Nessa etapa, eu não estava animado a me apresentar e me perguntava por que me dispusera a fazer isso — o Tigre que eu começara a domar estava reagindo. Quando soube que minha proposta fora aceita, soube que teria de levar isso adiante. Eu falaria na conferência de novembro de 2007, em Brighton.

260 | VENÇA O TIGRE

Quando a conferência chegou, eu não sabia ao certo qual seria o interesse por minha apresentação, mas aconteceu que a casa estava cheia — havia até pessoas em pé enfileiradas nas laterais da sala! Comecei dizendo que aquele era um dos dias mais importantes de minha vida e que eu não estaria ali sem Jim. Várias pessoas que estavam na sala e haviam assistido à palestra dele concordaram.

A apresentação em si correu muito bem, e houve risadas e aplausos em todos os momentos certos. Nas estatísticas dos resultados da conferência que recebi depois, 95% dos presentes disseram que a exposição foi muito boa ou excelente, e 100% disseram que me recomendariam como orador em futuros eventos.

Eu me arriscaria a dizer que Jim mudou minha vida. Se não fosse sua apresentação fundamental, eu jamais teria dado a palestra. Continuei me apresentando e agora estou na lista de oradores do itSMF. Recentemente, também escrevi um editorial para a revista *Computer Weekly*. Agora tenho uma visão diferente e também quero inspirar outras pessoas a fazer o mesmo. Carrego no bolso o cartão com as Dez Regras para vencer o Tigre e, quando me deparo com situações difíceis no trabalho (como em uma recente entrevista para um emprego), com frequência pergunto a mim mesmo: "O que Jim faria?"

Para mim, a coisa mais forte que Jim disse foi, definitivamente: "Faça algo assustador todo dia." Mesmo que seja fazer uma viagem regular de uma maneira diferente, mesmo que seja um passo a cada dia, este é um bom princípio e ainda tento segui-lo, mesmo que seja algo pequeno. Não foi apenas em minha vida profissional que as coisas mudaram. Comecei a fazer coisas que adiava em outras áreas de minha vida, e minha esposa diz (para sua grande satisfação) que me tornei muito mais impulsivo (como ao marcar férias a curto prazo) e que agora ajo com mais determinação. Depois que você cura seus medos, sente como se não houvesse nada que não pudesse fazer.

Minha visão agora é tomar uma decisão, mantê-la e dizer aos outros o que você vai fazer. Então se compromete e tem que levar as coisas adiante.

Se o desafio do ano passado foi a apresentação, este ano é aprender japonês. Coleciono videogames antigos, importo muitos do Japão e, por isso, passei a me interessar pela língua e pela cultura, então agora estou aprendendo a falar japonês. Isso com certeza me ajudará a ler os manuais de instrução. Veremos qual será o desafio do ano que vem.

Regra 8   Entenda e controle seu tempo para criar a mudança

Você está escrevendo a história de sua vida. Suas ações são a caneta. O tempo é o papel. O que decide fazer com seu tempo cria sua história.

Você tem apenas um recurso realmente escasso. Só existe uma coisa que acabará e que você será totalmente incapaz de repor. Seja um príncipe ou um pobretão, um CEO ou um colegial, só existe um recurso que está se esgotando a cada momento de cada dia.

Seu único recurso realmente escasso é seu tempo aqui no planeta.

Um domador de Tigre nega a possibilidade de "passar" tempo fazendo isso ou aquilo porque tempo "passado" não pode voltar para nos afetar. O tempo "passado" se foi. Seu uso do tempo sempre tem um retorno, há sempre uma consequência para sua história. Portanto, você está "investindo-o" em fazer coisas, e não "passando-o". Mas é você ou seu Tigre quem dita suas decisões de investimento?

Regra 8: Entenda e controle seu tempo para criar a mudança

Se você ganha o controle de seu tempo, obtém uma quantidade enorme para investir, e um planeta cheio de coisas e pessoas extraordinárias para aplicá-lo.

Sua história é a soma dessas decisões de investimento. A posição em que você se encontra hoje é a soma de como optou por empregar seu tempo. Mesmo os filhos que criou ou possa vir a criar no futuro são o resultado vivo das pessoas nas quais você escolheu investir tempo naquele segundo encontro marcado, em oposição àquelas nas quais decidiu não investir tempo depois do primeiro encontro! Decisão, ação, resultado.

A regra 8 para vencer o Tigre não é sobre administração do tempo. É sobre criar uma mudança fundamental em sua relação com o tempo e então olhar para o Tigre que ruge quando você tenta controlar seu tempo. A regra 8 é a segunda das regras de mudança e provará ser vital entender de fato sua relação com o tempo, se quiser criar uma mudança duradoura para si mesmo. Para examinar um pouco mais essa ideia, visite o campus e assista ao filme *Hickory Dickory Dock*.

Economistas usam a ideia de "custo de oportunidade" — as oportunidades perdidas que precisam ser levadas em conta quando se toma uma decisão de investimento a respeito de um recurso escasso. Portanto, sua decisão (e no mundo de *Vença o Tigre* é sempre uma decisão sua — vítimas não são permitidas) de comparecer a uma reunião sem importância que exige um dia de viagem tem um custo de oportunidade de não redigir o estudo sobre um novo negócio, ou de não conseguir marcar uma reunião para apresentá-lo à diretoria, ou dar uma atenção extra a seus clientes, desenvolver sua

264 | VENÇA O TIGRE

equipe, e por aí em diante. Precisaremos desses conceitos de alocação de recursos escassos e de custo de oportunidade para este capítulo.

O TEMPO E A VÍTIMA

"Mas não controlamos nosso tempo", dirá ele ou ela, contribuindo com entusiasmo para uma discussão de grupo depois de uma apresentação do *Vença o Tigre*, desesperado ou desesperada para que outras cabeças balancem, concordando. "Se eu tivesse controle do meu tempo, poderia... mas não tenho, portanto não posso! O orador dirige sua própria empresa; ele não entende como são as coisas para nós."

Ah, como eu estremeço, porque este sou eu. Ou melhor, era eu, sentado à minha mesa em Slough, vendo os caixões passarem. Sigo para a mesa ao lado em silêncio. Vamos ver se o grupo consegue dar uma virada sem minha interferência.

Este era meu motivo preferido para não criar uma mudança dias antes de eu vir a reconhecer o Tigre. Estava ocupado demais para pressioná-lo e meu tempo certamente "não era meu", então o que eu poderia fazer? Era impotente, forçado pelo "sistema" a permanecer numa rotina, ah, tão confortável. O Tigre, depois de criar uma maravilhosa ilusão de "vítima impotente", retorna para sua floresta vitorioso e tudo pode voltar ao normal.

Então, de volta à mesa da conferência, nossa vítima do sistema — um sistema que ela ironicamente desculpa com sua própria presença na sala — está usando seu talento considerável de comunicadora para convencer uma mesa de 8 a 12 representantes de um dos países mais ricos do mundo, tipicamente saudáveis e afluentes, de que eles são vítimas impotentes. Trabalham num ambiente econômico com fome e desejo de recompensar inovações e comprometimentos. Foram reunidos por sua empresa para criar novas ideias e maneiras de progredir. Essa empresa investiu uma tarde inteira domando o Tigre para demonstrar seu compromisso com os funcionários de avançar, de dar controle a eles, de pedir energia e ânimo. Mas o Livro de Regras deles ainda lhes diz que "não têm poder" para alterar sua posição.

Apesar de todas as evidências em contrário, "nós não temos tempo e não há nada que possamos fazer para mudar isso" é o comentário que ouço com mais frequência em todas as sessões corporativas do *Vença o Tigre*, seja uma sessão de estratégia com uma diretoria de nível alto ou uma grande sala de conferência. A maioria das pessoas está envolvida num caso de amor apaixonado, desesperado, louco e absolutamente vital com a ideia de que são ocupadas demais para fazer qualquer coisa interessante ou estimulante, e de que não têm tempo para investir. Mas você e eu temos a regra 6 em nossas mangas. Nós não buscamos a segurança de ficar num grupo. Sabemos o custo do fracasso para assumirmos um risco com a regra 2 e mudarmos esse mantra popular.

A discussão na sala de conferência não termina aí. Uma entre duas coisas vai acontecer agora. Ou o grupo começará a lamentar coletivamente a situação, ou a maré vai virar contra nossa vítima e alguém observará que ela está trabalhando sob uma ilusão do Livro de Regras da regra 2.

A animação nessa sessão não advém de ver a mudança na relação com o tempo. Este é um momento passageiro, uma pedra pisada para atravessar o rio e chegar ao novo pasto. A animação vem com o que as pessoas decidem fazer por suas famílias e sociedades, colegas e empresas, como resultado. É a fusão da regra 8 com a criatividade do

266 | VENÇA O TIGRE

indivíduo, surgindo por meio da regra 3 e produzindo a iniciativa delas de usar as regras 5, 6, 7, 9 e 10 que é a sensação. Percebendo que são livres — o verdadeiro "Eu" delas pode decidir o que fazer com seu "papel".

O Tigre e nossa relação com o tempo

Como o Tigre está se apresentando aqui? Para responder a essa pergunta, vamos examinar de novo as regras da integridade. Começaremos com a regra 2. O Livro de Regras — a fonte de tantos problemas e soluções.

A não ser que seja desafiado a cada hora com uma autoconsciência inteligente, o Livro de Regras geralmente está sob controle do Tigre. Ele nos mantém a salvo, como você se lembrará, e faz com que tudo "não seja nossa culpa". Bem, nessa etapa da viagem que estamos fazendo, você pode reconhecer isso por si mesmo no exemplo que dei acima. Se está investindo seu recurso mais escasso com base em um conjunto de regras inválidas, então você se arrisca a ter um retorno desse investimento decepcionante.

Se você aumentou as apostas, se teve que encontrar tempo para fazer a coisa "ou então" (pode inserir alguma consequência horrível para si mesmo aqui), como o Livro de Regras mudaria imediatamente em relação ao tempo? Como sua relação com o tempo — e o modo que você escolhe para investir nele — se modificaria?

Será que estamos criando um Livro de Regras que nos permite alcançar a autossoberania, ser quem realmente somos e quem queremos nos tornar (para nosso impacto sobre os outros e sobre o nosso mundo, bem como para nós mesmos)? Ou um Livro de Regras que nos protege do medo e do desconforto, da realidade de agir com integridade, do crescimento, do heroísmo?

Com o Livro de Regras alterado, podemos nos voltar para a regra 3. Parte do processo de planejamento desta regra é o próprio ato de produzir tempo para fazer as coisas necessárias a fim de alcançar o objetivo. É incrível como você pode ficar esperto para fazer isso depois de estabelecer um propósito. Mas isso é um trabalho de "longo prazo e alto risco", e vivemos num mundo de "curto prazo e baixo risco", então a maioria de nós nunca aloca tempo para fazer o planejamento (exploraremos esses conceitos juntos em instantes). O Tigre, conforme vimos, impede a maioria das pessoas de buscar seus propósitos inspirados. Então o modo como o tempo é investido tem menos valor para elas.

Elas vão para o trabalho e voltam para casa porque é isso que a vida parece exigir deles. Mas, e o que nós exigimos da vida?

Com um plano da regra 3 estabelecido, você pode voltar para a regra 1. Aja com ousadia hoje, porque o tempo é limitado. Não apenas a palavra com "T" está ali deliberadamente, como toda a regra 1 se destina a destruir mais seu Livro de Regras (regra 2) e expor o trabalho do Tigre. É também uma questão de lutar para ter seu tempo de volta usando-o para criar *hoje* um passo à frente ousado — provando a si mesmo que você poderia ter feito isso anos atrás e pode fazer de novo amanhã.

Estratégias de investimento para o tempo

Você vê o tempo como algo que pode ser "administrado" ou como algo que é resultado da coincidência milagrosa de a vida lhe ter sido dada? Uma vida pode ser investida na criação de todo tipo de coisas incríveis — desde levar ener-

268 | VENÇA O TIGRE

gia e entusiasmo para companheiros de equipe e colegas até reformular o modo como seu negócio ou indústria opera para cuidar de seus filhos ou apoiar as conquistas de um parceiro ou parceira. Isso antes de você visitar as Pirâmides ou correr sua maratona beneficente. Você vê o seu tempo como o papel no qual está escrevendo sua história? Sabe quanto papel você tem? Eu também não.

Tique-taque...

Não vamos conseguir fazer um saque a descoberto desse recurso — não há crédito disponível — portanto vale a pena pensar um pouquinho sobre isso.

Aqui estão as quatro maneiras principais que podemos usar para investir nosso tempo. Cada uma das quatro rotas de investimento leva a um nível diferente de retorno. Todo indivíduo investirá em cada uma das áreas — faz parte do ser humano. O desafio está em escolher e equilibrar seu portfólio de investimentos em vez de deixar o Tigre ditar o investimento e o retorno. Esse retorno é a qualidade da história que você está escrevendo em vez de permitir que o Tigre a dite para você.

O "risco" dos tipos de investimento no tempo que se seguem refere-se ao nível de risco para você por não ter escrito a história que deseja lembrar quando estiver na casa de repouso. Um investimento de alto risco, quando você está lidando com seu recurso mais precioso, é um investimento que beneficiará muito sua história; o risco de não persegui-lo, portanto, é grande. Quando um investimento é de alto risco, há pressão — então o Tigre vai rugir. As vozes do Diretor da Escola e do Sabotador vão aparecer em sua cabeça.

Decisões de investimento de curto prazo e alto risco

Esses interesses de curto prazo específicos são de *alto risco* para você porque importam.

É possível identificar uma decisão *de curto prazo* porque há um prazo final atrelado a ela. O momento passará.

Elas são de alto risco porque, se fracassar, você sentirá as consequências, que seriam significativas para sua história. Você quer acertar. Pode ser que tenha que domar seu Tigre para investir corretamente nessa área. Talvez o Tigre tenha que ser enfrentado quando você lidar com outras pessoas de maneira diferente para criar o tempo para fazer essa coisa certa; pode ser que seja domado pelo modo como você muda para desempenhar a própria ação.

O medo e o desconforto podem existir aqui, e é por isso que as pessoas costumam tentar se esquivar de oportunidades como essa ou desempenhá-las mal — embora haja grandes recompensas para um bom desempenho nessa área.

A reunião na qual você quer se sair bem exige um investimento de curto prazo e alto risco em seu tempo. Curto prazo porque isso está na agenda, e alto risco para sua história e sua percepção (e a dos outros) de si mesmo se você não conseguir agir como espera. Esta é uma oportunidade de carreira. É importante. Pode ser também que você tenha que priorizá-la brutalmente e enfrentar o Tigre ao dizer "não" aos outros para investir em sua preparação para esse evento.

Isso é semelhante à situação em que um membro de sua equipe precisa de uma injeção de confiança antes de uma reunião de vendas. É agora que você investe esse tempo — agora ou nunca. Pode importar para você, por diversos motivos, encontrar tempo para investir aqui, apesar do custo

270 | VENÇA O TIGRE

de oportunidade de não aplicar esse tempo onde você já havia planejado investir.

Em geral, tomamos as decisões de curto prazo e alto risco corretas. Elas têm um impacto imediato e tangível sobre você e sua história, portanto é difícil ignorá-las. Elas também têm um prazo final, o que as torna bastante visíveis.

DECISÕES DE INVESTIMENTO DE CURTO PRAZO E BAIXO RISCO

Aqui nós a temos. O grande, grudento e esquecível lamaçal de atividades desprezíveis que toma a maior parte de nosso recurso mais precioso e escasso.

Esses são interesses de curto prazo porque têm um prazo final atrelado, e são de baixo risco para você uma vez que não importam para sua história. Nada está em jogo para seu verdadeiro Eu. É fácil investir aqui. Com frequência, isso ajuda o nosso "estoque" externo, nossa reputação por ser visto investindo ativamente aqui, mas recebemos pouco retorno de verdade. Este é o assunto que teremos esquecido na semana que vem, que dirá na casa de repouso. Não há medo ou desconforto de verdade. Algumas pessoas buscam ativamente preencher suas agendas com esse assunto. Isso pode nos levar a nos sentirmos importantes. E nos desculpa de enfrentar o desafio e o crescimento.

Na segunda parte deste capítulo, começaremos a criar estratégias práticas para controlar seu tempo, gerando mais papel para sua história real. Por hora, porém, reconheça quais são essas atividades. É a caixa de e-mails, é o telefone celular e é a reunião sem resultado significativo; é o tempo gasto microgerenciando sua equipe, em vez de confiar nela, treiná-la ou corajosamente substituí-la; é a preparação de um relatório que ninguém lê; é o tempo gasto fazendo um trabalho para o chefe de sua chefe que sua própria chefe não verificou se havia sido pedido — o Tigre dela correu desenfreado e você está lidando com a consequência.

Sim, tenho bastante consciência de que isso precisa ser feito, mas a pergunta para você é o quanto precisa ser feito? Que partes? O que deveria estar delegando a outros? O Tigre lhe permite discriminar verdadeiramente para si mesmo ou dita suas decisões? O Tigre e a falta de um propósito da regra 3 o impedem de dizer "não"?

Se você quer olhar seu nível de investimento de curto prazo e baixo risco em alto relevo, experimente isso:

- Passo 1: imagine que você não tem salário (isso não será muito difícil para o leitor que é profissional autônomo e que, nesse item, estará à frente no jogo. Já viu um encanador sentado e entediado em uma reunião de três horas, mexendo no BlackBerry?). De agora em diante, você só é pago pelos benefícios palpáveis que gera para sua organização. E só lhe pagam pelo que esses benefícios valem para ela. Isso significa que, se aumentar a quantidade e a qualidade de seus resultados, *receberá muito mais*. Mas se gosta de viajar pelo país para comparecer a reuniões que não lhe trazem resultados, você lutará para pôr comida na mesa. E eu mencionei a parte boa? Para alcançar seu resultado, não tem que ir a qualquer local que foi determinado, em algum horário determinado, a não ser o lugar de sua escolha.

  Parte de "seu" resultado também é medida sobre o resultado da equipe, portanto cooperar com seus colegas e trabalhar como parte de um time também

272 | VENÇA O TIGRE

fazem pertencem ao negócio, mas agora você precisa da equipe para obter um resultado, do contrário sua família em breve estará faminta. Terá que tomar decisões reais sobre as atividades da equipe que apoiará com seu tempo e sobre quando enfrentar o Tigre e ter uma conversa difícil com um colega de desempenho fraco que está reduzindo o seu rendimentos.

- Passo 2: escreva agora com tinta preta o que você fez semana passada que teve um benefício palpável para sua organização. Em seguida, acrescente as atividades que tiveram importância direta para gerar resultados de equipe.

- Passo 3: escreva agora com tinta vermelha todas as coisas que você fez semana passada que não geraram ou contribuíram para um resultado palpável. Ao fim desse passo, terá a programação completa da semana passada, de segunda a sexta-feira. Se você não consegue sequer se lembrar do que aconteceu nas lacunas que deixou, então realmente há trabalho a ser feito!

- Passo 4: risque em vermelho todas as coisas das quais ninguém no mundo sentiria falta. A "agenda-livre-segunda-feira-café-da-manhã-para-aliviar-a-reunião-de-segunda-feira" poderia estar ali, por exemplo. A reunião de vendas em que antigas oportunidades de venda potenciais são listadas toda semana para fazer tudo parecer melhor do que realmente é. Aquela viagem de carro de três horas, ida e volta, para comparecer a uma reunião da qual você poderia ter participado durante vinte minutos, pelo telefone, se tivesse domado o Tigre e telefonado para aquela pessoa importante sugerindo essa opção. Cancele todas elas.

- Passo 5: risque em vermelho todas as coisas que, embora necessárias, se você tivesse passado para outras pessoas ficaria livre para alcançar mais para sua equipe, por meio de seu talento específico. É claro que isso envolverá confrontar seu "Tigre de delegação" ou, se não há ninguém a quem delegar, encontrar frente a frente o Tigre do "contrate (ou demita) alguém para obter melhores resultados para a equipe".
- Passo 6: eis a parte animadora. Quanto tempo seria preciso para fazer o que fez semana passada? O que você — num momento tranquilo de honestidade privada — pagaria a si mesmo pelo resultado palpável que produziu? Metade de seu salário? O dobro de seu salário? Se está lendo isso e é um profissional autônomo, considerando os resultados que gerou para seus clientes semana passada, você está impressionado com o que lhe pagaram ou agora quer se valorizar num nível mais elevado? Ou reduzir de algum modo as reuniões não remuneradas?

O que você fez foi eliminar todos os seus investimentos de curto prazo e baixo risco. Restaram os investimentos de curto prazo e alto risco, e você tem espaço também para algumas atividades de longo prazo e risco mais elevado para domar o Tigre.

É da natureza humana, é claro, fazer muitas atividades agradáveis, relaxadas, com um baixo risco atrelado. Então por que não fazemos isso fora do trabalho e somos produtivos durante as horas em que somos pagos para o ser?

Qual é o custo de oportunidade dessa falta de disciplina? Quais são as partes de sua história que não estão sendo escritas?

274 | VENÇA O TIGRE

O Tigre ruge quando você começa a mudar sua atitude nos investimentos de curto prazo e baixo risco em seu recurso precioso porque tem de reagir no trabalho. Mas há um grande prêmio por passar pelo rosnado do Tigre: mais sucesso em sua carreira, mais tempo com as pessoas que você ama e a oportunidade de usar o tempo recuperado para criar e perseguir novos e mais objetivos significativos, tanto no trabalho quanto em casa.

DECISÕES DE INVESTIMENTO DE LONGO PRAZO

Se você não tem uma estratégia de longo prazo para orientá-lo, é muito difícil focar nos investimentos de curto prazo e tomar decisões sábias, e talvez ousadas, a respeito da alocação de seu recurso precioso e escasso amanhã de manhã. Essa estratégia de longo prazo merece algum tempo e reflexão sob a regra 8. Deriva, porém, de seu trabalho nas regras 2, 3, 4, 5, 6, 7 e 9. Verifique se você concorda com essa afirmação examinando as Dez Regras listadas na página 43.

DECISÕES DE INVESTIMENTO DE LONGO PRAZO E BAIXO RISCO

Definiremos longo prazo como sendo qualquer coisa que não tem um prazo final atrelado. E baixo risco, lembre-se, significa que tem pouco impacto sobre sua história. Não há medo ou desconforto algum em se empenhar nessa atividade. Nenhum perigo de procrastinação aqui.

Agora entramos na esfera do tempo que se investe olhando para a televisão toda noite. Não se trata de nosso tempo de lazer: este é vital e geralmente não o planejamos bem. Não, é sobre o tempo que reduziríamos imediatamente se tivéssemos um senso de propósito. É o tempo gasto com uma garrafa de vinho porque não podíamos pensar em nada melhor para fazer. Não o tempo investido em uma garrafa de vinho e um bom amigo. Este é o tempo desperdiçado junto ao bebedouro reclamando da gerência, em vez de discutir nosso relatório de intenções com aqueles mesmos chefes. Este é o tempo consumido criticando o comportamento de celebridades descrito em revistas, em vez de criticar nosso próprio comportamento.

Você pode pensar em sonhar acordado como sendo uma decisão de investimento de longo prazo e baixo risco. Talvez seja. Mas deixar a mente viajar para lugares distantes sabendo com certeza que, se tivermos uma ideia que nos anime, agiremos já não é sonhar acordado. Nesta seção, estamos interessados nos sonhos que nunca levarão a ações. Nos sonhos que o Tigre discretamente vai pôr de novo para dormir. Mas o que eles poderiam ser sem o Tigre? Vamos descobrir.

Decisões de investimento de longo prazo e alto risco

Você não tem qualquer prazo final imposto e atrelado para tomar essas decisões. Com frequência, não há qualquer ganho a curto prazo por tomar uma decisão de investir aqui — a satisfação é adiada. Estas são as decisões de cuidar de nossa saúde, construir relações com nossos filhos, aprender habilidades novas e vitais para nossas carreiras, construir e manter relações e redes de comunicação no trabalho, cuidar de nossas finanças. Nenhum prazo final atrelado.

Depois, porém, que uma dessas decisões é tomada e um prazo final é determinado por você, um compromisso se

276 | VENÇA O TIGRE

inicia. Há o risco de fracassar. Agora você tem o desejo de agir com ousadia, encontrar as ferramentas que estão à sua volta, desafiar o Livro de Regras — você tem um desejo de vencer! É nesse momento que o Tigre rosna e o incentiva a desistir, ou pelo menos a pegar leve.

Agora a batalha por sua história começou.

Você está acordando!

Você não quer jogar aqui?

Para mim, pessoalmente, é daí que vêm todas as grandes mudanças ou conquistas de minha vida. Eu também tenho prazos finais gritantes e insistentes para pagar contas e cumprir tarefas rotineiras. Não tenho prazo final algum para desenvolver meus negócios, me tornar um jóquei, ou mergulhar 101 metros no oceano, a não ser que os crie. Poucos de nós temos um prazo final para nos tornarmos um líder de outras pessoas, produzir um impacto sobre os negócios, adquirir as habilidades cuja falta nos impede de fazer a próxima mudança na carreira ou que continuamente ameaçam nossa tentativa de produzir resultados. Poucos de nós temos um prazo final para refletir e decidir sobre nossos objetivos — e é por isso que poucos de nós temos um compromisso com um propósito inspirado nos incentivando a passar pelos rosnados guturais do Tigre.

Se você não cria esses prazos finais, as coisas não acontecem sem uma grande ajuda da Senhorita Sorte.

Mesmo comprometer-se a sair de férias e tirar um tempo de descanso vital — investindo tempo em seus amigos ou familiares — tem algum risco atrelado. Você precisará reservar algum tempo da agenda quando não tem a menor ideia de quais serão suas prioridades no futuro. Terá que tirar algum dinheiro da conta bancária e, pior de tudo, talvez encontrar um tempo de metade de um dia para pesquisar e marcar sua viagem. Mas que investimento de tempo excelente será esse. Talvez uma das semanas desse ano que se tornarão uma parte realmente memorável de sua história.

Estamos agora no território de domar o Tigre. Você está correndo perigo de ter aventura e euforia, medo e desconforto, crescimento e desenvolvimento. Agora você sabe que seus sonhos acordados podem se tornar ações. Antes de deixar o Tigre rosnar para você e reduzir seus planos a um nível mais sem graça, medíocre e administrável, continue sonhando acordado! Talvez esta seja a hora de sonhar com um bloco de papel à sua frente e anotar alguns dos pequenos passos que poderão levá-lo até lá.

Já está encontrando motivos para não fazer isso? Então talvez seja a hora de sonhar acordado com a regra 2 para vencer o Tigre à sua frente, junto com a roda "Por que não?" da regra 3.

É por meio da decisão de investimento de longo prazo e baixo risco que você decide travar uma batalha heroica com as vozes em sua cabeça (regra 4) e procurar as ferramentas para vencer o Tigre que o ajudarão a chegar lá (regra 5). É aqui que encontramos a força para deixar a segurança dos grupos e preparar nosso caminho único (regra 6). Agora estamos querendo trabalhar para entender nosso medo e lidar com ele (regra 7). Esse investimento nos incentivará a criar e seguir novas disciplinas (regra 9). Isso vale a pena e não iremos desistir (regra 10).

A decisão de investimento de longo prazo e alto risco também o orientará em suas decisões de curto prazo. Isso envolverá enfrentar o Tigre e ter algumas conversas. O medo e o desconforto surgirão antes mesmo de a euforia

278 | VENÇA O TIGRE

da grande decisão passar. Mas não se preocupe: há mais algumas ferramentas disponíveis para ajudá-lo a iniciar sua nova aventura.

Vamos examiná-las agora.

Controlando seu tempo para criar a mudança

A regra 8 vem em duas metades. A primeira metade é um olhar cuidadoso sobre sua relação com o tempo a fim de "entendê-la". A segunda é um guia prático sobre como começar a "controlar" seu tempo. As duas partes são necessárias para criar a mudança.

Agora, o que você acha que levaria um jovem jóquei que não é particularmente rico, mas que está desesperado para ter sucesso em sua carreira, a contratar um motorista em horário integral e reduzir seus ganhos a uma mixaria? A glória? Eu acho que não. Os jóqueis são mestres em investir seu tempo. Vou explicar por quê.

O dia de um jóquei começa por volta das 5 horas. Ele não está comendo muito e pode ser que esteja no meio do inverno, mas lá vai ele montar alguns cavalos agitados sob chuva ou neblina. Em seguida, vai de carro para as corridas, que podem acontecer em lugares a três ou quatro horas de distância. No caminho, fará ligações para treinadores — ele mesmo é seu representante de vendas mais eficiente — e receberá telefonemas de seu agente. Ligará para outros jóqueis que já montaram os cavalos que montará hoje para saber a melhor maneira de cavalgá-los, e pode ser que telefone para seus amigos e sua família. Em seguida, ele se sentará em uma sauna por algumas horas para desidratar seu corpo e chegar ao peso exigido.

Depois, são seis páreos seguidos, talvez caindo no chão a quase 50 quilômetros por hora, de uma altura de 3 metros ou mais. Entre uma corrida e outra, ele também vai querer ter tempo para falar com donos de cavalos ou treinadores que estejam no hipódromo e com os quais precisa manter boas relações. Feito isso, são três ou quatro horas de viagem de volta, possivelmente sem nada para comer além de uma banana.

Quando chegar em casa, talvez tenha que queimar algumas calorias ou suar no banho e, é claro, seria bom passar algum tempo com sua família. Depois, é hora de lustrar suas botas de montaria para a manhã e ir para a cama. E, no dia seguinte, fazer tudo de novo. E assim vai...

Agora podemos começar a entender por que o jóquei determinado investirá num motorista assim que puder. Ele só tem 24 horas por dia para investir em escrever sua história, e quer criar um best-seller. Precisa passar muito tempo dirigindo seu carro, e este é o único trabalho que pode delegar. Ou ele dirige — com a tensão física e mental que isso impõe e o tempo que isso consome — ou senta no banco de trás do carro, dá seus telefonemas e dorme um pouco.

Contratar um motorista é uma decisão bastante ousada sobre controlar seu tempo. Você faria isso para ajudar a si mesmo em sua carreira? Não tem dinheiro para tanto? A maioria dos jóqueis não é rica. Eles talvez estejam ganhando menos que você, mas para alguns é importante domar o Tigre e investir o tempo da maneira como acham que precisam fazer.

Como o Tigre está impedindo sua decisão sobre como controlar seu tempo? Qual é o custo disso para você, sua carreira, sua vida familiar e sua história? Quero lhe apresentar maneiras práticas de ajudá-lo a retomar o controle sobre seu tempo.

Ferramenta 1: a agenda

Sua posição agora = a soma de suas escolhas até agora

Suas escolhas = suas ações e inações

Suas ações e inações = onde o tempo é ou não é investido e o esforço aplicado

Onde o tempo é investido e o esforço aplicado, ou não = sua agenda

Portanto,

Sua agenda hoje = sua posição amanhã

Leia isso novamente e, em seguida, abra sua agenda. Você concorda que sua agenda e o que escolhe para manter ou tirar dela — e, o que talvez seja mais fascinante, quem está escolhendo o que fica ou não nela — é uma descrição precisa de onde você está optando por aplicar seu tempo, sua energia e seu talento?

Concorda que foram suas ações (e inações) que o levaram à posição em que se encontra agora? Abra bem; não precisa olhar sua agenda de trabalho ao pensar na resposta para isso. Se as atividades que faz fora do trabalho são também agendadas, você vê investimentos de tempo de alto risco — de longo e curto prazo — ali?

Em seguida, pergunte a si mesmo: as atividades ali contribuem realmente para a história que meu verdadeiro Eu quer escrever em meu tempo curto no planeta? Ou meu Tigre as pôs ali?

Eis como usar essa ferramenta. Ponha tudo em sua agenda durante duas semanas. Preste bastante atenção a como as coisas chegam ali. Observe com cuidado se algum tempo está sendo alocado para as atividades de alto risco e longo prazo que concordamos que eram vitais para você escrever sua história. Depois de fazer isso, pode decidir se esta é uma disciplina que quer manter até que se torne um hábito tomar decisões diárias baseadas em sua história, e não no rugido do Tigre. Quem está escrevendo sua história — você ou o Tigre?

Tique-taque...

FERRAMENTA 2: DOME O TIGRE "NÃO"

Dizer não pode ser extremamente difícil. Negar algo a pessoas superiores ou agressivas no local de trabalho pode ser excepcionalmente difícil. Negociar com a família pode, às vezes, ser um campo minado no qual não queremos pisar. Porém, dizer não é talvez o Tigre mais importante para domar em termos de controle do tempo. E as Dez Regras para vencer o Tigre ajudarão você a dizer não às pessoas.

Por quê? Quando você tem um senso de propósito claro e foi incentivado por ele (regra 3), quando tem um plano estabelecido para chegar lá e está procurando as ferramentas à sua volta (regras 3 e 5), quando reescreveu elementos de seu Livro de Regras (regra 2) e lidou com a batalha mental, o Diretor da Escola e o Sabotador (regra 4), e quando parou de buscar segurança em grupos e de seguir os hábitos da maioria (regra 6), você fica bem ao dizer não. As regras da integridade e da liderança lhe dão essa força.

Você se torna aquela pessoa inspiradora com a luz brilhando em seus olhos.

Agora você é uma força a ser considerada. Confie em mim. Pessoas com um propósito inspirado não precisam de um "curso de assertividade". Você saberá também — o

282 | VENÇA O TIGRE

que é muito importante — *por que* está dizendo não e será capaz de expressar àqueles com os quais está falando, com precisão e muita educação, por que está fazendo isso. E se esse "por que" é acompanhado de honestidade e integridade e está sendo seguido com coragem, eles só resistirão a você se houver uma razão extremamente boa. Nesse caso, pode ser uma ótima ideia parar e ouvir.

Para aqueles que passaram a vida apreciando e se prendendo desesperadamente à dificuldade de dizer não e ao desejo de agradar todos à sua volta, eis uma sugestão: por mais duro que isso possa soar, você não está agradando às outras pessoas, mas a si mesmo. É bem possível também que esteja ativamente, e sutilmente, pensando mal sobre os outros por isso. Você está fazendo exatamente o que está escolhendo fazer. E tem o poder de mudar a situação.

Nunca ficará mais fácil levantar-se e expressar sua opinião. Portanto, tente dizer não da próxima vez que achar que isso é o certo. Faça isso com educação, com um sorriso e com uma explicação racional sobre por que isso foi dito. Pode ser um momento muito estimulante quando a pessoa com a qual você estiver falando simplesmente concordar e encontrar outra pessoa para ajudá-la. É possível que fique bastante surpreso com a resposta que receberá — e com o tempo que ganhará de volta para investir no que escolher.

Tique-taque...

FERRAMENTA 3: DOME O TIGRE "LADRÃO DE TEMPO"

Você conhece o tipo de pessoa ao qual me refiro: ela não tem senso de propósito e às vezes parece ter pouco senso de certo ou errado, aceitando um cheque de pagamento por todo o trabalho duro que fez para atrapalhar as pessoas à sua volta. A propósito, você raramente encontra um ladrão de tempo que seja um profissional autônomo.

Se chegou até aqui no livro e está criando um novo senso de propósito para si mesmo, não precisará de minha ajuda para domar o Tigre ou lidar com o ladrão de tempo. Tudo o que farei é lhe oferecer algumas palavras de incentivo. Sim, você está fazendo a coisa certa. Fuja deles. Evite-os no horário de almoço e, se necessário, mude sua mesa para outra área para escapar do barulho vazio que emitem. E, sim, todos nós cometemos o erro de pensar que era nosso dever humano ouvi-los, como se estivéssemos fazendo o papel de um terapeuta não remunerado. A questão é: o paciente nunca melhora. Quanto mais você ouve, mais a doença piora!

Permita a si mesmo tirá-los de seu caminho. Excelente. Vamos em frente.

Tique-taque...

Ferramenta 4: dome o Tigre-aparelho

Nada me distrai mais de meu trabalho do que o sinal suave de um e-mail chegando. Você consegue resistir a dar uma olhada? E então, não é tentador responder? E o que aconteceu com aquele senso de propósito? O que aconteceu com aquele fio de pensamento profundo, com aquele investimento de tempo de curto prazo e alto risco cuidadosamente alocado e agendado que você estava fazendo? Foi enterrado por uma atividade de curto prazo e baixo risco!

Feche sua caixa de e-mails. Desligue seu celular. Jogue seu smartphone numa gaveta (pode haver alguma desculpa para checar seus e-mails ou o Facebook numa reunião com

284 | VENÇA O TIGRE

colegas ou num jantar com amigos ou com a família?). Ligue todos eles no horário marcado em sua agenda para lidar com a comunicação. No mundo moderno dos sinais de chamada e da banda larga sem fio, esta é a única oportunidade que você terá para concentrar seu cérebro por algum tempo e impulsionar seu mundo para frente em seus próprios termos.

Com certeza a *sua* medalha de honra ao mérito no trabalho não é por disponibilidade e velocidade de resposta. A *sua* medalha de honra ao mérito é por grandes resultados. No trabalho, a disponibilidade e a velocidade de resposta só importam como facilitadores genuínos de grandes resultados — a não ser a velocidade exigida pela boa educação. A boa educação também diz, porém, que não devemos esperar uma resposta de pessoas que estão de férias com os filhos por duas semanas — ou escrevendo um documento importante que exige raciocínio, ou criando a nova geração de *tablets*, ou gastando um tempo valioso orientando e apoiando um jovem talento.

E se algum dia você estiver em uma reunião tão sem importância que as pessoas estarão teclando em seus laptops ou checando seus telefones, em vez de prestarem atenção no assunto, essa reunião é uma perda de tempo e do investimento de deslocamento associado. Dome seu Tigre imediatamente. Vá embora.

Tique-taque...

Ferramenta 5: use prazos finais

A chave para o retorno bem-sucedido de um investimento de tempo de curto prazo é o prazo final forçado externamente. A definição do investimento de longo prazo é que ele não tem prazo final — até você criá-lo. Não há ninguém exigindo que você planeje suas férias ou a próxima mudança em sua carreira. Enquanto você não determinar um prazo final, isso continua sendo um sonho acordado ou um simples rabisco num bloco de anotações.

Torne público o prazo final, compartilhe-o com seus fãs e também com aquele colega cínico que todos os dias o fará se lembrar disso com um sorriso malicioso. Ponha algo real em jogo em relação a isso: torne necessário que você cumpra o prazo final. A maior ameaça ao investimento de tempo bem-sucedido é que as atividades irrelevantes com prazos finais gritantes consomem o tempo que deveria ser alocado para atividades importantes, como ler contos de fadas para seus filhos ou planejar o crescimento de seus negócios ou de seu departamento. Essas coisas não tinham um prazo final imposto publicamente. Mas todas tinham um prazo final bastante real contra elas em termos da história de sua vida.

Tique-taque...

FERRAMENTA 6: PONHA DE LADO O TEMPO DE PLANEJAMENTO REGULAR

Abordamos o assunto quando examinamos como entender o tempo de maneira diferente, mas é vital listá-lo como ferramenta para controlar o seu tempo. Depois que você se lembra de pôr os tempos de sonhar e planejar — juntamente aos prazos finais associados — em sua agenda (pode disfarçá-los como passear com o cachorro ou tomar banho, se quiser), você começa a criar e a ficar empolgado com a mudança em sua vida. Assim que começa a agir nesse sentido, as coisas começam a ficar diferentes. Você tem seus sonhos e planos anotados com ações e prazos finais em relação a eles? O que está esperando?

Tique-taque...

FERRAMENTA 7: DELEGUE

Eu e minha equipe de *Vença o Tigre* raramente trabalhamos com uma diretoria sem ouvi-los a respeito de seus planos animadores — e sem ouvir que eles "não têm tempo" para implementá-los. Ao fim do tempo que passamos juntos, os membros da diretoria sempre reconhecem que essa afirmação é uma ficção da regra 2. Eles simplesmente precisam mudar seus hábitos. Nunca "vendemos" essa ideia a eles. Eles a percebem.

Depois que a diretoria percebe que precisa criar tempo para atividades de longo prazo e alto risco — como liderar e comunicar a estratégia e a administração de talentos (inevitavelmente, este é o trabalho diário do líder, se você parar para pensar) — eles param para olhar suas agendas e ver onde há espaço. Não há. Em vez disso, há uma série de atividades vitais. Atividades vitais que correspondem às descrições dos trabalhos de outras pessoas.

Espero que seja inspirador ouvir isso. Mesmo as diretorias de grandes empresas muitas vezes são fracas para delegar. Isso porque se importam — apaixonadamente — em acertar. Assim como você. Porém, depois que tiram tempo para examinar o custo de oportunidade de longo prazo em termos de crescimento perdido e ambição para a empresa, começam a questionar essas atividades de curto prazo e alto risco. Isso não pode continuar assim. "Não estamos empregando grandes talentos que podem fazer essas coisas?", perguntam eles. "Vocês estão reprimindo esses talentos segurando tudo?", perguntamos em resposta. Os avanços com frequência são enormes e duradouros.

Líderes se tornam livres para liderar. Talentos têm permissão para realizar.

Há outra dificuldade atrelada a delegar: delegar envolve confiar em outros com sua reputação e (até certo ponto) sua segurança financeira. Confiar é uma atividade que causa dor de dente no Tigre raivoso. Mas você não é nem gerente nem líder se não pode confiar que outros façam e administrem seus desempenhos. O desempenho dessa habilidade vai alterar sua vida profissional, fazer com que você volte para casa e para sua família na hora, torná-lo preparado para ser o líder que deseja ser e trazer resultados de longo prazo para você e aqueles que você lidera.

Tique-taque...

Ferramenta 8: faça o teste da casa de repouso todo mês

Reconhecemos, no começo de nosso tempo juntos, que gostaríamos de ser pessoas idosas felizes, morando em uma casa de repouso. Isso acontecerá daqui a muitos anos, com certeza, mas será melhor assim, presumo, do que qualquer alternativa. Então, talvez agora — quando pensamos em como investir o tempo que transcorrerá entre este momento de nossas vidas e a época em que começaremos a dominar nossas habilidades com o dominó — devêssemos voltar nossos pensamentos de novo para a casa de repouso.

Viaje para lá agora. O que o homem ou a mulher que está nesse lugar desejaria que a pessoa que está lendo este livro mudasse na forma como investiu seu tempo? O que eles podem ver como sendo as possibilidades, as imensas possibilidades, que são escondidas pelo Tigre enquanto você está sentado aí hoje?

288 | VENÇA O TIGRE

O que é que o "você idoso" responde quando você conta a ele sobre suas angústias e sobre por que não consegue tirar vantagem das oportunidades à sua volta? O que está esperando?

Tique-taque...

Só existe um recurso escasso para os humanos

Se não entendemos nossa relação com o tempo e não usamos as ferramentas acima para controlá-lo, com toda a probabilidade descobriremos que nosso novo projeto tem que se submeter a exigências mais gritantes de nosso tempo antes de realmente começar. É aí que nossos sonhos com frequência vacilam e são discretamente enterrados — para serem desenterrados de novo na casa de repouso. Mas há uma escolha — e apenas o Tigre está no caminho de tomar a decisão certa.

Como dito anteriormente, só existe um recurso escasso: seu tempo aqui no planeta.

Você está investindo nele agora.

Tenha certeza de que você mesmo está decidindo a estratégia de investimento, e de que gosta do que parece ser o retorno.

Você está com aquela agenda à mão?

Tique-taque...

Coisas que o Tigre quer que você esqueça sobre a regra 8

Regra 8: Entenda e controle seu tempo para criar a mudança

Entendendo seu tempo

Você está escrevendo a história de sua vida. Suas ações são a caneta. Seu tempo é o papel. O que decide fazer com seu tempo cria a sua história. Você só tem um recurso realmente escasso: seu tempo no planeta.

O Tigre gosta que tomemos o caminho fácil. Tal caminho é acreditar que outras pessoas controlam seu tempo e que você não tem poder. Alguns adoram se fazer de vítimas neste sentido.

Existem quatro maneiras de investir seu tempo:

- Curto prazo (com prazo final) e alto risco (é importante para sua história).
- Curto prazo (com prazo final) e baixo risco (importa pouco para sua história).
- Longo prazo (sem prazo final) e baixo risco (importa pouco para sua história).
- Longo prazo (sem prazo final) e alto risco (é importante para sua história).

A vida muda quando se faz investimentos significativos em atividades de longo prazo e alto risco.

290 | VENÇA O TIGRE

Controle seu tempo

Ferramenta 1: a agenda;
Ferramenta 2: dome o Tigre "não";
Ferramenta 3: dome o Tigre "ladrão de tempo";
Ferramenta 4: dome o Tigre-aparelho;
Ferramenta 5: use prazos finais;
Ferramenta 6: ponha de lado o tempo de planejamento regular;
Ferramenta 7: delegue;
Ferramenta 8: faça o teste da casa de repouso todo mês.

Agora conecte-se ao site tamingtigers.com e assista ao filme intitulado *Hickory Dickory Dock*.

Estudo de caso 8:
Steve Holliday

Trabalho com uma série de livros e modelos de *coaching*, e só recentemente assisti à palestra de Jim, mas tenho lido suas Dez Regras e posso relacionar várias delas à jornada que venho fazendo nos últimos anos.

Eu trabalhava no ramo de produtos farmacêuticos e equipamentos médicos até cerca de dezoito meses atrás. Há mais ou menos três ou quatro anos, fui selecionado para participar de um programa de *coaching* em negócios e, pela primeira vez, comecei a administrar minha carreira. Aprendi maneiras de pensar e se comportar para produzir diferentes resultados. Mais importante: aprendi a diferença entre administração e liderança. Comecei a ler livros de pessoas como Steven Covey e, mais recentemente, venho trabalhando com um treinador profissional, que é psicólogo.

Agora trabalho como chefe de Saúde e Segurança da divisão de estações de energia elétrica da empresa alemã E.ON. Comecei em Operações, mas sou um profissional de Saúde e Segurança há doze anos. Só fui oficializado há três anos, mas, por causa de Jim e de outras pessoas com as quais venho conversando recentemente, decidi voltar para Operações. O poder da orientação de Jim é que, depois que sua direção está clara, isso pode ser um ímã forte, portanto estou me fixando em uma direção.

Na minha vida pessoal, tive uma experiência semelhante à de Jim como jóquei. Aconteceu depois que um velho amigo teve câncer de pele. Ele se recuperou, mas nosso grupo de amigos decidiu recompensar o hospital que cuidara

292 | VENÇA O TIGRE

dele. Resolvemos fazer uma corrida de bicicleta de costa a costa durante três dias, para arrecadar dinheiro. De início, dei desculpas. Pensei que não seria possível e que não teria tempo, já que não subia em uma bicicleta há anos. O que me motivou foi que treinamos como um grupo de amigos; a ideia era fazer alguma coisa juntos. No primeiro ano, fizemos o percurso em três dias; dois anos depois, conseguimos fazer em dois dias. Isso nos leva de volta ao princípio de Jim: se você até mesmo pensar que gostaria de fazer alguma coisa, pode fazê-la. Mas os Tigres logo aparecem e dizem "Você não pode fazer isso". Esse argumento pesou bastante para mim, e tenho pensado nisso. Na noite passada, estava conversando com meus amigos; agora estamos pensando em ir de John O'Groats a Land's End no ano que vem, e não subo numa bicicleta desde a última viagem. Mas, depois de conseguir o que já alcançamos, é possível.

As regras com as quais mais me identifico são as de número 1, 3, 4, 5, 7, 8 e 10. Dessas, as regras 1, 3 e 7 são as mais importantes para mim. Para mim, "aja com ousadia hoje" é reconhecer o tempo como um de seus bens mais valiosos. Percebi que não se pode fazer tudo em um trabalho de nível elevado; o que se consegue realizar é um número pequeno de coisas grandes. Faça três ou quatro coisas que terão um efeito indireto e você usará melhor o tempo. Eu tenho o desafio de vida e trabalho também, já que quero ser um bom marido, pai e amigo.

Jim fala que há vozes em nossas cabeças. Quando você começa o treinamento, fica mais consciente dessas vozes que dizem "Não tenho certeza se posso fazer isso, talvez seja forçar demais". Se não entender esse primeiro Tigre — é possível ou não? — e fizer coisas desconfortáveis, nunca descobrirá. Sou diferente agora porque entendo melhor meu desenvolvimento pessoal. Nem sempre é fácil. Acho que você precisa planejar para se sentir desafiado e estar preparado para isso.

A regra 3 é sobre seguir na direção do objetivo que deseja alcançar. Hoje de manhã, eu estava orientando um amigo que está com problemas no trabalho. Ele sabia o que fazer e o resultado que queria, mas não conseguia dizer isso para seu gerente de linha. Eu lhe dei o cartão de Jim com as dez regras. Sugeri a ele identificar as três principais empresas para as quais gostaria de trabalhar e falar com elas. Ele pensou que eu estava brincando, mas eu falava sério. Você precisa saber o que define o sucesso na vida, no trabalho e nas relações pessoais e seguir nessa direção. É como Jim e sua experiência como jóquei. Ele claramente superou o Tigre e foi todos os dias naquela direção. Para mim, assegurar que as pessoas tenha certeza de seus objetivos e da direção que estão tomando é o maior desafio para qualquer organização.

A regra 7 é sobre fazer algo assustador todos os dias, mesmo que seja algo pequeno. Às vezes, pode ser assustador fazer uma coisa que não é grande, contanto que seja na direção certa sempre.

A regra 5 de Jim é sobre encontrar as ferramentas que o ajudarão. Para mim, foi o *coaching*. Uma coisa que aprendi é que é importante entender as características individuais de seus colegas e aprender as maneiras de trabalhar com eles. Todos têm formas diferentes que acham úteis.

A de número 10, "nunca, nunca desista", é algo com o qual concordo, mas de vez em quando é difícil de seguir.

Depois de aprender tanto com o *coaching* para mim mesmo, comecei a me interessar em esclarecer outras pessoas. Passar por *coachings* intensos o faz pensar que pode ser bom nisso, e então você quer experimentar e ajudar em programas

294 | VENÇA O TIGRE

de *coaching* e liderança. Ainda não usei explicitamente as regras de Jim em meu *coaching*, já que faz pouco tempo que aprendi sobre elas. Mas falei com várias pessoas, distribuí alguns cartões e sugeri que procurassem o livro quando fosse publicado.

Regra 9 — Crie disciplina: faça o básico de forma brilhante

Há um jóquei muito famoso chamado Frankie Dettori. Hoje em dia, ele deve ser o jóquei mais famoso do mundo. Certamente é um dos mais bem-sucedidos da história do hipismo. No início de junho de 2007 (o vigésimo primeiro ano de Frankie como jóquei profissional), ele não havia vencido a corrida mais cobiçada do mundo, a English Derby, em Epsom. Havia tentado 14 vezes e fracassado. A pressão era grande.

Em 2 de junho de 2007, Frankie Dettori e um pequeno potro chamado Authorized foram colocados no boxe de largada para a clássica das clássicas, com aproximadamente 1.800 metros de percurso.

Quando eles saltaram para o campo, Frankie manteve seu animal na retaguarda, contendo o pequeno e talentoso potro, permitindo a si próprio curvar-se sobre ele e deixando os cavalos à frente fazerem todo o trabalho difícil sobre a pista ondulada de Epsom. Quando eles alcançaram o famoso Tattenham Corner e começaram a fazer a volta para a chegada, Frankie já havia pedido a Authorized para mostrar às milhões de pessoas que assistiam à corrida o quanto ele era talentoso. Aos poucos, o potro foi se aproximando do campo de galope até que, no momento em que alcançou o início da tribuna, Authorized e Frankie estavam numa posição inatacável para o italiano reivindicar sua primeira vitória na English Derby. O homem que havia feito história vencendo todos os sete páreos de um único cartão de corrida em Ascot, em 1996, acrescentou o último prêmio que lhe faltava, e que ele mais queria, para completar uma invejável coleção com os troféus clássicos mais valiosos do mundo exibidos sobre o console de sua lareira.

Frankie Dettori sortudo.

A manobra foi saudada pelo público de Epsom e pelas milhões de pessoas que os viram cruzar a linha de chegada. O famoso sorriso brilhou assim como o conhecido movimento breve de descer do cavalo foi feito diante de fortes aplausos na área dos vencedores. Em seguida, Frankie, finalmente, recebeu de Sua Majestade a Rainha Elizabeth II da Inglaterra o Troféu da Derby.

Frankie Dettori sortudo!

O que nosso herói fez para comemorar? Voou para a França a fim de correr no dia seguinte com outro potro de talento, Lawman, e vencer a Prix du Jockey Club (a equivalente francesa à English Derby).

Frankie Dettori sortudo!

Foram duas Derbies em dois dias, em dois hipódromos, em dois cavalos, em dois países, num fim de semana, com um único homem. Como você chamaria isso em termos de conquista esportiva?

Eu chamo de pura ganância!

JIM LAWLESS | 297

Tive que brincar com a disciplina de jóquei de Frankie durante um ano. Enfatizo a palavra "brincar". Eu tinha um plano reserva, uma carreira de sucesso totalmente sólida. Frankie não está brincando — está trabalhando, é um profissional. Depois de experimentar fazer isso, não tenho certeza se é uma questão de "sorte".

É assim: você acorda às 5 horas e chega ao trabalho às 6 horas. Em hipismo não existe "atrasado" e não existe "doente". Mas existe uma semana de sete dias, já que há animais para serem cuidados. E como o público das apostas gosta de ter sete dias de corridas, são 52 semanas por ano.

Em uma bela manhã, nada supera um galope sobre um bonito cavalo de corrida ao alvorecer, diante de uma paisagem deslumbrante. Na Inglaterra, porém, nem sempre as manhãs são belas. Você pode sair de casa às 5h30 sob uma chuva horizontal ou quebrando o gelo do para-brisa. O desjejum é uma banana e um café (preto, sem açúcar). Depois de três ou quatro horas cavalgando, você está pronto para comer mais alguma coisa, então o petisco é outra banana.

Por que bananas? Bem, se eu disser o que está fora do cardápio, pode ser que isso comece a fazer sentido. Tive a ajuda do cientista de esportes Jon Pitts, e eis o que cortamos de minha dieta: todos os laticínios, macarrão branco, pão, carne vermelha (não foi um problema, porque sou vegetariano), óleos e a maioria dos molhos, álcool, nozes e granolas, todos os doces e chocolates e biscoitos e bolos. A falta de batata frita e curry foi dolorosamente sentida. Frutas secas (não adoçadas) eram um petisco ocasional, admitido em longas viagens de carro para dar palestras.

Então você está louco para almoçar e, depois de andar a cavalo grande parte da manhã, está quase na hora do almoço. Uma batata assada pequena e muita salada fresca.

298 | VENÇA O TIGRE

Obviamente sem manteiga, feijão, queijo, molho e tudo que poderia estar ali nos velhos tempos. É aí que você começa a se perguntar como nunca havia descoberto o prazer de espremer um limão! Por que não prestou mais atenção ao pote de pimenta e seus pequenos flocos de sabor? E onde a mostarda estava escondida todos esses anos?

Você segue a dieta. É o trabalho. No hipódromo, o funcionário responsável pela balança não diz "tome cuidado, filho, essa calça de seda está ficando um pouco apertada, é hora de deixar de lado as tortas um pouquinho!". Não. Ele o põe na balança e, se seu peso é excessivo, telefona para seu bom amigo, o Sr. Comentarista, que anuncia à multidão que um jóquei específico está acima do peso no momento em que esse mesmo jóquei está passando a cavalo diante da multidão, com o traseiro no ar para todos avaliarem.

Seu lanchinho da tarde é uma maçã. O jantar tem que ser às 19h30, porque você precisa ter o mínimo possível no organismo na hora de dormir. Mas nada de carboidratos no jantar, já que teve sua cota com aquela batata no almoço. Em seguida, você calça o tênis e sai para gastar o que comeu durante o dia e se manter em forma — muitas vezes no escuro e na chuva. Eu omiti o trabalho na sala de ginástica por temer desencorajar algum jóquei em potencial por aí.

Então você acorda na manhã seguinte e faz isso tudo de novo.

É claro que os jóqueis de verdade passam todas as tardes — depois de cavalgarem ao ar livre e enquanto seguem sua dieta — viajando e disputando corridas. Já eu, fora cavalgar ao ar livre, fazer dieta e me exercitar, passava meu dia trabalhando em meus negócios.

Frankie Dettori sortudo?

Eu brinquei com essa dieta e essa programação durante um ano. Frankie e os outros não brincam com isso. Frankie trabalha como jóquei há mais de 25 anos, com esforço e disciplina constantes.

Prometi ser sincero com você, então quero deixar claro que não estou tentando lhe dizer como vencer a Derby. Não tenho a menor ideia de como fazer isso. Estou lhe dizendo como se inscrever para uma avaliação na British Racing School, em Newmarket. Ali, supondo que você consiga lidar com um cavalo de corrida em diversos exercícios, passar nos testes de forma física e explicar as Regras da Corrida, pode ser que você ganhe sua permissão para montar cavalos de acordo com as regras.

Frankie Dettori sortudo?

Quando vemos nosso herói recebendo urros da multidão, ou um homem ou uma mulher de negócios desfrutando de suas recompensas, é fácil demais confundir com sorte o que foram décadas de trabalho duro e disciplinado e vitórias pessoais, particulares e heroicas sobre a tentação de desistir. Algo muito mais manejável — mas menos atraente para o Tigre — está em jogo aqui: a disciplina e a prática de habilidades e comportamentos básicos.

Regra 9: Criar disciplina e fazer o básico de forma brilhante

O que é "disciplina" e "básico"? Se você faz uma analogia com tocar piano, um dos básicos são suas escalas. A disciplina inclui praticar essas escalas (e tudo mais que você decidiu trabalhar) diariamente por uma quantidade de tempo mínima — e nunca desistir dessa promessa.

300 | VENÇA O TIGRE

Disciplina é uma palavra muito fora de moda no século XXI. E quem quer fazer o básico quando há coisas mais divertidas para fazer? Se você pensa, porém, que pode domar seu Tigre em qualquer sentido significativo sem a regra 9, está errado. Vou mais longe: com base em minhas experiências de chegar ao hipódromo e me tornar o britânico praticante de mergulho livre que foi mais fundo, com base em meu trabalho com atletas de elite e homens e mulheres de negócios de elite, estou convencido de que a clareza total de visão e de plano, combinadas a uma tremenda autodisciplina no desempenho do "básico", são o mais próximo do "segredo do sucesso" a que você consegue chegar (regras 3 e 9).

Tarefas pessoais mundanas proporcionam o momento de triunfo

Você gostaria de ter aberto um negócio de sucesso e conquistado a independência financeira? Gostaria de ter recebido uma medalha olímpica? Claro que sim. Mas gostaria de acordar cedo todos os dias, chova ou faça sol, e ir para a rua? Claro que não.

Ninguém gostaria — mas eles aprendem a amar isso, e seus excelentes resultados e propósitos inspirados os motivam a começar e enfrentar os dias ruins.

Será que é mais fácil para aqueles que vemos no auge do sucesso em qualquer campo — negócios, esportes, criação de filhos, vida acadêmica — do que para nós, "simples mortais", manter a disciplina diária, que é a base do sucesso deles? Claro que não.

Os conquistadores, os escritores de histórias e aqueles que inspiram os outros fizeram uma escolha, decidiram qual seria sua disciplina para sustentar essa escolha e passaram a incorporá-la à sua vida diária. Essa decisão, toda manhã, de manter a disciplina naquele dia é heroica. Eles também são "simples mortais".

Como diz o ditado, "não existem pessoas extraordinárias, apenas pessoas ordinárias fazendo coisas extraordinárias". Todas elas encontraram e domaram seus Tigres e continuam fazendo isso.

Os princípios básicos e a disciplina da regra 9 para eu montar cavalos e mergulhar eram mundanos. Dormir na hora certa, acordar na hora certa, ir ao haras, à academia de ginástica ou às ruas, praticar yoga, pôr coisas diferentes no carrinho do supermercado e sempre preparar alimentos frescos à noite são exemplos. A principal disciplina da regra 9 ao escrever este livro é sentar e escrevê-lo hoje, amanhã e depois de amanhã, após um dia de trabalho. Não há nada de sexy ou estimulante em qualquer uma dessas coisas. Mas elas têm compensações.

Não tenha dúvida de que por trás de cada momento de glória e triunfo que você testemunha em seu campo há muitos milhares de decisões heroicas tomadas de adiar gratificações, de recusas a seguir o caminho mais fácil. Resoluções de seguir o plano. Decisões de ser disciplinado e trabalhar com os fundamentos básicos que levarão à vitória. Essas escolhas são tomadas diante do rugido do Tigre. Por isso somos inspirados pelas histórias de nossos heróis. Mas você está disposto a aprender com as histórias deles? Está disposto a mudar hábitos, agir de maneira diferente para forçar o mínimo desconforto em disciplina e no básico?

Decisões, ações, resultados.

Quando você olha para esses grandes realizadores, seja em que área for, e se pergunta se também poderia trabalhar

302 | VENÇA O TIGRE

com essa disciplina, o Tigre o ataca e lhe dá bons motivos para não tentar. O Tigre atacou nossos heróis também, portanto você está no caminho certo. Vamos explorar algumas estratégias populares do Tigre para nos deixar fora da obrigação da disciplina.

"É FÁCIL PARA ELES — SE EU ESTIVESSE JOGANDO PARA GANHAR TANTO PODERIA SER DISCIPLINADO TAMBÉM!"

Contraditório. Você nunca jogará para ganhar tanto se não for disciplinado. As recompensas nem sempre foram grandes para eles. Todos os esportistas famosos já foram algum dia desconhecidos altamente disciplinados tentando ter oportunidades. Eles tinham pessoas lhes dizendo para esquecer os sonhos. Mas foram determinados. Tiveram grande disciplina para chegar até mesmo ao nível de desconhecido, quando recebiam pouca recompensa ou reconhecimento pelo trabalho diário com essa disciplina. Nessa etapa, também é muito complicado manter a disciplina — principalmente para um jóquei adolescente quando os amigos e amigas estão no bar bebendo e comendo com namoradas e namorados, enquanto ele tem que pensar em calorias e em acordar às 5 horas.

Essa estratégia não cola, certo? Dê uma olhada na regra 3, imagine, comprometa-se e então crie com disciplina.

"OBVIAMENTE, A DISCIPLINA E O BÁSICO SÃO IMPORTANTES PARA UM GRANDE ATLETA, MAS PARA MIM NÃO FAZEM DIFERENÇA ALGUMA."

Bem, essa parte da regra 2 em seu Livro de Regras deveria mantê-lo bem a salvo de seu medo do esforço e do desconforto associado a ele. Os resultados da disciplina são óbvios e notórios em alguns casos e menos óbvios e menos conhecidos em outros. As consequências de adotar a regra 9 estão, no entanto, ali para todos nós vermos e nos beneficiarmos. Olhe à sua volta.

As pessoas que tiveram disciplina em suas finanças cinco, dez, quinze, trinta anos atrás colhem as recompensas dessa disciplina, não? As pessoas que têm disciplina no tempo que passam trabalhando para serem bons pais (em vez de dependerem da TV ou de uma babá para cuidar dos filhos) colhem recompensas incalculáveis dessas relações de amor e desses filhos estáveis, não? Quem trabalha sua integridade, sua habilidade de *coaching*, sua coragem de estabelecer uma visão e se afastar da busca de segurança ficando em grupo se tornam os líderes e inovadores respeitados e ricos dos negócios de amanhã, não?

Os superprofissionais de venda que encontro raramente são gênios da comunicação independentes, viris e com talento natural. Fazem o básico. Fazem todo dia. Têm uma grande integridade — são honestos e mantêm suas promessas. Cuidam de seus clientes. Têm fome de treinar (e humildade suficiente para escutar) e ideias que os ajudarão a ter desempenhos mais eficientes. Eles moram em casas enormes. Têm tempo para seus filhos. Planejam se aposentar cedo.

"Eu não tenho tempo para o básico e para disciplina."

A disciplina e o básico geralmente poupam seu tempo.

Para o tema geral do tempo, releia, por favor, a regra 8. Você está realmente usando aquela velha história de seu Livro de Regras para se desculpar por se render ao Tigre?

304 | VENÇA O TIGRE

Confiando no básico e na disciplina sob pressão (no fundo do mar)

Estou encharcado. Olho para meu relógio: 7h30, 27 de agosto de 2010.

Dia do recorde.

Hora de levantar. Para manter meus seios nasais em boas condições tenho que dormir sem ar-condicionado. No alto verão de Sharm el Sheikh, com as temperaturas chegando a 35 graus, não é confortável ficar deitado depois que o sol começa a se erguer no horizonte. Dou uma olhada em Anita, dormindo profundamente, o cabelo começando a grudar na testa enquanto a temperatura sobe. Tomo um banho e, com uma xícara de chá de hortelã à mão, subo os degraus até o telhado plano da casa.

Ansiava por esse momento de calma e solidão. Às 13 horas de hoje, sairei da casa de minha boa amiga produtora de filmes subaquáticos Debbie Metcalfe, onde tenho ficado durante meu treinamento no Egito, e irei para o mar fazer minha primeira tentativa de bater o Recorde de Mergulho Livre Sem Limites do Reino Unido e, com isso, tornar-me o britânico praticante de mergulho livre que chegou à maior profundidade. O dia está planejado para começar às 9 horas. Por enquanto, esse tempo é meu.

Debbie é dona da Blue Eye FX, uma empresa internacional de filmes subaquáticos. Sua equipe começará a chegar à sua casa por volta das 9 horas para iniciar os preparativos para filmar o mergulho.

Esperava ter paz ao ver o sol nascer e as montanhas recortadas do Sinai ficarem cor-de-rosa e passarem para o bege arenoso que adquirem durante o dia, mas o Tigre tem outros planos e o Diretor da Escola começa a se fazer ouvir.

Quem diabo sou eu para fazer uma tentativa de bater o recorde britânico? O mar saberá que sou relativamente um recém-chegado? Tenho sido "bom" o bastante para merecer uma oportunidade do planeta e receber uma ajuda para descer no oceano e voltar? Será que eu não deveria ter trabalhado ainda mais firme antes de chegar a esse dia?

Pratico yoga Kundalini durante duas horas com minha música de yoga favorita, o álbum Into Silence, de Deva Premal, com seus ritmos e harmonias familiares, à distância, em algum lugar atrás de mim. Entro em outro mundo. Movendo-me com o aquecimento, começo a sentir a habitual sensação de força em meu corpo, minha mente e meu espírito. O Tigre começa a se dissolver.

Há um burburinho no ar no Only One Apnea Centre. Hoje é dia de recorde. Andrea e Rasta me recebem com ótimos e largos sorrisos e vou me vestir.

É impossível entrar em um traje de mergulho — um neoprene com células abertas, especial e bastante flexível — sem primeiro cobrir o corpo de sabão. Vou ao chuveiro para me ensaboar e deslizo para dentro de minha segunda pele.

Insiro um computador de mergulho Suunto D4 em meu capuz. Ele vai soar perto de meu ouvido quando eu chegar a 40 metros. A essa profundidade, e a uma velocidade de descida de aproximadamente 1,6 metro por segundo, terei 10 metros para comprimir o ar dos pulmões em minhas bochechas durante o mergulho, antes de fechar meus pulmões e prender qualquer ar que reste ali. Precisarei de todo o ar em minhas bochechas que puder encontrar. Não para respirar, mas para usá-lo para equalizar os espaços em meus ouvidos. Se eu não tiver ar para fazer isso, a pressão do oceano aumentará enquanto eu descer, causando uma

306 | VENÇA O TIGRE

dor indescritível. Se eu não terminar a descida rapidamente, meus tímpanos estourarão em segundos. Amarro meu outro computador D4 em meu punho, prendo meu cinturão de peso, apanho minha máscara e minhas nadadeiras e parto sozinho para o mar.

O mar! Com todos os preparativos, eu me esqueci que tudo isso consiste em estar com o mar. Eu me lembro disso ao chegar ao topo do penhasco e notar o mar pela primeira vez hoje. Está azul-safira, mas milhares de diamantes dançam em sua superfície sob a claridade do sol egípcio. O pontão se estende sobre o recife, a partir da margem de areia, e a plataforma fica 100 metros mar adentro. Está posicionada numa baía, que se abre para o oceano e o mar viaja até o horizonte. Meu coração pula. Conheço bem esse litoral. Comecei a mergulhar com cilindro de oxigênio aqui, em 1998. Sempre me sinto chegando em casa quando entro nestas águas conhecidas. As criaturas familiares estarão ali para me receber de volta. Peixes-palhaços, peixes-papagaios, peixes-leões, peixes-borboletas, peixes-estandartes, tubarões-de-recife e tartarugas, se você tiver muita sorte. Todos velhos amigos.

Minha mente viaja de volta ao bom presságio que recebi do oceano em meu primeiro mergulho com o Only One Centre, em janeiro desse ano. Meu tubarão-baleia.

"*Ciao*, Jim!" Andrea aparece ao meu lado. Está com roupa de mergulho e seus dentes cintilam quando ele abre seu maior sorriso para mim. "Vamos mergulhar?"

"Vamos mergulhar!"

Andrea será meu mergulhador de segurança hoje. Isso significa que ele mergulhará e me encontrará a mais ou menos 30 metros, quando eu estiver retornando. Se nossos tempos não coincidirem, ele terá que esperar ali até eu chegar. Ele não pode tocar na linha sobre a qual estarei descendo, por se tratar de uma tentativa de recorde. Portanto, terá que usar energia para se manter suspenso no azul enquanto estiver olhando para a escuridão abaixo, procurando o primeiro sinal do *airbag* branco me trazendo de volta à superfície. Se alguma coisa der errado quando eu chegar a 30 metros, precisará me ajudar. Por isso, é vital que ele faça um aquecimento cuidadoso hoje, como eu. Pode ser que também tenha um longo mergulho pela frente.

Três bons mergulhos de aquecimento. Nado até a plataforma.

Rasta está sentado na plataforma com sua camiseta amarela oficial da AIDA. A segunda juíza, Angela Ambrosi, está na água, junto ao lastro. O grupo de turistas em torno do local do mergulho está aumentando. Rasta me dá um sinal de OK e estou pronto para iniciar a contagem regressiva de cinco minutos. Respondo com um sinal de OK em silêncio e ponho minha cabeça dentro d'água, respirando pelo canudo, de volta ao mundo calmo sob a superfície do mar. Eu me sinto bem, muito forte, relaxado e focado, bastante sereno — pleno.

Nado até o lastro e empurro meus pés entre as cordas que os segurarão. Algumas tentativas são necessárias, porque o lastro está balançando para cima e para baixo na ondulação do mar. Depois de fixá-los, faço um sinal com a cabeça para Rasta. "Dois minutos!", grita ele para mim e para o grupo, pressionando seu cronômetro.

Meu tronco está solto.

Minha respiração é longa e forte. Meu estômago e minhas costelas expandem. Exalo o ar completamente, contraindo minha barriga até um tamanho minúsculo, aparentemente impossível. A yoga Kundalini e o treinamento para o mer-

308 | VENÇA O TIGRE

gulho a tornaram forte e muito flexível. Ela tem que ser assim, porque em menos de dois minutos será empurrada para a cavidade do meu tórax para compensar, enquanto meus pulmões diminuírem de tamanho.

"Sessenta segundos!", grita Rasta alto, mas agora eu o ouço à distância.

Meu controle de músculos parece bom. Estou usando apenas a quantidade mínima de tensão muscular necessária para me manter ereto sobre o lastro. Posso sentir todo o resto descansar; ter apenas o mar me sustentando. Meus olhos estão fechados e meus cílios relaxados. A velha melodia toca alto em minha cabeça, e é tudo no qual posso focar agora. "Aad Guray Nameh" — longa e lenta, repetitiva, magnífica.

"Quinze segundos!" É um ruído vago, mas tenho consciência dele. Ergo o queixo e olho para o céu, para o domo azul, encho meu abdome e pulmão de ar quente, fecho a boca, prendo o nariz, levo o queixo ao peito sentindo a habitual inflação involuntária do espaço de ar em meus ouvidos. Rasta conhece o sinal e solta o lastro.

Da quietude para o ritmo da descida, adaptação. O ritmo, lento a essa profundidade, aumenta rapidamente conforme chegamos mais fundo e se torna mais neutramente leve. O queixo está para dentro, a cabeça olhando para baixo. Uma estrela brilhante que nunca vi antes está lá. Demoro alguns segundos para me aproximar o suficiente: Debbie e sua câmera. Passo por ela.

Solidão completa. A massagem começa quando o lastro acelera. Apenas eu e o mar por mais 70 metros. Focando na equalização, concentrando-me em deixar cada músculo de meu corpo desfrutar do abraço e da massagem ondulada do mar causados pela pressão sobre meu corpo e pela velocidade da descida na água. Incrível.

O bipe suave do computador em meu capuz — 40 metros. Encho minha boca com o ar de meus pulmões. Fecho o nariz, a boca e a laringe. Aplicando pressão apenas suficiente para manter o ar seguro. Se eu relaxar a laringe a essa profundidade, o ar desaparecerá de meus pulmões para encher o vácuo criado ali. Não conseguirei vencer a profundidade.

O zumbido leve da fricção do lastro contra a corda harmoniza com "Aad Guray Nameh" de novo. A 50 metros, posso sentir que ainda há ar em meus pulmões e eu o quero. Eu o quero em minha boca para me assegurar de ter o bastante para manter os ouvidos equalizados a 101 metros. Violo as regras, abro a laringe e sinto o ar entrar em minha boca. Um presente extra, inesperado. Invencível agora.

E para baixo. Fecho os olhos. Aguardo o tinir do lastro quando ele atingir o prato de aço no fundo da linha.

Dor incrível. Fiquei sem ar para equalizar, não sei por quê. Não sei como. Devo estar a quase 101 metros, então ignoro isso e desço. Mas não serei ignorado. Puxo o freio do lastro e faço-o parar. Está escuro demais para olhar o computador. A dor é intensa. Sacudo-me para cima e para baixo no lastro, na esperança de expulsar as bolhas de meus pulmões para a boca. O relógio avança. Nenhuma bolha. Nenhum alívio para a dor. Como dói!

Como isso aconteceu? Não aconteceu no treinamento. Devo estar perto da plataforma. Solto o freio e desço. A dor chega a níveis insuportáveis. Estou gritando involuntariamente — não há som algum; nenhuma bolha. Não há ar algum. Paro o lastro de novo. Tenho que aliviar a dor subindo.

Eu fracassei.

Não.

Afinal de contas, posso sair do lastro, subir alguns metros na linha, diminuir a dor na cabeça e talvez encontrar algum ar em meus pulmões. Tiro os pés das cordas e saio do lastro. Por que meu braço está preso? A correia que me prende ao lastro está esticada e me segura. O efeito disso me faz recuperar a razão. Já estou a uma profundidade extrema por mais tempo do que deveria estar. Acredito que estou perto de dois minutos e meio. Ainda estou em algum lugar perto de 100 metros. Passa pela minha cabeça que estou tendo uma narcose por nitrogênio, um tipo de intoxicação agradável, relaxante, causada pela profundidade. Agradável mas mortal, se prejudicar meu juízo nesse ponto crítico do mergulho. Desisto. Abro a válvula do tanque para inflar o *airbag*. Assumo a posição de subida no lastro, pendurado no apoio para os pés, o corpo completamente relaxado. Por um momento, não gosto da massagem enquanto corro em direção à superfície.

Fracassei.

Rompo a superfície e me deparo com o grupo acima. Surge como uma surpresa. Esqueci que todas aquelas pessoas estavam ali. Preciso saber se alcancei a profundidade e, sob o brilho intenso do sol, olho imediatamente para meu computador Suunto. Oitenta e quatro metros. É impossível. Não faz o menor sentido. Raso demais.

Um enorme fracasso.

Os juízes exibem expressões confusas nos rostos. Eles não entendem por que não completei o protocolo de superfície. Estão esperando que eu tenha ido a 101 metros. Sabem que, se fui, agora estraguei o mergulho por não seguir o protocolo.

"Oitenta e quatro. Quero tentar de novo."

Minha voz soa estranha para mim — estive muito tempo sozinho em minha cabeça. O mergulho demorou mais de três minutos e vinte segundos, sendo que uma parte demasiada desse tempo foi passada em profundidade extrema. Os juízes conferenciam e me dizem que claramente estou sofrendo de narcose por nitrogênio. Eles se recusam a me deixar mergulhar novamente hoje.

Em silêncio, apanho meu cilindro de oxigênio, desço 5 metros e fico seis minutos ali. Este é um procedimento incomum depois de um mergulho profundo e não está relacionado ao fracasso.

Enquanto balanço para cima e para baixo na ondulação da superfície do mar, segurando a linha, olho para todos os rostos acima de mim. Um grupo inteiro de pessoas apenas me olhando. Quero me afastar de seus olhares, mas é impossível. Sinto-me como um idiota engaiolado.

Fracassei. Sob pressão, não segui o básico. A sensação de ar que pensei ter sentido chegando à minha boca era, na verdade, o ar saindo dela. Como pude fazer o contrário? Meus pulmões comprimidos formaram um vácuo e, ao abrir minha laringe, fiz com que o ar em minha boca fosse sugado para meus pulmões. Não segui a regra 9 quando mais precisei dela, no dia do recorde. Esqueci o básico e tentei ser inteligente.

Não quero fazer isso de novo. Tirarei o dia livre amanhã e conseguirei um voo para casa no dia seguinte. Estou pensando em desistir. A 5 metros. Quando o rugido do Tigre está em seu volume mais alto, é difícil encontrar a regra 10 — nunca, nunca desista.

Quando os seis minutos passam e retorno à superfície, estou sozinho com Rasta e Andrea. Os dois trabalharam duro para mim nos últimos oito meses. Também estão decepcionados. Silêncio enquanto nadamos para a praia.

Vinte e oito de agosto de 2010. Redescobri a regra 10. Vou mergulhar de novo. É o Dia da Marmota. Amanhecer, yoga, parto para o centro. Exceto que hoje me comprometi a seguir o básico de forma brilhante. Hoje mergulharei com o básico da regra 9.

312 | VENÇA O TIGRE

"Quinze segundos!" É um ruído vago, mas tenho consciência dele. Ergo meu queixo e olho para o céu, para o domo azul, encho o abdome e o peito de ar, fecho a boca, prendo o nariz, levo o queixo ao peito sentindo a inflação involuntária do espaço de ar em meus ouvidos. Rasta conhece o sinal. Ele solta o lastro.

Olho à procura da estrela a 30 metros e lá está Debbie com sua câmera. Quarenta metros — alarme — encher a boca — fechar laringe, nariz, boca — descer. A sensação é boa. Muito boa. A massagem é intensa, o relaxamento é quase hilariante. O lastro e eu aceleramos. "Aad Guray Nameh" cresce em minha cabeça.

Clang.

O lastro atinge o prato de aço no fundo, fixado à corda.

Cento e um metros. Levanto a língua para extrair o que resta de ar em minha cavidade bucal comprimida. Resta algum ar ali? Posso ir mais fundo da próxima vez? Borbulhas saem de minha boca. Eu poderia ter equalizado para muitos metros a mais. Sequer armazenei um ar extra na superfície — enchi os pulmões de uma só vez. Esta é uma boa notícia para o futuro.

Posso estar a 101 metros, mas se não subir com eficiência e cumprir o protocolo de superfície, isso não será considerado um recorde. Quando a última bolha sai de meus lábios abro a válvula do tanque, reposiciono-me sobre o lastro e aprecio o passeio. Cinquenta, quarenta, trinta metros. Meus pulmões começam a se abrir de novo enquanto o ar preso expande. Bonito.

Encontro Andrea a 30 metros; ele me olha nos olhos, de modo questionador. Eu faço um sinal de OK e, sem tirar seus olhos dos meus, ele faz uma dança da vitória embaixo d'água enquanto subimos juntos. Nadamos para cima olho a olho, seguindo a disciplina, caso haja algum imprevisto durante as enormes mudanças de pressão finais, após um mergulho profundo. Chegamos à superfície, e cumpro o protocolo.

Os juízes conferenciam em italiano e olham para mim com rostos sérios.

Então, sorrisos se abrem. Rasta larga um remo e ergue seu cartão branco de juiz. Ele está gritando:

"Recorde britânico! Recorde britânico! O mergulhador da Grã-Bretanha que foi mais fundo! O britânico passou dos 100 metros!"

Apanho o tanque de oxigênio e desço 5 metros para meu descanso de seis minutos. Ontem eu estava aqui sentindo que decepcionara todo mundo, pensando em ir para casa. Agora sou o praticante de mergulho livre que foi mais fundo na história da Grã-Bretanha, o primeiro a ultrapassar o mágico marco de 100 metros.

A regra 9 — crie disciplina, faça o básico de forma brilhante — e a regra 10 — nunca, nunca desista — asseguraram o recorde 24 horas depois da derrota.

Hora de comemorar!

Quais são as regras que você precisa pôr em prática se quiser realmente chegar lá?

Antes de vermos a regra 10, vamos terminar nosso exame da regra 9 com duas perguntas simples e enganosas para você. Pensando na história que deseja escrever, na vida que quer levar e nas oportunidades que não tem intenção alguma de perder no futuro (como talvez as tenha perdido no passado), que disciplina você acha que — se a tivesse seguido há dez

314 | VENÇA O TIGRE

anos e a praticado fiel e diariamente — mais teria alterado positivamente a posição em que se encontra hoje?

Outra pergunta. Se você praticar essa disciplina nos próximos dez anos, a partir de hoje, quanta diferença acha que criaria em sua vida como resultado da frase da história que está escrevendo em sua cabeça neste exato momento?

Faça isso agora. Pense um pouco.

Se você pode encontrar tempo para trinta minutos de TV por dia, pode encontrar tempo para se tornar um hábil pianista em alguns anos, ou para ser uma pessoa que faz trinta minutos de exercícios diariamente e pesa muitos quilos a menos. É a coisa do todo dia que importa. E é mantê-la.

Uma trama de um bom livro ou filme dá uma virada em uma frase, e este é o seu momento para escrevê-la. Não o perca. Pode ser que ele demore muito a voltar.

É a sua vez.

Coisas que Tigre quer que você esqueça sobre a regra 9

Regra 9: Crie disciplina — faça o básico de forma brilhante

Por trás de qualquer momento de glória que você testemunha em qualquer campo, há muitas milhares de decisões heroicas de adiar a gratificação, de não tomar o caminho mais fácil.

São as tarefas pessoais aparentemente mundanas e diárias que proporcionam o momento do triunfo público.

Não existem pessoas extraordinárias — apenas pessoas ordinárias fazendo coisas extraordinárias. Essas coisas são o básico e a disciplina.

Atenção! Quando você pensa em maneiras de evitar o básico e a disciplina, o Tigre pode estar em ação. Ele pode usar falas como:

- "É fácil para eles — e se eu estivesse jogando para ganhar tanto, poderia ser disciplinado também."
- "Obviamente a disciplina e o básico são importantes para um grande esportista ou homem ou mulher de negócios, mas para mim não faz diferença alguma."

Você vai deixar sua motivação ir embora por causa de um desconforto mínimo ou praticar sua disciplina e o básico na direção do objetivo que o inspira, para ser a pessoa que você quer se tornar?

Agora conecte-se ao site tamingtigers.com e assista ao filme *5 Metres*. Ali você também pode assistir ao vídeo do mergulho bem-sucedido.

Estudo de Caso 9:
James Le Brocq

Em 2005, eu era um dos Diretores Comerciais de um fornecedor de serviços financeiros global. Estávamos enfrentando pressões do mercado significativas e, para ter sucesso em nossos muitos desafios, estava claro que precisávamos do apoio de nossos funcionários para aumentar o nível de liderança e responsabilidade pessoal deles. Então pedimos a Jim e suas Dez Regras para vencer o Tigre para nos ajudar a conseguir isso. Ver as equipes sendo apresentadas ao *Vença o Tigre* foi como ver lâmpadas acendendo.

Optei por levar a sério as Dez Regras também, e desde então elas ajudam a orientar minhas decisões. Por exemplo: será que alguma preocupação e medo que tenho de agir com ousadia é simplesmente o Tigre agindo para diminuir minha história ou há uma preocupação legítima a ser tratada?

Agora estou ocupado com o maior desafio de minha carreira. Como Diretor Administrativo da O2 Money, dentro da empresa de telecomunicação de celulares O2, que é parte da gigante de telecomunicações global Telefonica, estou liderando um projeto para revolucionar o pagamento de celulares: como é feito e como os clientes interagem com seus outros produtos financeiros. Estamos estabelecendo nosso novo negócio de pagamentos como parte dessa incumbência.

As operadoras de celulares já estão envolvidas com atividades bancárias, mas sempre por meio do tradicional método de parceria com um banco estabelecido. Na minha visão (compartilhada com a liderança da O2 e minha equipe), isso não é ousado o suficiente para criar uma revolução; é simplesmente fornecer uma nova plataforma para atividades bancárias tradicionais. Não tenho certeza se, aos olhos dos clientes, essas atividades ou os banqueiros tradicionais estão cobertos de glórias depois da crise financeira global e dos atuais desafios econômicos.

Não há certeza alguma no que fazemos agora. Estamos na fronteira. Para nossa abordagem, é fundamental seguir a regra 6 — "Ficar em grupo não é garantia de segurança". Decidimos ficar lá fora, na pista. A O2 é a única Telecom que contratou banqueiros, criou uma nova infraestrutura para eles e buscou sua própria licença para dinheiro eletrônico. Crucialmente, pusemos nossos banqueiros numa operadora de telefone celular que avança rapidamente, focada no consumidor, e não os deixamos dentro de uma estrutura bancária tradicional.

Minha equipe e eu temos rapidez de movimento agora. Não temos que lidar com a grande hierarquia e infraestrutura de um banco. Estamos construindo, do zero, uma empresa adequada para seu propósito no século XXI, e não reformulando um legado do século XIX. O outro lado de tudo é que isso não foi testado, é novo, nada é certo — é arriscado — estou exposto e sou o responsável. É ótimo, mas o Tigre ruge!

Jim fala sobre o Tigre mostrando os dentes quando desafiamos nosso Livro de Regras e entramos na incerteza. Ele tem razão. O Tigre tem rugido para nós de maneira bastante real. Mas acredito que todo o progresso e toda a inovação são alcançados por indivíduos que optam por enfrentá-lo. Quero fazer parte disso.

Ao tirarmos todo o conteúdo da carteira e da bolsa e colocá-lo no telefone do cliente — juntamente com uma série de outros serviços — estamos desafiando não apenas nossos próprios Livros de Regras e o da O2, mas também o Livro de Regras que governa os serviços financeiros há gerações. Temos um forte propósito — temos a regra 3 —, continuamos

318 | VENÇA O TIGRE

seguindo na direção aonde queremos chegar e isso nos mantêm firmes quando o Tigre aparece.

É curioso como as pessoas agora têm visões diferentes da minha. Recentemente, passei algum tempo com o CEO de uma rede de pagamentos global que parecia ter um bocado de inveja das oportunidades que a O2 e eu temos e do caminho que estamos seguindo. Dias depois, estive com um grupo de gestão que preparava uma grande conferência sobre Serviços Financeiros e fui alvo de uma atitude bastante desdenhosa de um membro importante da comunidade bancária tradicional. O que é que Jim diz sobre ser criticado pela tribuna quando você está na pista para todos verem? A regra 6 em ação.

Pensei muito sobre esse papel antes de me comprometer com ele. Por quê? Porque o Tigre rugiu — era um risco pessoal enorme. Tenho mulher e três filhos. Eu passara vinte e seis anos em bancos e estava indo para uma nova indústria. Se quisesse voltar para o setor bancário em algum momento, as pessoas diriam "Por que diabos fez isso? Você é louco — por que o aceitaríamos de volta?" Então, em algum momento nebuloso do futuro, isso poderia ser visto como um "limitador de carreira". Se vencermos, porém, será o prêmio mais incrível. Os riscos eram altos. Tive que domar meu Tigre antes de me comprometer, mas estou satisfeito por ter feito isso. Com diz Jim, quem está escrevendo minha história? Eu ou meu Tigre? Eu não poderia recusar essa oportunidade só por não haver garantia alguma de sucesso. Isso seria o Tigre falando.

Decidi agir com ousadia e me comprometer. Não acredito que fracassaremos, mas se isso acontecer terei aprendido muito e terei sido leal a mim mesmo. Com isso eu posso viver numa casa de repouso. Tenho uma história maior para escrever do que fugir de riscos imaginados durante vários anos. Enquanto isso, vivo uma experiência incrível. Tenho a oportunidade de ser criativo, de liderar pessoas excelentes e de estar na ponta de lança dos avanços oferecidos ao consumidor na indústria à qual tenho servido em toda a minha carreira.

Quem pensaria que eu estaria fazendo isso dentro de uma operadora de telefone celular?

Nunca diga nunca — não importa o que o Tigre disser.

Parte 4

A regra do crescimento

Regra 10 **Nunca, nunca desista**

"Você ainda não está pronto para participar de uma corrida de cavalo beneficente?" Eu estava montando há aproximadamente cinco meses e Marcus Armytage — irmão de Gee, especialista em corridas de cavalo do *Daily Telegraph* e vencedor da Grand National em 1990 montando Mr. Frisk — estava tendo uma ideia.

Infelizmente, Gee estava ao alcance da voz. Em trinta minutos, meu destino estava selado. Dentro de quatro semanas eu estaria participando de uma corrida de cavalo beneficente no hipódromo de Brighton.

Para aqueles de vocês que não andam a cavalo, seis meses de aulas são mais ou menos o tempo certo para pensar em passar do trote para o cânter em cima de um "bom e velho garoto". Galopar sobre um cavalo de corrida num evento público — num hipódromo — é forçar um pouco a barra. Mas tenho pressa de vencer meu desafio, portanto certos luxos precisam ser sacrificados. Diferentemente da maioria dos hipódromos,

324 | VENÇA O TIGRE

Brighton não tem um circuito completo; tem o formato de uma ferradura entortada. Isso não é bom para um novato cujo cavalo pode disparar a caminho da largada. O cavalo fugitivo não corre desvairadamente no circuito até cansar. Não. Ele corre até o fim da pista, onde encontra "o ralador de queijo".

No bar, os jóqueis tinham um brilho nos olhos quando, diante de uma água mineral, me contaram sobre "o ralador de queijo".

"É como aquela grande tela de madeira branca que põem atrás do batedor num pitch de críquete", disseram eles. "Quando um cavalo perde o rumo, corre imediatamente para lá. Basicamente, se você perder o controle a caminho da largada, você bate no ralador de queijo e vai acabar caindo no terreno da Roedean School, para meninas. Mas se não conseguir parar com rapidez suficiente no fim da corrida, vai bater no outro ralador de queijo e acabar na praia."

Na semana anterior, Gee me levara ao hipódromo de Newbury e me apresentara a tudo que eu precisava saber sobre os procedimentos nas corridas. Ela me fez subir na balança da sala de pesagem e, para alegria dos guardas de segurança entediados que assistiam a tudo no hipódromo vazio, me fez sair e pôr meu chicote e meu boné de seda sobre a mesa, diante de um funcionário imaginário responsável pela balança. Em seguida, me fez sentar na balança (até muito recentemente, a maioria das balanças nos hipódromos britânicos tinha uma cadeira em cima, na qual o jóquei sentava segurando todos os seus equipamentos) e anunciou solenemente meu peso. E me fez entregar os equipamentos a ela (enquanto dava uma volta para se tornar o treinador, em vez do funcionário responsável pela balança) e, em seguida, voltar à sala de pesagem para tomar uma xícara de chá imaginária, até ela entrar e me chamar para a corrida. Em seguida, marchamos juntos até o círculo de desfile vazio para ela me ajudar a montar num cavalo imaginário.

Portanto, estou preparado para qualquer eventualidade. Exceto para Frankie Dettori e Jamie Spencer saindo da sala de pesagem com suas roupas de seda para disputar o último páreo deles na hora em que chego para trocar de roupa. Frankie me cumprimenta com a cabeça quando entro, e tudo fica perfeitamente claro para mim

Eu não tenho o direito de estar aqui!

O Livro de Regras enlouquece e o Diretor da Escola está gritando para eu voltar para casa. Gee saiu para falar com algumas pessoas, então não consigo encontrar as "ferramentas" para vencer o Tigre, e a ideia de haver alguma coisa mais assustadora para fazer hoje do que entrar nesse vestiário (cheio de pessoas que nesses curtos meses se tornaram meus heróis) é absurda.

Mas há desafios maiores pela frente

"Jóqueis, por favor!"

Hora de sair. O vento lhe pega assim que você sai da sala de pesagem, principalmente no lado do mar. Todas as outras pessoas estão de casaco, mas nós estamos com roupas de seda. Gee não mencionou o vento. Talvez para as garotas isso seja diferente.

Encontro Gary Moore pela primeira vez. Ele é gentil e me deixa à vontade. O sino toca e Gary me ajuda a montar. Gary Moore, um dos melhores treinadores do país, acabou de me ajudar a montar em um cavalo de corrida no hipódromo de Brighton e estou sendo conduzido para a pista de corrida por uma pessoa de sua equipe. Fico tentado a gritar de alegria, mas então me lembro do ralador de queijo. Theatre of Life já está saltitando pelo caminho e tenho que

326 | VENÇA O TIGRE

levar este cavalo de corrida firmemente até a área de largada — um cânter de quase 2,5 quilômetros — e pará-lo. Senão vou parar na Roedean School.

Quando descemos a rampa estreita entre o círculo de desfile e a pista de corrida, há um tumulto atrás de nós e nossa cavalariça dá um grito. Isso não é comum perto de cavalos de corrida. Eu acompanho o olhar dela atrás de mim a tempo de ver um cavalo empinando, sem cavaleiro (o jóquei está voando para trás, na direção do grupo), e soltando-se do cavalariço que o conduz para sair em disparada pela rampa.

Theatre of Life, minha cavalariça e eu estamos formando uma rolha num gargalo de garrafa estreito. Tentamos fazer o cavalo avançar, mas ele se plantou ali, como se estivesse curioso para ver o que vai acontecer em seguida.

E o que se segue é que os dois animais e eu vamos para cima e para baixo. Eu me lembro de uma sensação de estar dentro de uma máquina de lavar, batendo no chão e, em seguida, me enrolando, subindo como uma bola e imaginando se coisas assim já aconteceram com Frankie. Eu me desenrolo um pouco, dou uma olhada em tudo à minha volta e vejo um monstro com oito pernas e ferraduras reluzentes e afiadas se debatendo ao meu lado.

Escolho de novo a opção bola.

Cavalos não são muito graciosos quando estão deitados de costas, enrolados um no outro e tentando se levantar do chão. Principalmente quando estão fazendo isso totalmente paramentados e em pânico. Tomo consciência de alguns rangidos e estalos em meu corpo e, de algum modo, me vejo levantando e olhando nos olhos de uma pessoa bonita.

"Qual é o seu nome?", pergunta ela.

"Jim", respondo. "Qual é o seu?"

"Não seja abusado", é a resposta. E quando começo a focar com mais clareza, as grandes letras verdes na faixa em torno de seu braço começam a formar a palavra "médico".

Ela mostra os dedos para que eu os conte e, em seguida, me pede para acompanhar seu dedo indicador enquanto o move diante de meu rosto. Por fim, pergunta meu nome de novo para ver se eu lhe darei a mesma resposta de antes. Estupidamente, eu dou. Um grande erro.

"Bem, Jim, eu declaro que você está apto para montar."

"Desculpe. O que você disse?"

"É uma boa notícia", diz ela. "Você pode montar."

Essa nova relação claramente não vai funcionar. Ela tem uma ideia de "boa notícia" muito diferente da minha. Acho que não consigo aguentar sua "má notícia".

Gee surge no horizonte, correndo em nossa direção. Gary vem ao seu lado. Percebendo claramente que essa hesitação em seguir a regra 1 e "agir com ousadia" pode levar seu homem a sair correndo para o Píer de Brighton, ela agarra meu quadril pelo lado esquerdo e me joga sobre o lombo do cavalo. Gary segura a rédea de condução e estamos lá fora na pista antes que você possa dizer "ralador de queijo".

Enquanto estou levando Theatre of Life para a largada, outro cavalo aparece pelo lado de fora. O cavaleiro está em apuros. O animal está em disparada e o jóquei está balançando para fora do lombo da coisa. Theatre of Life e eu estamos mantendo um cânter bom e firme até então, mas isso atiça meu menino e lá vai ele. Eu acomodo meu peso para trás e começo a puxar a rédea, na esperança de que ele volte para mim, mas, ao fazer isso, a rédea escorrega entre os dedos de minha mão direita. Estranho. Olho para baixo.

328 | VENÇA O TIGRE

O fato de eu ter que olhar para minha mão para entender como isso está acontecendo deveria ter sido um sinal de advertência.

Theatre of Life volta ao controle, mas vejo o outro companheiro rolando em direção à Roedean School, para meninas. O cavalo faz uma parada de emergência com seu focinho a centímetros do ralador de queijo. O jóquei continua em frente, bate na coisa com os braços e as pernas esticados e, por um momento, parece estar suspenso ali, como um personagem de desenho animado, antes de escorregar para o chão alguns metros abaixo. Menos um adversário para me preocupar.

Bem, para encurtar uma longa história, não voltamos para casa no esplendor da glória depois dessa primeira corrida. Theatre of Life foi muito lento na largada (quem poderia culpá-lo?) e terminamos apagados atrás. Depois das apresentações, fui a um hospital. Nunca estivera tão apavorado em toda a minha vida.

Fiquei ali no hospital me perguntando se deveria continuar. Eu estava fazendo uma dieta especial há seis meses. Perdera quase um quarto de meu peso. Montava todas as manhãs e corria toda noite. Mudara de casa e chegara a Lambourn dizendo a quem conhecia que me tornaria "jóquei em um ano", e nem todo mundo reagira bem à minha petulância canhestra. E agora eu queria desistir — mais do que qualquer coisa.

Isso não fazia parte do acordo. Eu já caíra várias vezes. Quando você aprende a montar cavalos de corrida, cai no chão com frequência. Mas nada tinha sido tão alarmante quanto aquele incidente. Foi um puxão de orelha. Eu estava pensando em que caminho seguir, quem ficaria decepcionado e quem zombaria de mim se eu parasse. Estava procurando uma maneira de justificar minha fuga de todo mundo — e de mim mesmo.

O telefone tocou. Era Richard Dunwoody.

Eu conhecera Richard em Lambourn e o encontrara de novo como um colega orador de conferência. Havíamos nos tornado amigos e ele também cavalgara comigo nos galopes para me dar alguma orientação. Para aqueles de vocês que não conhecem nada de hipismo, Richard venceu duas Grand Nationals, uma Champion Hurdle, uma Cheltenham Gold Cup e foi Jóquei Campeão em três ocasiões. Foi também parceiro de Desert Orchid — talvez o cavalo mais famoso e mais amado das corridas europeias — em algumas de suas maiores vitórias.

Contei a Richard que estava pensando em desistir. "Está bem", respondeu ele, "mas lembre-se que desistir tem uma consequência. Você vai sentar em seu sofá e assistir à sua corrida vendo outra pessoa montando seu cavalo e vivendo o seu momento, escrevendo a sua história. Se aceita essa ideia, tudo bem. Pare hoje. Se não gosta dela, tire umas férias, recupere-se e volte para o cavalo."

Era simples! Não era uma questão de quem eu ofenderia ou quem riria ou qualquer outra coisa. Era muito simples: eu queria ou não participar de uma corrida num hipódromo sob as regras do Jockey Club, ao vivo na TV, e com isso provar minhas Dez Regras?

Se quisesse, então eu deveria me recuperar e subir num cavalo assim que pudesse. Se não, deveria parar com tudo e voltar para Londres. Eu queria, portanto o caminho estava claro e eu podia parar de me preocupar. Podia continuar amanhã.

E foi assim que a regra 10 foi acrescentada às Dez Regras para vencer o Tigre.

330 | VENÇA O TIGRE

Regra 10: Nunca, nunca desista

Não desistimos nos dias bons. Desistimos nos dias ruins. Paramos quando o dia está cinzento e chuvoso e duvidamos de nós mesmos. Quando nos enganamos, achando que fomos abandonados e estamos sozinhos e sem apoio. Desistimos quando enfrentamos críticas e outros obstáculos. Nesse momento de fraqueza, pensamos em largar o que estamos fazendo. Desistir de escrever nossa história, de domar nosso Tigre, de inspirar outras pessoas, de crescer, aprender e viver.

A regra 10 é a única regra do crescimento. Foi a última regra que descobri. Eu sempre tivera consciência de que "resistir" podia ser importante, mas achava que isso estava na regra 4 (tudo está na mente). Como me enganei. Há algo mais fundamental e visceral na firme determinação de que é realmente necessário domar seu Tigre e escrever sua história única. Aprendi isso durante o ano em que treinei para uma corrida de cavalos, nos encontros com algumas das pessoas inspiradoras que tive a sorte de conhecer. Aprendi também quando meu Tigre ameaçou diminuir minha história com seus rugidos.

A regra do crescimento

A regra 10 é a regra do crescimento. A regra 10 é sobre promessas. Manter suas promessas feitas a si mesmo e aos outros — até o fim. No local de trabalho, esta é a marca do sucesso; é o hábito daqueles que são respeitados, recompensados, confiados, dos líderes de hoje e amanhã.

A regra 10 cria o crescimento não porque conquistamos o prêmio, mas porque vencemos o Tigre e passamos pelas fases de medo e desconforto necessárias para ganhar o prêmio. Isso — e não o prêmio — nos altera. E tem o poder de nos tornar mais fortes e mais compreensivos em relação ao medo dos outros.

A questão é que dizemos isso (talvez apenas a nós mesmos), trabalhamos nisso e fazemos isso — o que quer que o Tigre atire em nós ao longo do caminho. E, no processo, aprendemos a nos tornar — e sabemos que somos — o tipo de pessoa que mantém as promessas feitas a si própria e aos outros mesmo quando o caminho é difícil. Isso é crescimento.

Levar a coisa até o fim nos dá mais autoestima e autoconfiança.

Também nos dá a estima dos outros. O mundo está cheio de jóqueis de tribuna. Repleto de pessoas que poderiam mudar o mundo se pelo menos tivessem isso ou aquilo a seu lado. O mundo não está cheio de pessoas que se comprometem a fazer alguma coisa e levam isso até o fim, dando o melhor de si, domando Tigres desconhecidos e invisíveis ao longo do caminho. Precisamos de pessoas como você. Outros sabem que isso é difícil. E é por isso que você ganha respeito com a regra 10. Afinal de contas, qual de seus heróis — as pessoas que realmente lhe influenciaram — tem a reputação de fazer o trabalho pela metade?

A regra 10 é a regra dos finalizadores. É a regra que separa adultos de crianças. É a regra compreendida por pessoas que tiveram que suportar sozinhas, quando todos ao redor duvidavam delas, para dar sua contribuição única ao mundo. Elas se mantiveram firmes — sem arrogância, mas firmes. Você também fez isso. Está pronto para se manter firme de novo, em um nível mais alto?

332 | VENÇA O TIGRE

Persistência, não insistência

Há duas advertências a serem feitas sobre a regra 10 para impedir que algum leitor bata a cabeça contra o mesmo muro até doer.

Primeiro, há uma grande diferença entre desistir e mudar o rumo. Podemos mudar o rumo muitas vezes, talvez radicalmente, para alcançar um objetivo pretendido. Não é vergonha alguma descer a montanha algumas centenas de metros para encontrar uma rota mais segura e suave para o pico.

Segundo, o universo está além de seu controle, assim como as outras pessoas e alguns eventos. Acreditar que podemos sempre realizar exatamente aquilo que decidimos fazer é matéria de livros de autoajuda banais; é um objeto de conforto que nos é dado para nos proteger da realidade de ser humano. Não há certeza alguma. Nosso lema deve ser persistência e resistência, mas não insistência tola, desesperada.

Momentos em que nunca devemos desistir

Em qualquer tentativa de domar seu Tigre, haverá, por definição, tempos em que ele terá vantagem. Haverá dias ruins. É nessas horas que o Tigre sente o aroma da vitória e pode nos perseguir para nos tirar da pista e nos levar para a tribuna. Os momentos em que você e eu ficaremos tentados a nos contentar com a mediocridade, e não com a história que nos determinamos a escrever.

Se você desiste quando está sentindo a emoção ou fadiga decorrente de uma série de dias ruins, está desistindo nas circunstâncias erradas.

Pode ser que o momento de desistir seja *este*, mas não tome a decisão num dia ruim. Espere um pouco, procure

JIM LAWLESS | 333

explicações, sente-se na praia, caminhe no parque, reveja essas regras com muito, muito cuidado.

Você precisa fazer uma ação ousada para criar um pouco de energia (regra 1)? Os Livros de Regras de outras pessoas estão lhe causando dor, conflito e dúvida (regra 2)? Você está mordendo mais do que pode mastigar no momento? O plano está claro ou precisa ser mais estrito para lhe dar uma chance melhor? Você precisa frear a si mesmo e dar passos menores (regra 3)?

O Sabotador ou o Diretor da Escola estão enlouquecidos em sua cabeça? Está persuadindo a si mesmo a fazer coisas sob pressão das quais vai se arrepender nos próximos anos (regra 4)? Há pessoas à sua volta que você pode procurar para pedir apoio? E essas pessoas podem dar um apoio prático, palpável, ao projeto do qual o Tigre o está afastando, assustando-o (regra 5)? Você está assustado e sendo levado a correr com o grupo? Sabe que ficar em grupo não é garantia alguma de segurança, mas está começando a se sentir um pouco exposto demais lá fora (regra 6)? Quanto tempo demorará para o grupo começar a seguir na sua direção, a acompanhá-lo, se você permanecer no mesmo caminho?

Está fazendo algo assustador todo dia? Está examinando, medindo, recalibrando, alongando e flexionando seus músculos de risco? Consegue entender como seu cérebro e seu corpo reagem quando você é posto em uma situação ameaçadora (regra 7)? Refletiu sobre o que, na vida real, está em jogo para você? O que de pior poderia acontecer?

Já pensou nas consequências de desistir? Refletiu com cuidado sobre aquilo no qual investirá seu tempo se não estiver investindo para ter esse retorno específico? Qual é o retorno com o qual você se contentará em vez disso (regra 8)? É aceitá-

334 | VENÇA O TIGRE

vel? A grama do vizinho é realmente mais verde se você gastar seu tempo fazendo a outra coisa?

Quando a pressão aumenta, talvez seja o momento de recorrer ao seu velho amigo, o básico. Você identificou sua disciplina? Você as está praticando todos os dias? Pode recorrer a ela por instinto quando se vê em uma disputa acirrada, depois de passar pela última cerca, frente a frente com outra pessoa, e ela é tudo que você tem para recorrer (regra 9)?

O que nos leva de volta à regra 10, "Nunca, nunca desista". Ou, pelo menos, nunca desista até olhar na cara as últimas consequências por um bom tempo e com firmeza, até visitar aquela casa de repouso à beira-mar e se imaginar olhando-se no espelho e parabenizando-se por ter tido a sabedoria e a visão de deixar de perseguir um sonho impossível (isso se tiver certeza de que é impossível) ou se olhando no espelho e desejando que pudesse voltar no tempo e tomar essa decisão de novo.

ALGUNS SINAIS ESPECÍFICOS DE QUE ESTA PODE NÃO SER A HORA CERTA DE DESISTIR

Se algum dos itens seguintes se aplica, desistir neste momento pode não ser a coisa certa a fazer:

- Você ainda tem uma sensação íntima de que sua ideia é boa e de que só precisa de uma chance para ter êxito.
- Você tem aliados, pessoas em cujas opiniões confia, que o estão incentivando a continuar.
- Você recebeu conselhos, teve retorno — de novo, de pessoas nas quais confia — e elas classificam suas chances de sucesso com divergências que são aceitáveis segundo seu ponto de vista.

- Em vez de estar perdendo sua fé no projeto em si, você está sendo atraído por algo específico — a "próxima grande coisa" está lhe chamando. Você está usando essa grama aparentemente mais verde para se permitir tirar a pressão sobre si mesmo, para deixar de fazer a aquilo está comprometido, agora que está ficando mais difícil?

Se você realmente precisa desistir

Se precisa realmente desistir, então desista em um dia bom. Com a cabeça erguida, quando o sol estiver brilhando e aqueles que você valoriza e admira o estiverem aplaudindo por suas conquistas. Assim, pelo menos você terá esperado as coisas melhorarem antes de decidir que está tomando a decisão correta.

A maioria de nós não desiste em um dia de sol, e sim em um dia tempestuoso. Desistimos quando as nuvens estão negras, quando nossos amigos estão duvidando de nossa capacidade, quando temos que acordar às 5 horas, quando chove forte, quando nosso parceiro está deitado ao nosso lado na cama, dormindo, e há rosquinhas na cozinha. E parecem deliciosas!

Mas se desistimos nesse dia, se tomamos o caminho mais fácil, mais convidativo, se nos livramos de toda a pressão (é nosso direito), então precisamos ir àquela casa de repouso à beira-mar para jogar dominó sem saber.

Sem saber qual era a nossa verdadeira história!

Sem saber se demoraria um ano, um mês ou apenas uma semana para conseguirmos, para tudo ficar bem. Saímos da pista, entregamos os pontos, nos juntamos a uma multidão de pessoas em busca de "segurança" e nos sentamos na tribuna, dizendo a todo mundo nossa opinião sobre outros companheiros, mas nunca nos envolvendo na ação.

A pergunta para você é: quem está escrevendo a sua história? Você? Ou o Tigre que você criou — o Tigre que

336 | VENÇA O TIGRE

cada um de nós cria para se manter a salvo do medo e do desconforto de tentar?

COMPROMETER-SE COM A DESTINAÇÃO

Há um momento muito especial num mergulho livre. O momento em que você toma fôlego pela última vez e se compromete consigo mesmo a mergulhar. Nesse momento, é vital você se comprometer com a profundidade que vai atingir — 101 metros — ou então você fracassará.

Por quê? Bem, se parasse a 80 metros e pensasse um pouco, você se veria num lugar onde:

- Está escuro, frio e muito quieto.
- Você está a 80 metros de distância de sua próxima respiração.
- Você está a 50 metros do último ser humano que viu — uma cinegrafista a 30 metros. Não há um mergulhador de segurança com um suprimento de ar disponível para você — de qualquer modo, seria extremamente arriscado começar a respirar ar comprimido a 80 metros de profundidade.
- Seus pulmões estão do tamanho de bolas de golfe e seu diafragma foi puxado para dentro de sua cavidade pulmonar para compensar isso.
- Você está sentindo uma pressão nove vezes maior que a pressão atmosférica no nível do mar, e essa pressão mudou em apenas um minuto — e você tem a intenção de aumentá-la onze vezes a mais que a pressão no nível do mar.

Em suma: há espaço para o medo e o desconforto a 80 metros. Se você não se compromete com a destinação no início, se deixa espaço para a dúvida, se para no momento do desconforto potencial e pensa um pouco sobre prosseguir ou não, você se apavora, volta antes e fracassa

É a mesma coisa em qualquer empenho. Se deixa para si mesmo uma saída que não seja o ponto de finalização, o Tigre o persegue até você encontrar o ponto de maior desconforto, quando a ida fica difícil.

MANTENHA SUAS PROMESSAS

Para mim é impossível descrever a sensação de alcançar o que lhe disseram, categoricamente, que você não conseguiria alcançar. Uma coisa que, muitas vezes, você também duvidou que teria condições de alcançar. Algo com o qual você e um grupo seleto de pessoas de talento e, a essa altura, bons amigos, decidiram, comprometer-se. Ou você já teve essa sensação ou não — ainda.

Todos nós podemos fazer isso — cada um de nós — se estamos dispostos a ver que o Tigre, apesar de todo o seu barulho feroz, não tem dentes.

É fácil manter as promessas que fazemos aos outros. Achamos mais difícil manter as promessas que fazemos a nós mesmos. Mas essas promessas são a matéria da qual é feita a nossa história.

Deixarei você com o capítulo final de meus doze meses trabalhando para chegar ao hipódromo. Corri três vezes sob as regras do Jockey Club para provar a mim mesmo que a primeira não havia sido um feliz acaso. O dia de minha primeira corrida foi um dos dias mais memoráveis e gratificantes de minha vida. Considerando todas as pessoas que haviam me ajudado a chegar ali, foi também um dos mais humilhantes. Se você já teve experiências semelhantes,

338 | VENÇA O TIGRE

entenderá isso. Se você espera ter essa experiência, dome seu Tigre e declare isso!

Faça sua promessa a si mesmo, mantenha-a e escreva uma história que seja um best-seller.

Minha primeira corrida televisionada sob as regras do Jockey Club

Vinte e um de novembro de 2004, a noite anterior à minha primeira corrida, eu me sinto como um homem condenado. Na verdade, provavelmente um pouco pior do que um condenado — pelo menos ele recebe uma última refeição e eu não vou ter muita coisa no jantar.

Arrumo minha bolsa para a manhã seguinte e tenho uma satisfação infantil ao pôr junto à porta, pela primeira vez, uma bolsa contendo sela, varinha, calça de seda, protetor para o corpo, capacete, licença novinha em folha para correr, livro de medicina e por aí em diante, para a manhã seguinte. Um kit jóquei.

Vou para a cama nervoso, mas acordo com meu coração na garganta. A corrida é às 12 horas, em Southwell, a aproximadamente quatro horas de carro. Combinei de apanhar Gee às 6 horas, para termos tempo de caminhar pela pista. Durante a viagem, cometemos o erro de apanhar o *Racing Post* para ver se haviam escrito sobre mim. Haviam, e era um artigo gentil e encorajador, mas é a hora errada para lê-lo. A pressão está aumentando.

Chegamos ao hipódromo de Southwell, paramos o carro no estacionamento dos jóqueis (também pela primeira vez), apanho minha bolsa no porta-malas e caminhamos a passos largos para a sala de pesagem. Todos os funcionários da

JIM LAWLESS | 339

pista e da cavalariça, além dos jóqueis, parecem conhecer Gee, e estão cumprimentando-a e acenando. É como caminhar na Leicester Square com Madonna! Chegamos à sala de pesagem e nos inscrevemos.

Digo "olá" para Marmite — que é meu assistente hoje e que conheci em Brighton — e ponho minhas coisas em um cabide. Encontro Gee do lado de fora e caminhamos juntos pela pista.

Enquanto andamos pela superfície de areia e pequenas fibras, Gee me transmite confiança. Não sei por que ela faz isso — mas estou muito feliz e grato. Ajuda. Repassamos mais uma vez os pontos cruciais a serem lembrados. Segure firme a crina quando o boxe for aberto. Deixe a rédea frouxa para esta não bater na boca do cavalo. Você combinou essas táticas de corrida com Charlie? O que quer que você faça, não pare até cruzar a linha de chegada. Não se deixe atrasar pelas caixas de som ao chegar à reta final. Não fique tentado a usar a varinha — nem mesmo a apanhe em sua primeira corrida, já vi gente caindo. Mãos e saltos das botas o tempo todo. E então passamos a linha de chegada e estou voltando para a sala de pesagem.

Troco de roupa e sento no banco de madeira sob meu cabide. Achei que estava com o tempo a meu favor, mas agora tudo está acontecendo mais rapidamente. Marmite quer que eu faça um teste de limite de peso, para verificar quanto chumbo terei que carregar. Charlie chegou com as roupas e Marmite pôs a camisa branca em cima de meu chapéu e pendurou o casaco no cabide enquanto caminhávamos. Troco de roupa para a pesagem e Marmite pergunta se quero uma faixa elástica.

"Para quê?", pergunto.

340 | VENÇA O TIGRE

Ele ri. "Porque sua camisa é comprida demais para seus braços! Você não quer que ela fique caindo sobre suas mãos!"

"Está bem. Faixas elásticas, por favor."

Eu me peso, e nunca fiquei tão satisfeito ao ver o rosto de Charlie; ele está em pé na sala de pesagem, perto da balança. Ele abre um sorriso largo para mim e dá uma piscadela enquanto apanha a sela e o pano de peso, e parte para selar Airgusta.

De volta ao banco de madeira na sala de pesagem. Os nervos entraram em intensa atividade. Muitas pessoas que não quero decepcionar se dedicaram de corpo e alma para fazer esse dia chegar. Reflito sobre as fases do trabalho Primeiro, o círculo de desfile, depois a rampa, chegar à lar-gada, entrar no boxe e saltar para a pista. E existem ainda os diferentes procedimentos da corrida em si; manobrar para assumir uma posição, manter firme essa posição durante a corrida e depois se impor ou reagir ao começar a chegar à reta final. E então força total para terminar.

Estou sentado no banco, perdido nesses pensamentos, quando ouço meu nome sendo chamado. Não reconheço o homem de terno que está chamando, e ele olha cegamente para a sala de pesagem sem a menor noção de quem sou eu. Levanto a mão e digo "sim", e de repente percebo que pareço um colegial. Ele me pergunta se pode dar uma palavrinha comigo e vamos juntos para a mesa do funcionário responsável pela balança, do lado de fora. Agora realmente pareço um colegial acompanhando o diretor da escola para fora da sala, e isso não está rela-xando meus nervos.

"Eu sou o *starter*", apresenta-se ele, "e quero falar com você sobre o procedimento na largada para ver se o com-preende."

Fizemos isso na British Racing School, e eu e Gee repassamos tudo juntos uma centena de vezes em casa, mas estou surpreso com minha felicidade ao ouvi-lo dizer isso. Ele explica todo o processo, desde a chegada aos boxes, a entrada neles, e então começa a descrever o que fará para dar início à corrida.

"Então eu vou chamar 'Jóqueis!', e, se houver algum cavalo com venda nos olhos, vou gritar "Vendas!". Em seguida, você verá minha bandeira descer e os portões dos boxes vão se abrir. Está claro?"

"Sim, obrigado. Exceto que... espere! E se não houver nenhum cavalo com venda nos olhos? O que você vai gritar?"

"Vou gritar apenas 'Jóqueis!', e a próxima coisa será abrir os portões."

Ele está me deixando nervoso. Numa situação, ele gritará o equivalente a "pronto, atenção, já!". Mas se não houver vendas nos olhos, será o equivalente a "pronto, já!". E eu ainda estarei esperando o "atenção!". Ele percebe o meu problema e o entende sem que eu diga mais nada.

"Está bem, Jim. "O que quer que aconteça hoje, vou gritar, 'Jóqueis! Vendas!" E depois a bandeira. Satisfeito?

Resisto à vontade de lhe dar um abraço e, em vez disso, respondo:

"Satisfeito."

E estou de volta ao banco de madeira esperando.

"Jóqueis do primeiro páreo, jóqueis do primeiro páreo!"

Sinto meu estômago revirar, levanto-me e me dirijo à saída da sala de pesagem. Para meu espanto, estou sendo saudado com gritos de sorte por outros camaradas e com um sorriso enorme e um punho fechado e erguido de Marmite.

Estou me adaptando à sensação de nudez que a calça de seda dá em novembro quando vejo Charlie e Gee em pé no

342 | VENÇA O TIGRE

meio do círculo de desfile. Eles exibem grandes sorrisos em seus rostos enquanto caminho. Caroline está conduzindo Airgusta para fora, e ele parece um quadro. Charlie me pergunta se consigo me lembrar das táticas. Estou montando Airgusta, um corredor de 2 milhas, numa corrida de 1 milha simplesmente porque a equipe quer me ajudar a vencer a aposta. A corrida acontece exatamente um ano depois do dia em que conheci Gee e tudo começou. Repito o plano para Charlie.

"Sim. Usá-lo com a rapidez que eu quiser, chegar à frente tão rápido quanto possível, ficar ali e estimulá-lo o tempo todo, porque ele não tem aceleração. Airgusta só tem um ritmo, portanto precisamos usá-lo o tempo todo."

"Perfeito."

A campainha toca e Caroline traz o cavalo até nós. Gee, e não Charlie, me ajuda a montar — hoje ela é minha mascote da sorte — e Caroline nos leva para a pista.

Airgusta está agitado e andando de lado pela rampa, mas não é nada que já não tenha feito a caminho dos galopes, então não estou preocupado. Na verdade, estou surpreso por estar mais feliz sentado ali na sela do que no círculo de desfile. Talvez isso se deva àquela ferramenta da regra 4 — "concentre-se na tarefa em vez de analisá-la" — sobre a qual falamos muitas páginas atrás. Fazemos o cânter diante da tribuna, paramos, viramos e continuamos até a largada.

Entramos no boxe. Airgusta é o primeiro, e entra como um anjo. Os portões se fecham atrás de nós e ele fica alerta, mas quieto, esperando. E eu espero também. E a coisa mais estranha para mim, enquanto estou ali parado, é a vista que tenho. Estive em boxes muitas vezes na escola em Newmarket e em Lambourn, mas nunca num hipódromo. E me vejo totalmente despreparado para essa visão diferente.

Agora, à minha frente, em vez de um campo gramado com algumas árvores na outra extremidade, onde é melhor parar a tempo de evitar bater, tenho a reta de trás do hipódromo de Southwell. À minha esquerda, à distância, está a tribuna com o ruído fraco do comentarista. O caminhão com a câmera de TV montada sobre ele está à nossa frente, na lateral interna da pista, e outra câmera está montada sobre um guindaste, na curva, uns 400 metros à frente. Este é o primeiro páreo do dia, portanto a pista está recém-rastelada e parece uma praia depois que a maré baixa e o sol a seca. Não é Goodwood, mas para mim, nesse momento, é uma vista incrível e, talvez pela primeira vez, a corrida em si se torne bastante real.

Dentro de alguns segundos, marcaremos as primeiras pegadas de cascos do dia na pista funda de areia e fibras. E, se o plano der certo, estarei pressionado contra as grades, na frente. Numa corrida de cavalo. Como será? O que acontecerá?

Fomos sorteados para o primeiro boxe, o que dá ao nosso plano uma chance maior de sucesso. É muito improvável que Airgusta consiga vencer os corredores de milha com os quais está alinhado. Por esse motivo, para os agentes de apostas estamos em 50-1 (talvez um cavaleiro novo em seu lombo não ajude). Mas se eu conseguir uma largada esperta o bastante para impor a ele um ritmo em que nenhum corredor de milha vai querer estar, certamente teremos uma chance de terminar no meio da divisão, ou melhor.

Um dos rapazes grita:

"Quem está dentro?" (ditando o ritmo à frente do campo).

"Eu estou", respondo.

Viro a cabeça e faltam três para entrar. E eles estão sendo conduzidos adiante. Talvez cinco segundos, a não ser que

344 | VENÇA O TIGRE

algum deles se recuse. Posso sentir meu coração batendo contra o protetor de corpo, mas todos os outros parecem estar num dia de trabalho no escritório. Nunca estive nos boxes com mais de um cavalo e, à medida que eles entram, toda a estrutura começa a mexer, porque animais diferentes se comportam de maneiras diferentes em seus boxes. Minhas pernas estão apertadas contra a lateral, então toda vez que um cavalo faz a estrutura mexer, minhas pernas são pressionadas contra a parede. Não é que doa, mas é estranho, e não o que eu esperava — estou a quilômetros de minha zona de conforto. Fico espantado ao descobrir que tudo o que quero fazer agora é sair do boxe e iniciar a corrida.

"Faltam dois! Falta um!"

Os encarregados dos boxes estão gritando um para o outro, para o *starter* e para os jóqueis, enquanto acomodam cada dupla. Eles vão surgindo diante dos boxes, abaixo de nós, e correndo para a lateral quando todos os cavalos são postos em posição.

"Pronto!"

Respire. Rédea frouxa. Agarre a crina. Leve o peso nos pés, mas não deixe a sela.

"Jóqueis! Vendas!"

Posso perceber que alguns jóqueis em volta estão um pouco intrigados — não há qualquer venda nos olhos à vista. Então lá está ele. Aquele conhecido estalo nos portões. Conhecido de todas as idas à largada, conhecido de Newmarket e de Lambourn.

E lá está ela. Aquela aceleração. Mas é mais rápido, muito mais rápido do que qualquer coisa que ele já fez. E eu o estou montando, esfregando-o e gritando em suas orelhas para que aumente a velocidade, como fiz tantas vezes no *equicisor*, na sala de ginástica em Lambourn, com Jason Cook, simulando a atitude de levar um cavalo a correr a toda velocidade na parte inicial do páreo. Gee nos fez trabalhar isso desde que soubemos que estaríamos num páreo de 1 milha com um corredor de 2 milhas. Depois de alcançar a liderança e abraçar o gradil, posso "sentar" quieto sobre ele e deixá-lo seguir nesse ritmo para mim.

O barulho! Nunca ouvi nada assim. O trovão dos cascos depois da batida dos portões se abrindo é muito repentino. Vi isso no hipódromo, ouvi o barulho, mas é algo momentâneo quando se é um espectador. Termina em segundos quando a ação acontece à sua frente. Quando você é um cavaleiro, o barulho aumenta enquanto aceleramos.

Chegamos à primeira curva bem apertados contra a grade, com uma vantagem de um corpo e meio, viajando bem, e por um momento paro para desfrutar isso. Por um momento é muito simples, muito tranquilo. E por um segundo ou dois de ilusão, chego a ter a sensação de que sei o que estou fazendo ali. À frente em Southwell, tudo o que consigo ouvir é o som dos cascos de Airgusta e o som do vento. Não ouço nenhum outro cavalo atrás de mim agora que tenho a liderança, apenas o vento. É como descer um morro de bicicleta disparado, com um capacete que não cobre as orelhas e, de novo, é um barulho que nunca ouvi antes. Mesmo aquela primeira lufada de vento que senti quando Victor disparou comigo na propriedade de Jamie Osborne, e que pareceu estrondosa na época, foi uma brisa se comparada ao tornado que está passando por meus ouvidos agora. Tenho tempo até para notar como a pista em Southwell é funda. A concavidade do casco de Airgusta faz um ruído surdo na areia quando bate no chão.

346 | VENÇA O TIGRE

Mas o som agora está ficando definitivamente mais alto. Estamos na curva longa e impetuosa, e em questão de segundos estaremos na reta de chegada. No fim das contas, é uma ilusão completa. Fiquei distraído, talvez por menos de dois segundos, com todas as novas sensações, e isso não é permitido numa corrida de cavalo. Estou prestes a ser castigado por isso. Primeiro um, depois dois e de repente três cavalos estão junto a mim. Estamos quase nos tocando. Abaixo na cela, troco as mãos, Airgusta se recompõe e faz de tudo para ir com eles, mas agora estamos no território dos corredores de 1 milha, e eu deveria estar trabalhando muito mais duro com ele bem antes, naquela curva longa e impetuosa. Os cavalos com duas marchas estão usando ambas, para nossa desvantagem.

Airgusta está dando duro de verdade (achei que eu também estava, até ver o vídeo depois da corrida e ficar bastante decepcionado com o quanto eu parecia fraco nessa primeira corrida), mas um deles passou por nós, agora dois. Pela primeira vez nessa corrida, ele tem uma reação brusca — seu focinho, seus olhos e meu rosto estão começando a ficar cobertos de areia. Olho para baixo, respiro rapidamente o ar limpo e cuspo um pouco de areia antes de erguer a cabeça de novo, desta vez me deparando com o barulho das caixas de som; outro som inesperado. Agora dois cavalos junto a nós, três à frente, o volume das caixas de som começando a ficar mais alto que o dos cascos. Agora cinco à frente, quatorze no páreo, talvez eu consiga segurar a sexta posição.

Então outro som estranho: o rugido da multidão. Nada prepara você para isso, mesmo em Southwell. Não posso imaginar como deve ser correr de encontro a esse som quando você chega à reta final em Ascot.

JIM LAWLESS | 347

Os dois pirulitos vermelhos estão ficando mais próximos e preciso deles agora. Para ser honesto, Airgusta provavelmente poderia fazer isso por mais algum tempo. Possivelmente não o usei mais cedo tanto quanto deveria, mas minhas coxas, apesar de todo o trabalho no *equicisor*, estão em chamas.

"Não pare de cavalgar até cruzar a linha." E não paro.

E acabou. Estou tentando pará-lo. Levanto-me sobre os estribos, relaxo meu peso para trás e fico espantado ao descobrir que minhas pernas estão funcionando normalmente. Já vi novatos entortarem ao tentar se levantar, e isso é algo que eu não queria que acontecesse. Obrigado, Gee, e obrigado, Jason.

E então me dou conta. Conseguimos.

Caramba, conseguimos!

Airgusta, o corredor de 2 milhas, e eu, o novato, ficamos em sétimo lugar num páreo de 14 cavalos. Os agentes de apostas calculavam que ficaríamos atrás. Não vencemos, mas fomos bem.

E não sou o único que está percebendo isso. Quando fazemos o giro e o cânter de volta à rampa, reduzimos o trote e finalmente voltamos a caminhar, Gee e Caroline estão pulando e sorrindo no ponto onde a rampa encontra a pista. E ao ver a reação deles me empolgo também. Euforia absoluta! Nenhum de nós pode acreditar que finalmente conseguimos. Gee sorri para mim e tento falar com ela.

Noto que não consigo. Não que eu esteja emocionado, é que minha boca nunca esteve tão seca — a mistura de nervosismo e areia me deixou completamente impossibilitado de falar. A boca está fechada e soldada.

O percurso de volta para tirar os arreios e a caminhada para a sala de pesagem são surreais. Estranhos estão

348 | VENÇA O TIGRE

acenando para mim e dizendo "muito bem". Suponho que leram o jornal ou ouviram o comentário e estavam torcendo por mim. Quando passo pelo local onde está a equipe de comentaristas do *All the Races*, Simon Mapletof e Jason Weaver perguntam se depois que retirar meu equipamento vou voltar e falar para as câmeras. Não esperava por isso e, considerando que nesse momento não consigo falar, isso me leva a outra reação dos nervos no estômago.

Na sala de pesagem recebo muitos parabéns e fico comovido de verdade com a reação de todos. O hipismo tem um ambiente realmente extraordinário. Ponho minha sela e o capacete no cabide e, ao me virar, vejo Marmite abrindo um sorriso largo e dizendo querer aquelas faixas elásticas de volta.

Apanho um copo plástico de água da jarra sobre a mesa, lavo o contorno de minha boca para me livrar da areia e tento trazer minha língua de volta à vida antes de ir falar com os apresentadores da TV.

E enquanto faço isso — o primeiro momento realmente calmo desde que a corrida terminou — me dou conta finalmente de que telefonar para um bando de estranhos e pedir ajuda, mudar de casa, perder quase um quarto de meu peso, ficar totalmente saudável, aprender a andar a cavalo, quebrar ossos no hipódromo de Brighton e acordar às 5 horas todos os dias valeu completamente a pena.

Vencemos a aposta. Conseguimos!

Formamos um time incrível, Gee, Bos, Sarah Bosley, Charlie Morlock, Tina Fletcher, Jason Cook, Michael Caulfield, tantos outros e eu. E formamos amizades. E conseguimos.

E, ao longo do caminho, as Dez Regras para vencer o Tigre foram provadas.

Coisas que o Tigre quer que você esqueça sobre a regra 10

Regra 10: nunca, nunca desista

A regra 10 é a regra do crescimento — é sobre manter nossas promessas. Não as nossas promessas aos outros, isso é fácil. As promessas feitas a nós mesmos.

A regra 10 não gera crescimento porque você alcançou o prêmio, mas porque enfrentou a batalha, manteve o rumo, venceu seus medos e seu desconforto e derrotou o Tigre.

Tudo bem mudar o caminho para alcançar o objetivo — isso é bom senso.

Os acontecimentos estão além de nosso controle. As coisas mudam e não existe certeza. Nosso lema deve ser, portanto, persistência, e não insistência desesperada quando está claro que continuar nos causará danos.

Se você está pensando em desistir, olhe as Dez Regras de novo. Há alguma regra que deveria estar usando?

Você não deve pensar em desistir quando:

- Tem uma forte sensação de que pode alcançar a coisa.
- Tem aliados que ainda querem que continue, cheios de fé (fundamentada e refletida) em você.
- Seus conselheiros e mentores ainda acreditam na sua chance de ter sucesso.
- Está sendo atraído pela grama mais verde.

Comprometa-se com a destinação. Se você se comprometer apenas a "fazer uma tentativa", sairá da pista no momento de maior medo e desconforto. Você pode superar isso.

350 | VENÇA O TIGRE

E ao superar os dias difíceis, o prêmio é enorme. A recompensa é seu crescimento, tornar-se a pessoa que você quer se tornar e *escrever sua história única*.

Agora conecte-se ao site tamintigers.com e assista ao filme intitulado *Promises, Promises...*

Epílogo **Viver livre do Tigre**

Vença o Tigre não é sobre "como ser um sucesso", embora seus princípios, praticados com disciplina, o levem a isso. É sobre libertação Ver-se livre do medo. Dar a si mesmo a liberdade de viver sua própria vida.

Portanto, antes de tudo, permita-me declarar minha firme crença de que a única coisa que temos a temer é o próprio medo — o terror obscuro, irracional, injustificado, que paralisa os esforços necessários para converter uma retirada em avanço Assim disse Franklin D. Roosevelt. Ao que parece, o ex-presidente também era um domador de Tigres.

Libertar-se do Tigre, do nosso medo do medo, é um despertar. Pode ser que você descubra que há áreas de sua vida além do trabalho que sofrem o impacto desse acordar. Isso não é surpresa alguma, é? O Tigre suprime seu verdadeiro Eu. O que seu verdadeiro Eu deseja quando você finalmente fica cara a cara com ele?

352 | VENÇA O TIGRE

- Viver de acordo com nossos valores
- Buscar sentido em nossas vidas.
- Ter propósito em nossas vidas.
- Encontrar ligações verdadeiras, autênticas, com outras pessoas (ser "real" com aqueles que são, eles próprios, "reais").
- Crescer — ter a sensação de que ainda estamos "nos tornando", de que podemos transcender nossa realidade atual.

Quando você liberta seu verdadeiro Eu das restrições do Tigre, há muitas consequências maravilhosas.

Pode ser a descoberta de que sua palavra se torna mais importante para você. Manter promessas feitas a si mesmo não é nada fácil. Manter promessas feitas aos outros é mais simples, mas ainda assim muitos fracassam. "Furões", é como os chamamos. Não cumprir a palavra é raramente valorizado.

Pode ser que você descubra que quer ter — e sem o Tigre você pode — conversas honestas e autênticas em casa que levam a uma relação mais rica e gratificante com seu parceiro, seus amigos ou seus filhos.

Talvez você perceba que quer tratar seu corpo com mais respeito, comer melhor e se exercitar mais. Por quê? Porque seu corpo é o recipiente de sua história agora, e já não está ali apenas para suportar o impacto de comportamentos viciantes.

É possível que note que, depois de conseguir ver o Tigre em ação, você tem liberdade e coragem para enfrentar qualquer comportamento viciante que venha lhe causando angústia. Fazer uma ação ousada (regra 1) e buscar ajuda (regra 5). Ter esses espinhos em sua vida ou enfiá-los naqueles que estão à sua volta não precisa fazer parte de seu Livro de Regras (regra 2). Os comportamentos viciantes mascaram nossos medos. Se você é humano, tem medos e, possivelmente, hábitos viciantes e nocivos para aliviar a dor desses medos. Esses hábitos podem ser desde o uso indevido de substâncias até gastar um dinheiro que não tem para controlar e manipular os outros

Enfatizo que *Vença o Tigre* pode levá-lo a tratar esses comportamentos e pode lhe dar força para mudar, mas não começa a equipar você para esse processo. No Taming Tigers campus há detalhes sobre organizações que podem ajudá-lo, se quer dar esse passo corajoso e libertar a si mesmo e as pessoas que ama.

Por fim, você estará livre para escolher o que escrever no próximo capítulo de sua história e será capaz de usar as Dez Regras para redigir esse capítulo com sucesso. Apesar do rugido do Tigre, será a *sua* história.

Se você está confuso sobre o que escrever no próximo capítulo de sua história, não se preocupe. Dome seu Tigre hoje e amanhã de maneiras pequenas, tenha objetivos pequenos. Por meio da confiança e do crescimento que você conquista ao fazer, seu propósito surgirá, vindo de baixo de todo o comportamento e raciocínio criado pelo Tigre.

Seu sentido e seu propósito se tornam mais claros com o passar do tempo, enquanto o medo do medo diminui.

Se você sabe em seu coração o que precisa escrever, eu lhe desejo todo o sucesso possível. Sei que muitos domadores bem-sucedidos também sabem.

Você está escrevendo a história de sua vida

Você tem que escrevê-la, não? Quem mais poderia estar segurando a caneta? Decisão, ação, resultado. Você está escrevendo uma frase de sua história agora, enquanto termina de ler meu livro. Eu estou escrevendo uma frase de minha história, enquanto termino estas últimas palavras para você. Nossas histórias convergiram. Somos muito parecidos quando se trata do Tigre, conforme descobrimos. E nós dois podemos vencê-lo.

"Eu escrevi minha história? Ou deixei o Tigre ditá-la para mim?"

É a sua vez.

Apêndice

A Nova Economia: participe da revolução e reivindique seu prêmio

Vença o Tigre é uma ferramenta vital para você na Nova Economia. Se ainda não foi desafiado a domar seus Tigres, a tornar-se mais "responsável", a virar um "líder" e se preparar para uma "mudança" no trabalho, em breve será.

Todo o mundo do trabalho está se modificando bem depressa. Já não podemos esperar que mandem. Precisamos contribuir, e de maneira proativa. Nenhum de nós tem um trabalho para toda a vida. Todos nós somos empreendedores, mininegócios, apenas tão bons quanto nossa última contribuição. Você sabe que isso é verdade; tem sentido o mundo do trabalho mudando à sua volta.

Isso é visto como uma ameaça pela maioria, mas como uma oportunidade por alguns. O outro lado da moeda é que há uma tremenda fome de negócios naqueles que podem contribuir plenamente. Não trabalhar por mais tempo, não trabalhar mais duro — apenas se engajar e contribuir mais plenamente. Aqueles que fazem isso são recompensados de muitas maneiras. A maior recompensa é a liberdade de agir, de viver e de criar diversão e aventura no trabalho.

O que aconteceu? Para entender essa mudança, precisamos voltar um pouco.

As quatro eras econômicas

No início, éramos caçadores-coletores. Esta foi a primeira era econômica. Saíamos para caçar carne e coletar frutas e vegetais.

Esse trabalho podia ser duro e perigoso, então inventamos a segunda era econômica. A era agrícola. Cercamos a terra, criamos animais para ter carne e cultivamos árvores frutíferas e vegetais. Isso tinha suas desvantagens — os senhores feudais e advogados de propriedades, por exemplo. Mas tinha vantagens também. Não precisávamos enfrentar animais selvagens para conseguir nosso jantar e surgiu a lenda de Robin Hood.

Então veio a era industrial. Agora as pessoas eram solicitadas a se tornar engrenagens pensantes das novas máquinas — as fábricas. A essas "engrenagens pensantes" era exigido agir de determinada maneira para manter a máquina funcionando. Em muitas tarefas, a capacidade de usar as mãos era a vantagem que os seres humanos traziam para o processo de produção. A habilidade de pensar não era particularmente bem recebida. Com frequência, era mais seguro "saber o seu lugar", se você quisesse manter o emprego que alimentava sua família.

As pessoas eram administradas de modo a atuar de maneira previsível, como parte do processo de produção. Eram colocadas no cálculo de lucros e prejuízos como um custo — e não como um bem no balanço geral.

Agora entramos na quarta era econômica. Neste livro, eu me refiro a ela como sendo a Nova Economia. É uma situação bastante estimulante. As oportunidades abundam e a meritocracia é vital para a sobrevivência. Pela primeira vez, muito mais pessoas são capazes de encontrar sentido e propósito em seus trabalhos. Hierarquias estão sendo rompidas — a inovação e a contribuição vitais podem vir de todas as idades ou "níveis". O aprendizado constante é a norma, o acesso à informação e às pessoas está disponível a todos.

Há um desafio, porém. Muitos líderes só entendem a teoria de administração da era industrial — eles morrem de medo de mudar, de confiar nos outros e de relaxar o comando e o controle. A maioria dos funcionários ainda age como se estivesse empregada na era industrial — eles podem se sentir bem seguros e protegidos ali. Essas duas categorias de pessoas têm que mudar o quanto antes para sobreviver na Nova Economia. Esta é a transformação que todos estamos sentindo.

A Nova Economia

O que há de diferente na Nova Economia e como essa mudança aconteceu? Eis uma descrição bastante breve.

INTEGRIDADE DE MARCA E TRANSPARÊNCIA

A maior modificação é que o consumidor está exigindo integridade e transparência de empresas com as quais pensa em fazer negócio. Isso mudou a natureza da marca. A marca já não é algo que aparece, cuidadosamente apresentada, na TV. Ela é julgada cada vez que o consumidor interage com as pessoas, os produtos ou os processos de uma empresa. E quem consome *pode* agora exigir integridade e transparência. Os consumidores, atualmente, têm uma grande

358 | VENÇA O TIGRE

ferramenta de pesquisa — a internet. Eles podem informar suas descobertas por meio de um megafone. Empresas como a Amazon sabem disso — veja como ela lhe dá megafones em cada oportunidade em seu site!

Você ainda duvida? Veja: a Procter & Gamble foi fundada em 1837. Faz propaganda de Fairy, Ariel e muitas outras marcas desde que você era pequeno. Mas lançou sua primeira campanha de propaganda sobre si própria como empresa — em oposição às suas marcas — em 2011. Por quê?

Pense nisso. Os consumidores querem saber o que a empresa significa, e não mais comprar apenas a mensagem da marca. E a P&G tem uma boa história para contar sobre si mesma. Agora é a hora de contá-la!

Você sabe o nome do CEO da Apple? Sabe o nome do CEO da General Electric? Qual delas tem a maior capitalização de mercado? Claramente, há outros elementos para o sucesso da Apple, mas as respostas a essas perguntas são indicadores de uma mudança. Quem é o líder do Virgin Group? Qual é a marca na Grã-Bretanha considerada campeã entre os consumidores?

Essa é uma força poderosa e uma grande mudança. Isso dá aos funcionários de qualquer empresa um valor novo e mais alto. Os funcionários, coletivamente, criam essa experiência da marca — e não os líderes. Eles constroem isso todos os dias no ponto de contato com o consumidor; com frequência, entendem melhor a interação do que os líderes. Se a interação com os funcionários do Virgin não é como fomos levados a crer que poderia ser, ao acompanharmos as aventuras e declarações de Sir Richard Branson, sua promessa de marca feita a nós em nome da empresa foi quebrada.

Seus líderes precisam de sua integridade, energia e ideias como nunca antes.

Ritmo e escala de atividade

Outros criadores de mudança são o ritmo e a escala. As coisas andam rápido demais agora para que um negócio tenha tempo de receber conselhos e aprovação vindos do topo. Agilidade é vital. Tudo anda tão rápido que os negócios precisam que as oportunidades de inovação sejam agarradas — e repassadas depressa para os níveis superiores, se for necessário investimento e aprovação. Não podemos esperar uma reunião trimestral para um *brainstorm* num hotel, seguida de uma divulgação em "cascata". De maneira semelhante, conforme as organizações crescem, isso exige ou que os líderes criem uma enorme estrutura hierárquica para tomar decisões para seus funcionários e policiar a obediência destes, ou que permitam que tomem suas próprias decisões. Considerando que a camada do meio da administração apresenta suas próprias dificuldades e reduz o ritmo, a segunda opção é muitas vezes preferível.

Necessidades dos funcionários

A grande mudança final está nas pessoas que buscam trabalho. Assim como o consumidor, elas agora exigem certa integridade. O talento tem escolha, e, como as pessoas geralmente têm tudo o que precisam para satisfazer suas exigências inferiores na Pirâmide de Motivações Humanas de Maslow (necessidades de segurança e psicológicas), elas estão em busca de comunidade, engajamento, autoestima crescente, senso de propósito e sentido. As empresas que esperam comandar e controlar "engrenagens pensantes" não podem recrutar esses talentos, e sabem disso.

Dome seu Tigre e pegue seu prêmio

Essa mudança representa o início do passo à frente mais estimulante da história em termos de condições de trabalho.

Eu recebo mais de cem informes vindos de membros de diretorias de empresas a cada ano antes de fazer discursos programáticos para seus funcionários. Há três anos, os informes costumavam variar. Agora, todos são variações de um mesmo tema destinado a lidar com um problema em particular: "Por favor, ajude meus funcionários a ver que precisamos que eles assumam os desafios, abracem suas responsabilidades pessoais e demonstrem liderança — e ajude-os a acreditar que somente eles podem fazer uma diferença real nesse negócio."

Os líderes estão gritando: "Precisamos que vocês assumam o controle de suas áreas — inovem — aconselhem-nos — façam as coisas acontecerem — não esperem por nós, sejam empreendedores e nos apresentem ideias." Alguns líderes estão bem mais à frente nisso do que outros, mas a oportunidade de ser criativo, inovador e altamente valorizado cresce a cada dia.

A má notícia para a maioria dos negócios é que muitos funcionários ainda não têm pressa para se engajar nessa mudança estimulante — em grande parte por causa do Tigre. Para grande parte dos funcionários, o Livro de Regras corrente se baseia em uma educação e experiência de trabalho anterior destinadas a adequar-se à velha era industrial. Mas o Tigre ruge quando se pensa em mudança.

Mas o fato de muitos funcionários ainda não terem pressa para se engajar nessa mudança estimulante — em grande parte por causa do Tigre — é uma boa notícia para você, uma vez que já está trabalhando para domar os seus Tigres.

Você está diante de oportunidades de negociar sua agenda e de ser empreendedor ao apresentar ideias e ações em sua organização que nunca haviam sido pensadas.

Não deixe o Tigre roubar isso de você. Participe da revolução e reivindique seu prêmio.

Leitura complementar
e ajuda profissional

Para ter acesso à Taming Tigers Reading List, visite, por favor, o site tamingtigers.com.

Se este livro o levou a pensar em áreas de sua vida — como vício, questões de relacionamento, o impacto de traumas da infância ou da vida adulta sobre seus padrões de pensamento atuais e o impacto de alguma dessas coisas sobre sua história pessoal e seu trabalho, você encontrará no site uma lista de recursos e organizações que podem oferecer assistência profissional.

Se você, sua equipe ou sua organização tem mudanças culturais para fazer, objetivos e direção para determinar e alcançar, e gostaria de saber como o *Vença o Tigre* pode ajudar, entre em contato com Jim e sua equipe pelo e-mail enquiries@tamingtigers.com. Pode ler também o testemunho de clientes do *Vença o Tigre* no website.

Que o eterno sol o ilumine
Que todo o amor o rodeie
E que a verdadeira luz dentro de você
Guie seu caminho

Sat Nam

Índice remissivo

administrar o tempo, 26, 31, 34, 51

controlando seu tempo para criar, 278-288

decisões de investimento de curto prazo e alto risco, 269-270

decisões de investimento de curto prazo e baixo risco, 270-274

decisões de investimento de longo prazo e alto risco, 275-278

decisões de investimento de longo prazo e baixo risco, 274-275

estratégias de investimento para o tempo, 268-274

estudo de caso 8: Steve Holliday, 291-294

eu sei que você não tem tempo, 134

existe apenas um recurso escasso para os humanos, 224

ferramenta 1: a agenda, 280-281

ferramenta 2: dome o Tigre "não", 281-282

ferramenta 3: dome o Tigre "ladrão de tempo", 282-283

ferramenta 4: dome o Tigre aparelho, 283-284

ferramenta 5: use prazos finais, 284-285

ferramenta 6: ponha de lado o tempo de planejamento regular, 285

ferramenta 7: delegue, 286-287

ferramenta 8: faça o teste da casa de repouso todo mês, 287-288

ver também regra 8

agenda, 137-138, 280, 284, 285, 288, 290

Airgusta (cavalo), 169-172, 250-252, 340-347

368 | VENÇA O TIGRE

Allport, professor Gordon, 124
amor-próprio e o amor e a aceitação dos outros, 117
andamento e escala de atividade, 359
Armytage, Gee, 12, 69, 74-76, 77, 86, 91, 136, 139, 216, 323
Armytage, Marcus, 323
atletas profissionais, 52, 118-120, 122, 200-203, 230, 300, 302, 302-303, 349
atletas e, 119
atletas, *ver* esportistas *ver* profissionais
autoajuda, *Vença o Tigre* como antídoto para a, 13, 17, 24, 25, 31, 53, 64, 218, 332
autoconsciência, aceitação e a batalha na mente, 45, 65, 145, 160, 177-180, 191

Blue Eye FX, 91, 304-305
Bosley, Martin, 75, 76, 142, 205, 250
Bosley, Sarah, 142, 205, 348
Bradburne, Mark, 74, 206

Caulfield, Michael, 73-74, 91, 136, 139-140, 188, 215, 348
chefe, relacionamento com, 28, 32, 36, 50, 87, 89, 98, 122, 127, 136, 158, 159, 271, 275
ciclo do Tigre
  medo, dor e desconforto, 158-159
  rompendo o, 161, 162, 164, 165, 255, 258
CIPSA, 80-84
clareza e, 140, 142, 148

Coaching para performance, 130-132
comprometimento, 68-76, 79
  agir com ousadia leva você ao 64
  com a corrida de cavalos, 70-76
  regra 1 e, 68-76, 79
  traz resultados ousados, 76
comunicação, 27, 31, 94, 98, 148, 150, 214, 234, 258, 264, 283, 286, 303
controle e microgerenciamento de "inferiores", 103-104, 110-111
convivendo com nós mesmos, 152-154
Cook, Jason, 76, 345, 348
corporações,
  exercício de "visão e valores", 233
  Livro de Regras, 96-101, 103, 104, 231
  sessões corporativas do Taming Tigers, 265
corrida *ver* desafio do jóquei,
culpando forças externas, 25, 78, 177, 191, 239-240, 328-329
cultura pai-filho, 103-104
custo de oportunidade, 263-264, 269-270, 273

Daly, Henry, 206
deixando o trabalho, 57-58, 80-84
delegando, 27, 31, 103, 136, 138, 271, 273, 217, 286-287, 290

dependência, 211

depressão, 80, 83

desafio do jóquei, 13-15, 57-60
67-68, 71-72

  compromisso, 68-76

  corrida beneficente, Brighton
Racecourse, 141, 323-328

  desafio proposto, 57-84

  dieta e, 52, 70, 72, 76, 139, 201,
297, 298, 299, 328

  estabelecendo metas e, 139-142

  jóquei de tribuna e, 229-234

  primeiro dia em um cavalo, 71

  Segurando um cavalo de corrida, 204-209

  telefonar de surpresa para
treinadores, 72-74

destacar sua marca, segurança no
grupo e, 231-233

Dettori, Frankie, 295-299, 325

Dez Regras, 13, 17, 37-350 *ver
também regras individuais*

dieta, desafio do jóquei e, 52, 70,
72, 76, 139, 201, 297, 298, 328

dinheiro, medo da falta de, 36,
80, 83

direção aonde você quer chegar,
siga na, 43, 46, 81, 96, 107,
111, 113-151, 159-160, 174,
254, 265, 267, 271, 277, 281,
293, 302, 317, 333 *ver também*
regra 3

diretor da escola, 48, 179-181, 199,
256, 268, 325, 333

lidando com: ferramenta dois:
obtenha apoio — siga a
regra 5, 192

lidando com: ferramenta um:
treinando nós mesmos,
189-192

disciplina, criar — faça o básico
de forma brilhante, 43, 51-52,
82, 96, 137, 145, 277, 295-319,
334 *ver também* regra 9

discurso motivacional, 12, 20, 35,
41, 57, 101-102, 115, 140, 143,
146, 202, 222

dor, medo e desconforto, 154-159,
253-254

  como você se sente sobre?, 155-156

  e o Ciclo do Tigre, 158-159

  medo é bom para mim — isso
me mantém a salvo, 157-158

  por que você continua falando
sobre?, 156-157

  praticando medo e desconforto,
253-254

  ver também medo,

Dunwoody, Richard, 12, 13-15,
17, 329

duvidar de si mesmo, 81, 239

Elliot, Murray 200-203

empregado,

  inspirando e se comunicando
com o, 27, 76, 98, 110, 112,
358-361 *ver também* equipe

marca e, 358, 359

equipe, inspirando e se comunicando com a, 27, 76, 98, 110,
112, 358-361 *ver também* time

370 | VENÇA O TIGRE

Escola Britânica de Corrida, Newmarket, 188, 250, 299, 341

escolas de hipismo, 72, 299, 250, 299, 341

escreva seus "porquês"(o "por-quê"), 137

escreva sua disciplina, 137, 145

escrever

a história da sua vida, 21-24, 29-32, 34-35, 36, 48, 49, 51, 64, 79, 81, 101-102, 106, 107, 119, 122, 134, 143, 152, 153, 154, 158, 159, 160, 163, 122, 172, 198, 210, 215, 217, 220, 226, 228, 232, 236, 254, 258, 279, 280, 300, 301, 313, 318, 330, 337, 352, 353

reescrevendo seu Livro de Regras *ver também* regra 2, registros na agenda, 137-138, 280, 284, 285, 288, 290

esposa(o)/parceira(o) nunca me deixariam tentar, 28, 36

estudos de caso,

1: Chris Stevenson, 80-84

2: Gary Hoffman, 109-112

3: Tenente Dennis, Narlock, 146-151

4: Murray Elliot, 200-203

5: Peter Winters, 222-224

6: Isobel Ryder, 238-241

7: Chris Pierce, 259-261

8: Steve Holliday, 291-294

9: James Le Brocq, 232, 316-319

eu verdadeiro, 44, 77, 117, 122, 152-154, 164, 172, 175, 266, 270, 280, 351-352

faça algo assustador todos os dias, 43, 51-52, 182, 184, 245-261, 277, 293, 333 *ver também* regra 7

família, malabarismo de compro-missos, 26, 34, 59, 123, 272, 278, 279, 281, 287

ficar em grupo não é garantia de segurança, 43, 48, 49, 126, 225-237, 265, 277, 281, 317, 318, *ver também* regra 6

filtrar as opiniões dos outros, ser capaz de, 49

Fletcher, Tina, 75, 140, 142, 348

Frankl, Professor, Viktor, 116-117, 124

Grand National, 13, 74, 119, 122, 209, 240, 323, 329

Griffiths, Roddy, 246, 247, 248-249

Grimes, Caroline, 170, 342, 347

Hipódromo de Southwell, 170-172, 251, 338-348

história da sua vida, escrever a, 21-24, 29-32, 34-35, 36, 48, 49, 51, 64, 79, 81, 101-12, 106, 107, 119, 122, 134, 143, 152, 153, 154, 158, 159, 160, 163, 122, 172, 198, 210, 215, 217, 220, 226, 228, 232, 236, 254, 258,

279, 280, 300, 301, 313, 318, 330, 337, 352, 353
Hoffman, Gary, 109-112
Holliday, Steve, 291-294
Imensidão azul, A 9, 92
independência, 211, 211-213, 221
inovação, 22, 27, 28, 33, 34, 36, 61, 160, 174, 229, 231-3, 236, 265, 303, 317, 357, 359, 360
inspiração substituiu a motivação no trabalho; a direção comum substituiu o controle, a, 101,102
integridade de marca e transparência, 357-358
interdependência, 210, 213-214, 218-219, 221

Jockeys Association of Great Britain (JAGB), 73-74
jóquei de tribuna no local de trabalho, 230-231
jóquei de tribuna,
  deixando a tribuna, 235
  e inovação "segura", 231-233
  e visão "segura", valores e marca, 233-234
  localizando-se na tribuna, 229-230
  no local, 230-231

Lambourn, West Berkshire, 14, 74, 76, 133, 136, 139-140, 225, 245, 328, 329, 342, 344

Le Brocq, James, 232, 316-319
local, tomada de decisão e, 103, 104

marca,
Mayol, Jacques, 9, 92
McCoy, AP, 75, 212
medo,
  ciclo do Tigre e, 158-159
  como eu me sinto sobre, 155-156
  como eu uso o, 255
  da responsabilidade de fazer isso direito, 25-26
  de errar/ falhar, 25-26, 28, 81, 83, 104-106, 121-122
  de fracassos na carreira, 33
  de perdas financeiras, 33
  de perder a permanência, 105-106
  do desconhecido, 25-26
  é bom para mim, 157-158
  estudo de Caso 7: Chris Pierce, 259-261
  faça algo assustador todos os dias, 43, 51-52, 182, 184, 245-261, 277, 293, 333 *ver também* regra 7
  lidando com/usando, 154-159, 252-257
  praticando, 253-257
  zona de conforto e, 245-252
mentalidade de vítima, 25, 30, 103, 120, 154, 263-267

372 | VENÇA O TIGRE

mente, está tudo na, 43, 47, 48, 169-203, 216, 277, 281, 330, 333, 342 *veja também* regra 4

mergulho livre, 9

comprometimento com, 337-338

confiando nos básicos e disciplina sob pressão (no fundo do mar), 304-313

desconforto e, 157

estar fora da zona de conforto, 257

filmes de, 9, 91, 304

medo e, 113-115, 157, 159

meta de estabelecer o novo recorde britânico, 25-26, 31, 304-313

o que isso tem a ver com você e com trabalho, 33-34

prazo final, 275-276, 300, 304-313, 336-337

quebrando regras e, 90-92

Sabotador e, 186, 193-198

treinamento no Egito para prender a respiração — uma conversa com o Sabotador, 193-198

yoga e, 181, 194, 196, 197, 301, 305, 307, 311

metas EMARC, 130-132, 144

metas,

acredite em você, 128-130

amor-próprio, o amor e a aceitação dos outros, 117

aonde você quer chegar?, 118, 120

como ensinado por atletas profissionais, 118-120

como eu decido, 124-126

definição de, 123-126

e o plano para o hipódromo, 139-143

EMARC, 130-132, 144

estudo de Caso: Tenente Dennis Narlock, 146-151

indicadores para estabelecer objetivos livres do Tigre, 126-134

integridade e, 46

lembre que alguém está escrevendo a história, 134

mergulho livre e, 113-115

o lugar aonde quer chegar não precisa ser tradicional, 126

pondo o plano em prática, 135-139

regra 3 e *veja* regra 3

tempo e, 134

tudo que é conquistado foi primeiro imaginado, 127-128

um senso de propósito inspirado — o "porquê", néctar da alma humana, 143-144

use a roda "Por que não?", 132-134

você é motivado pela fuga — ou é inspirado por um propósito?, 121-124 você não precisa viajar para longe para conhecer e enfrentar o Tigre, 126-127

Metcalfe, Debbie, 91, 304, 308, 312

Mills, Sir Keith, 70

Moore, Gary, 141, 325

Morlock, Charlie, 205, 250, 348

Morris, Billy, 141

Morris, Candy, 75, 142

motivação, 34, 121-126
- cheque sua, 134-135
- Economia industrial e, 99
- para um objetivo, 122-124
- "fuga", 121
- inação e, 254
- inspiração substituiu a motivação no trabalho: direção comum substituiu o controle, 101-2
- motivação própria, 34, 100
- Pirâmide de Motivações Humanas de Maslow, 100-101

Narlock, Tenente Dennis, 146-151

Nones, Marco, 37

Northern Rock, 109-112

Norwood, Charles, 141

Norwood, Meregan, 141

Nova Economia, 23, 48
- amor-próprio, aceitação dos outros e, 117
- controle e, 98-100, 102, 103
- exige novas regras, 102

fazendo a transição para, 97

inspiração e, 100-102

Livro de Regras corporativo e, 104, 107

marca e, 103, 357-358

necessidades dos funcionários e, 359

quatro Eras Econômicas, 356-357

ritmo e escala de atividade e, 359

una-se a revolução e reivindique o prêmio, 355

nunca, nunca desista, 14, 43-44, 52-53, 78, 82, 179, 277, 311, 313, 323-350 *veja também* regra 10

o jóquei de tribuna e a visão, valores e branding "seguros", 233-234

o que cavalgar em uma pista de corrida e mergulho livre tem a ver com o seu trabalho?, 33-34

Only One Apnea Centre, Sharm el Sheikh, Egito, 37-42, 193-198, 304-313

Osborne, Jaime, 246, 345

pedir ajuda, o problema de, 33, 210-214, 220-221, 348

pensamento *X Factor*, evitando o, 216-218, 221

pessoas inspiradoras, 281, 330
- equipe e, 27, 50, 111

374 | VENÇA O TIGRE

prêmios e, 34
seguindo na sua nova e inspirada direção — todo dia, 135
substituiu motivação no trabalho, 98-102
um senso de propósito inspirado, 121-124, 143-144, 281, 300
você está motivado pela fuga — ou por um propósito inspirado?, 121-124
Pierce, Chris 259-261
Pirâmide de Motivações Humanas de Maslow, 100-101, 359
Pitts, Jon, 91, 113, 297
prática espiritual e, 181-182
prazos finais, uso de, 46, 66, 218, 240, 269, 270, 274, 275-276, 284-285, 289
processo de tomada de decisão, 159-164
127.400 decisões, 176, 198
a resposta emocional e física — ataque do Tigre, 161, 255
cultura pai-filho, 103-104
custo de oportunidade de, 263, 269-270, 273
decisão, ação — resultado, 163-164
escrevendo sua própria história e, 129-130, 134, 172, 262
estratégias de investimento para o tempo, 167-178
rompendo o Ciclo do Tigre, 161, 162

Livro de Regras e, 161
o verdadeiro Eu e, 152-154, 172
que ação tomar?, 163
senso de propósito e, 143-144
Tigre e, 159-164
propósito, senso de,

Quatro Eras Econômicas, 356-357

raiva, uso da, 34-35
Rasta, 37, 38, 39, 40, 41, 91, 305, 307-308, 311-312, 313
realista, entendendo o que isso significa, 130-133, 134
regra 1: aja com ousadia hoje — o tempo é limitado, 15, 43, 45, 60 84, 138, 146, 174, 221, 267, 276, 292, 318, 327
cinco grandes vantagens e, 64
coisas que o Tigre quer que você esqueça sobre a regra 1, 79
compromisso e, 64, 68-76, 79
desafio da corrida e, 67-76
desculpas e, 63
estudo de caso: Chris Stevenson, 80-84
faz você acordar, 77-78, 79
frequentemente leva a um resultado ousado, 64, 76-77, 79
"hoje" e, 62
interrompa seus padrões habituais do Tigre e exponha-os, 64, 65-66, 79

JIM LAWLESS | 375

mostra que somente o Tigre está lhe impedindo, 65, 79

por que isso é tão raro?, 61

resolução de problemas e, 61-62

regra 2: reescreva seu Livro de Regras — desafie-o a cada hora, 4, 43, 45, 80, 85-112

coisas que o Tigre quer que você esqueça sobre a regra 2, 108

como identificar seu Livro de Regras em ação, 95-96

conquistando a confiança para reescrever o Livro de Regras, 106-108

estudo de Caso: Gary Hoffman, 109-112

inspiração substituiu a motivação no trabalho; a direção comum substituiu o controle, 101-102

legado do Livro de Regras da economia industrial — a "cultura pai-filho", o, 103-104

Livro de Regra nos protege das maravilhas da vida, o, 89-92

Livro de Regras corporativo e, 96-101

Livro e Regras e "medo do fracasso", 105-106

o que é o nosso Livro de Regras?, 87-88

por que cada um de nós cria um Livro de Regras fictí-

cio que desestimula nossa experiência de vida?, 88-89

sinceridade sobre o Tigre e, 46

vamos testar seu Livro de Regras, 93-95

regra 3: siga na direção aonde você quer chegar, todos os dias 43, 46, 81, 96, 107, 111, 113-151, 160, 174, 254, 266, 267, 271, 277, 281, 293, 302, 317, 333

amor-próprio e o amor e a aceitação dos outros, 117

aonde você quer chegar?, 118, 120, 124-126

coisas que o Tigre quer que você esqueça sobre a regra 3, 144-145

confie em você, 129-130

conforme ensinada por esportistas profissionais, 118-120

defina metas EMARC, 130-132, 144

e o plano para chegar à pista de corrida, 139-143

estudo de Caso: Tenente Dennis Narlock, 146-151

eu sei que você não tem tempo, 134

indicadores para estabelecer objetivos livres do Tigre, 126-134

integridade e, 46

376 | VENÇA O TIGRE

lembre-se que alguém está escrevendo a história que está acontecendo, 134

mergulho livre e, 113-115

o lugar aonde você quer chegar não precisa ser "tradicional", 126

o que devo escolher para ir em frente — como decido sobre um objetivo?, 124-126

passo 1: procure o que o desanima, 135-136

passo 2: use as regras para vencer o Tigre, 136-137

passo 3: escreva sua disciplina, 137

passo 4: escreva seus "porquês", 137

passo 5: ponha tudo em sua agenda e proteja esses registros, 138

passo 6: decida sobre sua ação ousada, 138

passo 7: trabalhe com outras pessoas, 138

passo 8: pare de ler e faça alguma coisa, 139

pondo o plano em prática, 135-139

todos os dias, siga na direção aonde você quer chegar, 115-118, 135

tudo que é alcançado foi primeiro imaginado, 127-128

um senso de propósito inspirado — o "porquê" néctar para a alma humana, 143-144

use a roda "Por que não?", 132-134

você é motivado pela fuga — ou por um propósito inspirado?, 121-124

você não precisa viajar para longe para conhecer e enfrentar o Tigre, 126-127

regra 4: tudo está na mente, 43, 47, 48, 169-203, 216, 277, 281, 330, 333, 342

127.400 decisões, 198

autoconsciência, aceitação e a batalha na mente, 177-180

batalha contra as vozes na sua mente, 48

coisas que o Tigre quer que você esqueça sobre a regra 4, 198-99

esta é a sua voz, 176-177

estudo de caso 4 Murray Elliot, 200-3

eu e meu "Sabotador" sobre a sela no cânter para a largada, 169-172

mas e se..., 193

o desafio de vencer a batalha na mente, 173-174

treinamento no Egito para prender a respiração — uma conversa com o Sabotador, 193-198

vozes, as, 48, 169-172, 175-176, 180-189

JIM LAWLESS | 377

regra 5: as ferramentas para domar o Tigre estão à sua volta, 43, 49, 82, 204-224
a pergunta arrasadora, 220
coisas que o Tigre quer que você esqueça sobre a regra 5, 220-221
como você segura um cavalo de corrida?, 204-209
dependência, 211
estudo de caso: Peter Winters, 222-224
ganhando o direito ao poder, 216-220
independência, 211-213
interdependência, 213-214
pedir ajuda, o problema de, 210-211
responsabilidade 1: evitar o pensamento X Factor, 216-217
responsabilidade 2: apoiar os outros, 218-219
responsabilidade 3: respeitar suas palavras, 219-220
um guia de iniciantes para a, 214-216
regra 6: ficar em grupo não é garantia de segurança, 43, 126
coisas que o Tigre não quer que você saiba sobre a regra 6, 236-237
deixando a tribuna, 235
estudo de caso 6: Isobel Ryder, 238-241

ficar em grupo não é garantia de segurança, 225-241
localizando-se na tribuna, 229-230
o jóquei de tribuna e a visão, os valores e o branding "seguros", 233-235
o jóquei de tribuna e inovação "segura", 231-233
o jóquei de tribuna no local de trabalho, 230-231
ser capaz de filtrar as opiniões dos outros, 49
última regra de liderança, 236
regra 7: faça algo assustador todos os dias, 43, 50, 182, 184, 245-261, 277, 293, 333
aprenda a habilidade de lidar com o medo e o desconforto, 257
coisas que o Tigre quer que você esqueça sobre a regra 7, 258
como eu uso?, 255
estudo de caso 7: Chris Pierce, 259-261
mudanças pessoas — as vantagens da prática, 198
nas corridas — um domador de Tigres fora da sua zona de conforto, 245-252
regra 8: Entenda e controle seu tempo para criar a mudança, 43, 51, 135, 148, 149, 262-294, 303, 333

378 | VENÇA O TIGRE

coisas que o Tigre não quer que você saiba sobre a regra 8, 289-290

controlando seu tempo para criar a mudança, 278-288

decisões de investimento de curto prazo e alto risco, 269-270

decisões de investimento de curto prazo e baixo risco, 270-274

decisões de investimento de longo prazo e alto risco, 275-277

decisões de investimento de longo prazo e baixo risco, 274-275

estratégias de investimento para o tempo, 267-278

estudo de caso 8: Steve Holliday, 291-294

existe apenas um recurso escasso para os humanos, 288

ferramenta 1: a agenda, 280-281

ferramenta 2: dome o Tigre "não", 281-282

ferramenta 3: dome o Tigre "ladrão de tempo", 283

ferramenta 4: dome o Tigre-aparelho, 283-284

ferramenta 5: use prazos finais, 284-255

ferramenta 6: ponha de lado o tempo de planejamento regular, 285

ferramenta 7: delegue, 286-287

ferramenta 8: faça o teste da casa de repouso todo mês, 287-288

o Tigre e nossa relação com o tempo, 266-267

Regra 9: crie disciplina — faça o básico de forma brilhante, 43, 52, 82, 96, 137, 145, 277, 295-319, 334

coisas que o Tigre quer que você esqueça sobre a regra 9, 314-315

confiando no básico e na disciplina sob pressão (no fundo do mar), 304-313

"É fácil para eles — se eu estivesse jogando para ganhar tanto poderia ser disciplinado também!", 302

estudo de caso 9: James Le Brocq, 316-319

"Eu não tenho tempo para o básico e para disciplina.", 303

"Obviamente, a disciplina e o básico são importantes para um grande atleta esportista, mas para mim não fazem diferença alguma.", 302-303

quais as regras que você precisa pôr em prática se quiser realmente chegar lá?, 313-314 tarefas pessoais mundanas proporcionam o momento de triunfo, 300-302

regra 10: nunca, nunca desista, 14. 43, 44, 52, 53, 78, 82, 179, 277, 311, 313, 323-350

alguns sinais específicos de que esta pode não ser a hora certa de desistir, 334-335

coisas que o Tigre quer que você esqueça sobre a regra 10, 350-351

comprometer-se com a destinação, 336-337

Livro de Regras, reescreva o seu — desafie-o toda hora, 23, 43, 45-46, 73, 78, 80, 81, 85-112, 161, 192, 209, 231, 265, 266-267, 277, 286, 302, 353, *veja também* regra 2

mantenha suas promessas, 337-338

minha primeira corrida televisionada sob as regras do Jockey Club, 338-349

momentos em que nunca devemos desistir, 332-334

persistência, não insistência, 332

Ryder, Isobel, 238-241

se você realmente precisa desistir, 335-336

regras da integridade, 44-46, 55-151, 152, 211, 217, 266, 281

estudo de caso 1, 79-84

estudo de caso 2, 109-112

estudo de caso 3, 146-151

regra 1, 57-78

regra 2, 85-108

regra 3, 113-144

regras da Liderança, As, 44, 47-49, 167-242

estudo de caso 4, 169-198

estudo de caso 5, 222-224

estudo de caso 6, 238-241

regra 4, 125-126

regra 5, 204-221

regra 6, 225-236

regras de mudança, 44, 50, 243-319

estudo de caso 7, 259-261

estudo de caso 8, 291-294

estudo de caso 9, 316-319

regra 7, 245-258

regra 8, 263-278

regra 9, 295-315

regra do crescimento, a, 14, 22, 52-53, 321-350

regras do Jockey Club, primeira corrida televisionada, 338-348

equipe, 73-76, 77-78, 86, 138-142, 204-209, 323-329, 338-348

mudando de casa, 140, 141

Sabotador e, 169-172, 185-186

trabalho e, 139-140, 141

treinamento mental, 187-189

380 | VENÇA O TIGRE

vontade de desistir, 328-330

zona de conforto e, 245-253

roda "Por que não?", 132-134, 145, 191, 277

sabedoria, 32, 182, 216, 218, 219, 334

Sabotador, O, lidando com o, 48

eu e meu "Sabotador" sobre a sela no cânter para a largada, 169-172

ferramenta 1: evidências, 182-183

ferramenta 2: construir autoconfiança, 184-185

ferramenta 3: a tarefa em questão, 185-187

ferramenta 4: treinamento mental, 187-189

treinamento no Egito para prender a respiração — uma conversa com o Sabotador, 193-198

seja ousado hoje — o tempo é limitado, 15, 43, 45, 60-84, 138, 146, 174, 221, 267, 276, 292, 318, 327 ver também regra 1

"Sem" Tigre, 281-282

Sharm El Sheikh, Egito 194, 196, 304

sinceridade, 36, 46, 181, 192, 212, 219, 231, 273, 282

Stevenson, Chris, 80-85

substituiu a motivação no trabalho, 98-102

superiores

tamingtigers.com, 18, 25, 64, 79, 100, 74, 132, 145, 174, 363

5 Meters, 315

Hickory Dickory Dock, 290

How Do You Get To Carnegie Hall?, 258

I Don't Want To Do My Bold Action, 79

Promises, Promises..., 350

Seven Billion People, 221

Taming Tigers Campus, 18, 25, 64, 79, 100, 74, 132, 145, 174, 363, 197, 199, 221, 230, 237, 258, 263, 290, 315, 350, 353, 363

The 'Why Not?' Wheel, 145

The Hero's Journey, 174, 199

The New Economy — The Changing Rulebook, 108

The Short Walk To The Better View, 230, 237

telefonar de surpresa, 33, 72

teste da casa de repouso, 287-288, 290

Theatre of life (cavalo), 141, 326, 327-328

Tigre "ladrão de tempo", 282-283

Tigre, 17

as ferramentas para vencer estão à sua volta, 43, 49, 83, 204-220

coisas que o Tigre quer que você esqueça sobre as regras, 79, 108, 144, 164-165, 198-199, 220-221, 236-237, 258, 289, 349

JIM LAWLESS | 381

coisas que o Tigre quer que você esqueça sobre o Tigre e sobre si mesmo, 164-165

dome o Tigre "ladrão de tempo", 282-283

dome o Tigre "não", 281-282

dome o Tigre-aparelho, 283-284

dor, medo, desconforto e, 154-159

em ação. 25-26

encontre seu. 26-29, 63

entender o Tigre, entender a si mesmo, 152-165

nossa relação com o tempo, 266-267

o que é?, 24-25

objetivos livres do Tigre, indicadores para estabelecer, 126-139

processo de tomada de decisão e, 159-164

quem está escrevendo a sua história? — Você ou o Tigre?, 34-35

viver livre do Tigre, 44, 51, 53, 351-354

Tigre-aparelho, 283-284

time

formando e motivando o, 34, 50, 80-84, 213-214, 223, 224, 267, 269, 270-273, 316, 317

jóquei de tribuna e, 229-233

lidando com membros com mal desempenho, 61

microgerenciamento, 270

trabalho, permanência no, 19-21, 22-24

um senso de propósito inspirado — o "porquê", néctar para a alma humana, 143-144

um teste para as Dez Regras, 33-34

vão impedi-lo, 28, 90, 281

ver também Regra 3 *e* metas

você é motivado pela fuga — ou por um propósito inspirado?, 121-214

vozes, 175-176, 180-189

127.400 decisões, 198

a voz do nosso Eu, 181-182

autoconsciência, aceitação e a batalha na mente, 177-180

batalha contra as vozes na sua mente, 48

desafio do Jóquei, 169-172

Diretor da escola, 48, 180-181, 189-192

esta é a sua voz, 176-177

estudo de caso 4: Murray Elliot, 200-203

mas e se..., 193

os tipos de vozes nas nossas cabeças, 180-189

Sabotador, 48, 169-172, 180, 182-189, 193-198

382 | VENÇA O TIGRE

treinamento no Egito para prender a respiração — uma conversa com o Sabotador, 194-198

Winters, Peter, 222-224

yoga, 181, 194, 196, 197, 301, 305, 307, 311

yoga Kundalini, 181, 305, 307

Zuccari, Andrea, 37, 38, 39, 40, 41, 91, 194, 195, 197-8, 257, 305, 306, 311, 312

ATENDIMENTO AO LEITOR E VENDAS DIRETAS

Você pode adquirir os títulos da Best Business por meio do
Marketing Direto do Grupo Editorial Record.

- Telefone: (21) 2585-2002
  (de segunda a sexta-feira, exceto feriados, de 9h às 18h)
- E-mail: sac@record.com.br
- Fax: (21) 2585-2010

Entre em contato conosco caso tenha alguma dúvida,
precise de informações ou queira se cadastrar para receber
nossos informativos de lançamentos e promoções.
bestbusiness@record.com.br
www.record.com.br

best.
business

Este livro foi composto na tipologia Palatino LT Std Roman,
em corpo 10,5/15, e impresso em papel off-white no Sistema
Cameron da Divisão Gráfica da Distribuidora Record.